民法总则

（第二版）

傅梓坤 编著

MINFA ZONGZE

中山大学出版社
·广州·

版权所有　翻印必究

图书在版编目（CIP）数据

民法总则/傅静坤编著．—2版．—广州：中山大学出版社，2021.3
ISBN 978-7-306-06956-6

Ⅰ. ①民… Ⅱ. ①傅… Ⅲ. ①民法—总则—中国—教材 Ⅳ. ①D923.1

中国版本图书馆 CIP 数据核字（2020）第170170号

出 版 人：王天琪
策划编辑：王　润
责任编辑：周　玢
封面设计：曾　斌
责任校对：王　润
责任技编：何雅涛
出版发行：中山大学出版社
电　　话：编辑部 020-84111996，84113349，84111997，84110779
　　　　　发行部 020-84111998，84111981，84111160
地　　址：广州市新港西路135号
邮　　编：510275　　　传　真：020-84036565
网　　址：http://www.zsup.com.cn　E-mail：zdcbs@mail.sysu.edu.cn
印 刷 者：佛山家联印刷有限公司
规　　格：787mm×960mm　1/16　20印张　411千字
版次印次：2014年4月第1版　2021年3月第2版　2021年3月第2次印刷
定　　价：49.00元

如发现本书因印装质量影响阅读，请与出版社发行部联系调换

前　言

本教材第一版于 2014 年出版。2017 年 3 月 15 日,《中华人民共和国民法总则》颁布,并于当年 10 月 1 日起施行。2020 年 5 月 28 日,《中华人民共和国民法典》通过,并定于 2021 年 1 月 1 日起施行。本版教材结合上述两部法律规定,删繁就简,在保持第一版基本架构不变的基础上更新了部分内容。其中,删除的内容主要是一些已经解决的争议点,增加内容则是为与新法保持同步。此外,一些过度的索引和扩展分析也一并删除,使主体内容更为紧凑。

2020 年 6 月 24 日　于深圳

本书出现的法律法规及司法解释名称的缩略语

一、法律

全称	简称	发布或修改时间	截至2021年1月23日时效性
《中华人民共和国民法典》	《民法典》	2020年发布	现行有效
《中华人民共和国民法总则》	《民法总则》	2017年发布	失效
《中华人民共和国民法通则》	《民法通则》	2009年修正	失效
《中华人民共和国合同法》	《合同法》	1999年发布	失效
《中华人民共和国物权法》	《物权法》	2007年发布	失效
《中华人民共和国侵权责任法》	《侵权责任法》	2009年发布	失效
《中华人民共和国消费者权益保护法》	《消费者权益保护法》	2013年修正	现行有效
《中华人民共和国产品质量法》	《产品质量法》	2018年修正	现行有效
《中华人民共和国担保法》	《担保法》	1995年发布	失效
《中华人民共和国婚姻法》	《婚姻法》	2001年修正	失效
《中华人民共和国收养法》	《收养法》	1998年修正	失效
《中华人民共和国著作权法》	《著作权法》	2020年修正	尚未生效
《中华人民共和国农村土地承包法》	《农村土地承包法》	2018年修正	现行有效
《中华人民共和国海商法》	《海商法》	1992年发布	现行有效
《中华人民共和国劳动法》	《劳动法》	2018年修正	现行有效
《中华人民共和国未成年人保护法》	《未成年人保护法》	2020年修订	尚未生效
《中华人民共和国妇女权益保障法》	《妇女权益保障法》	2018年修正	现行有效
《中华人民共和国环境保护法》	《环境保护法》	2014年修订	现行有效
《中华人民共和国土地管理法》	《土地管理法》	2019年修正	现行有效

续上表

全称	简称	发布或修改时间	截至2021年1月23日时效性
《中华人民共和国电子签名法》	《电子签名法》	2019年修正	现行有效
《中华人民共和国公司法》	《公司法》	2018年修正	现行有效
《中华人民共和国合伙企业法》	《合伙企业法》	2006年修订	现行有效
《中华人民共和国矿产资源法》	《矿产资源法》	2009年修正	现行有效
《中华人民共和国水法》	《水法》	2016年修正	现行有效
《中华人民共和国民事诉讼法》	《民事诉讼法》	2017年修正	现行有效
《中华人民共和国宪法》	《宪法》	2018年修正	现行有效
《中华人民共和国邮政法》	《邮政法》	2015年修正	现行有效
《中华人民共和国传染病防治法》	《传染病防治法》	2013年修正	现行有效
《中华人民共和国精神卫生法》	《精神卫生法》	2018年修正	现行有效
《中华人民共和国商业银行法》	《商业银行法》	2015年修正	现行有效
《中华人民共和国全民所有制工业企业法》	《全民所有制工业企业法》	2009年修正	现行有效
《中华人民共和国个人独资企业法》	《个人独资企业法》	1999年发布	现行有效
《中华人民共和国企业国有资产法》	《企业国有资产法》	2008年发布	现行有效
《中华人民共和国中外合资经营企业法》	《中外合资经营企业法》	2016年修正	失效
《中华人民共和国中外合作经营企业法》	《中外合作经营企业法》	2017年修正	失效
《中华人民共和国外资企业法》	《外资企业法》	2016年修正	失效
《中华人民共和国律师法》	《律师法》	2017年修正	现行有效

二、司法解释

全称	简称	发布或修改时间	截至2021年1月23日时效性
《最高人民法院关于贯彻执行〈中华人民共和国民法通则〉若干问题的意见（试行）》	《民法通则意见（试行）》	1988年发布	失效

续上表

全称	简称	发布或修改时间	截至2021年1月23日时效性
《最高人民法院关于适用〈中华人民共和国合同法〉若干问题的解释（一）》	《合同法司法解释（一）》	1999年发布	失效
《最高人民法院关于适用〈中华人民共和国合同法〉若干问题的解释（二）》	《合同法司法解释（二）》	2009年发布	失效
《最高人民法院关于审理买卖合同纠纷案件适用法律问题的解释》	《买卖合同纠纷司法解释》	2020年修正	现行有效
《最高人民法院关于审理建筑物区分所有权纠纷案件具体应用法律若干问题的解释》	《建筑物区分所有权纠纷司法解释》	2009年发布	已被修改
《最高人民法院关于审理物业服务纠纷案件具体应用法律若干问题的解释》	《物业服务纠纷司法解释》	2009年发布	已被修改
《最高人民法院关于审理城镇房屋租赁合同纠纷案件具体应用法律若干问题的解释》	《城镇房屋租赁合同纠纷司法解释》	2020年修正	现行有效
《最高人民法院关于确定民事侵权精神损害赔偿责任若干问题的解释》	《民事侵权精神损害赔偿责任司法解释》	2020年修正	现行有效
《最高人民法院关于贯彻执行〈民法通则〉若干问题的意见（修改稿）》	《民法通则意见（修改稿）》	1990年发布	现行有效
《最高人民法院关于适用〈中华人民共和国婚姻法〉若干问题的解释（一）》	《婚姻法司法解释（一）》	2001年发布	失效
《最高人民法院关于审理民事案件适用诉讼时效制度若干问题的规定》	《诉讼时效司法解释》	2020年发布	现行有效

三、其他

全称	简称	发布或修改时间	截至2021年1月23日时效性
《中华人民共和国户口登记条例》	《户口登记条例》	1958年发布	现行有效
《中华人民共和国计算机信息网络国际联网管理暂行规定实施办法》	《计算机信息网络国际联网管理暂行规定实施办法》	1998年发布	现行有效
《全国人民代表大会常务委员会关于加强网络信息保护的决定》	《关于加强网络信息保护的决定》	2012年发布	现行有效
《中华人民共和国公司登记管理条例》	《公司登记管理条例》	2016年修订	现行有效
《中华人民共和国合伙企业登记管理办法》	《合伙企业登记管理办法》	2019年修订	现行有效

目 录

第一章 民法学导论 ... 3
- 第一节 民法方法论 ... 4
- 第二节 民法的法源 ... 12
- 第三节 民法解释学 ... 17
- 第四节 民法的基本原则 ... 28

第二章 民事法律关系 ... 47
- 第一节 民事法律关系概说 ... 47
- 第二节 民事权利 ... 58
- 第三节 民事义务 ... 71
- 第四节 民事责任 ... 75

第三章 民事主体制度之一：自然人制度 ... 83
- 第一节 自然人的民事能力制度概说 ... 83
- 第二节 自然人的权利能力 ... 86
- 第三节 自然人的民事行为能力 ... 90
- 第四节 监护制度 ... 94
- 第五节 宣告失踪和宣告死亡制度 ... 98
- 第六节 自然人的人格权 ... 103

第四章 民事主体制度之二：法人制度 ... 131
- 第一节 法人制度概说 ... 131
- 第二节 法人的能力 ... 142
- 第三节 法人机关 ... 146
- 第四节 法人的成立 ... 149
- 第五节 法人的变更和终止 ... 154
- 第六节 法人的登记 ... 158
- 第七节 公司法人人格否认法理 ... 160

第五章　民事主体制度之三：非法人组织制度 …… 165
　　第一节　非法人组织制度概说 …… 165
　　第二节　合伙 …… 168
　　第三节　其他非法人组织 …… 183

第六章　民事法律行为制度之一：概论 …… 193
　　第一节　民事法律行为的意义 …… 194
　　第二节　民事法律行为的构成 …… 198
　　第三节　民事法律行为的类型 …… 207

第七章　民事法律行为制度之二：效力制度 …… 223
　　第一节　民事法律行为的效力体系 …… 223
　　第二节　意思表示及其瑕疵 …… 234
　　第三节　附条件和附期限的民事法律行为 …… 244

第八章　民事法律行为的代理 …… 251
　　第一节　代理制度概说 …… 251
　　第二节　代理的类型 …… 254
　　第三节　复代理、自我代理和双方代理 …… 257
　　第四节　有权代理 …… 260
　　第五节　无权代理 …… 270

第九章　时效制度 …… 279
　　第一节　时效制度概说 …… 279
　　第二节　消灭时效制度概说 …… 285
　　第三节　我国的诉讼时效制度 …… 295

参考文献 …… 306

第一章 民法学导论

民法是调整人与人之间的社会关系的基本法，即调整人与人之间的财产关系和人身关系的法律。民法源于古罗马的"市民法"（ius civile），其当时是用来调整罗马城邦国家公民之间的关系的法律。现代民法的概念理论体系是在法国大革命以后发展形成的，其标志即1804年颁布的《法国民法典》。在该法典的影响下，大陆法系各国都陆续有了自己的民法典或其他形式的成文民法。1900年颁布的《德国民法典》进一步发展了近代民法的理论，增加了"民法总则"，从而使现代民法完全概念化、体系化。

我国最早的近代民事立法是在清末进行的，其成果是1911年起草的《大清民律草案》，该草案最终因辛亥革命推翻了清朝统治而流产。此后，由于军阀混战，最终的立法是1929—1931年陆续颁布实施而成的《中华民国民法》。

1949年，中华人民共和国成立后，我国民事立法曾经历了一个停滞的阶段。改革开放后，民事立法开始恢复，并于1986年颁布了第一部民事法律——《中华人民共和国民法通则》，翌年实施。此后，《合同法》《物权法》《侵权责任法》和《民法总则》陆续颁布，从而形成了一个较为完备的以单行法为主的民法体系。2020年5月28日，《中华人民共和国民法典》通过，并定于2021年1月1日起施行。

民法的历史源远流长，它对人类社会的调整作用也是当前大多数国家都认可的。概括而言，民法的当代意义有如下两点：

第一，民法是人法。民法的作用是调整人与人之间的各种社会关系，包括人身关系和财产关系。民法的主体首先是自然人。自然人在生活中所进行的一切民事活动在民法中均有不同程度的反映。其中，涉及人格和身份的由人身权法调整，涉及财产的拥有和交换的由物权法和合同法等调整。可以说，人的一生都与民法息息相关。

第二，民法是市场经济的基本法。改革开放使我国逐渐建立起了市场经济的环境，自然人、法人和其他组织都可以进行各种经济活动，而规范各主体之间经济交往的基本制度就是民法。民法的基本原则是保护所有民事主体的所有权不受非法侵犯，保障意思自治和契约自由，民法详细规定了经济活动的各项具体规则，包括如何占有、使用和支配作为财产的物,如何订立和履行合同,如何支配知识财产,等等。可以说,没有民法,就没有市场经济。

就民法的性质来看,民法是权利法,也是规范法。民法是以规范体系的方式调整社会关系的。广义的规范民法包括总则、物权法、债权法、婚姻家庭法、继承法和知识产权法等若干部分。其中,民法总则是所有民法部门的共同规则的体现,而物权法、债权法、婚姻家庭法、继承法和知识产权法等则分别围绕着一项核心权利来设定规则。

在民法的规范体系中,民法总则是所有规则的抽象,也可以说是民法规则的公式大全。民法总则的内容涉及民法的基本原则、民事主体制度、民事权利制度、法律行为制度、代理制度和时效制度等,包罗万象。学习民法总则不只是学习规范民法,还是学习民法的方法论,掌握民法的逻辑推理形式。掌握了这种规范演绎的方法,就能够充分理解民法并在实践中妥当地加以应用。

第一节 民法方法论

一、法律逻辑学导论

逻辑学发源于古希腊,也译为"逻各斯"(logos),该词的本义是"言语,思想,思想内容"①,亚里士多德(Aristotle,前384—前322)是逻辑学的奠基人。亚里士多德的逻辑学是形式逻辑,② 即以符号化的方式进行推理,包括归纳推理、溯因推理和演绎推理三种。法律逻辑也注重推理,但不只注重形式,也不能完全符号化。法律推理是非形式推理。

美国大法官霍姆斯(Oliver Wendell Holmes, Jr., 1841—1935)曾经说过:"法的生命不是逻辑,而是经验。"③ 这一论断被现代各国法学研究者和法律从业人士广为传诵。该论断一反此前法律作为人类理性的完美表现的一般认识,强调法律作为社会科学必须与社会经验相结合。也正是在这一论断的影响下,最终催生了一系列的边缘性法律学科,如法社会学、法经济学等。但是,事实上霍姆斯的论断并没有被全面地理解,他还讲了下面的话:"一国的法律是经由多个世纪而形成的,

---

① [德]胡塞尔:《形式逻辑和先验逻辑——逻辑理性批判研究》,李幼蒸译,中国人民大学出版社2012年版,第14页。

② 参见[德]胡塞尔《形式逻辑和先验逻辑——逻辑理性批判研究》,李幼蒸译,中国人民大学出版社2012年版,第41页。

③ Oliver Wendell Holmes. The Common Law. Transaction Publishers, 2004, p.16.

不应被理解为只是由数学公理和推论组成的数学课本。"① 可见，霍姆斯并非简单地反对理性，而是要求人们注意历史经验在一国法律发展过程中的作用，其中包括各种偶然性的历史和社会因素。同样的，库克所说的理性法也是就人类的普遍理性而言的。基于理性法的观念，法律必须体现人的意志，因而，很难想象非理性的人会制定并适用法律。

综合以上的分析，法律作为一个由语言形式构成的逻辑体系，既是历史发展或人类经验的结果，也是人类理性的直接体现，是一种复杂的精神产物。法律是需要逻辑的，但这种逻辑不是单纯的形式逻辑，还需要历史经验和社会经验的介入。同时，必须了解民法本身的逻辑结构，掌握民法的系统性知识结构。只有这样，才能进行正确的法律思维，使法律得到妥当的适用。

民法的思维逻辑是通过两个分析模型来完成的，其一是法律关系模型，其二是法律行为模型。

二、民法分析模型1：法律关系

民法所调整的是人与人之间的社会关系，包括人身关系和财产关系，其中人身关系又包括人格关系和身份关系。民事法律关系不是社会生活中真实存在的那种社会关系，而是民法通过自身的逻辑将社会关系高度抽象化的结果。

法律关系的概念在罗马法时就已经出现，当时主要指债的法律关系，即所谓"法锁"。② 现代民事法律关系的概念来自德国民法。

法律关系的价值体系是由国家建立的，不同的国家有着不同的法律关系体系。我国的法律关系体系是由《民法通则》《合同法》及《物权法》等法律规范建构的。根据我国《民法通则》第二条的规定，民法调整平等主体的公民之间、法人之间、公民和法人之间的财产关系和人身关系。这一规定就是我国民事法律关系体系建构的主要立法来源。我国在制定《民法通则》时，尚未对非法人一类的主体有明确的认识，因此，并没有对其进行明确的规定。然而，经过了30多年的发展，非法人民事主体在经济活动和社会活动中已经充当了重要角色。我国1999年颁布的《合同法》第二条规定："本法所称合同是平等主体的自然人、法人、其他组织之间设立、变更、终止民事权利义务关系的协议。婚姻、收养、监护等有关身份关系的协议，适用其他法律的规定。"根据这一定义，我国合同法所调整的是三类不同的民事主体之间的债权债务关系。在《合同法》之后，《物权法》也将这三种主

---

① Oliver Wendell Holmes. The Common Law. Transaction Publishers，2004，p.72.
② 参见［意］阿雷西奥·扎卡利亚《债是法锁——债法要义》，陆青译，法律出版社2017年版，第3页。

体作为权利主体加以规定。其中，私人（自然人，第六十六条）、企业法人和其他法人（第六十八条）、社会团体（第六十九条）都依法享有物权，成为物权关系主体。而后来的《侵权责任法》中虽然并没有明确指出具体责任主体，但也应将其所调整的内容理解为自然人、法人和非法人组织三种主体之间因侵权行为引起的侵权之债法律关系。

2017年3月颁布的《民法总则》第二条规定，民法调整平等主体的自然人、法人和非法人组织之间的人身关系和财产关系。这再次确认了我国民事法律关系的主体范围。《民法典》延续了这一规定。

综上，民事法律关系是民法对作为平等主体的自然人、法人和其他组织之间的人身关系和财产关系加以调整的结果，是一种以法律形式表现出来的社会关系。民事法律关系实质上是一种法律形式，是各种生活关系的法律化。但是，在具体的社会关系中，有一些关系始终只是生活关系，多数情况下不受民法调整，也不能完全抽象为法律关系，如朋友（情谊）关系。只有依照民法的规定直接由民法所调整的社会关系，才能够在形式上抽象化为民事法律关系，并仅就抽象的部分受法律调整。

民事法律关系可以是财产关系，也可以是人身关系。所谓财产关系，就是指主体之间的民事关系是围绕财产而发生的关系；而所谓人身关系，就是指主体之间就人格和身份而发生的关系。不同的法律关系发生在不同的法律范畴中。

图1-1　民法的规范范畴

根据图1-1所示，民法的规范范畴包括总则、物权法、债权法、婚姻家庭法、继承法和知识产权法。其中总则并不直接处理各种具体的民事法律关系，而是就民事主体、客体和民事法律关系、民事法律行为及时效制度等进行规定；物权法处理围绕所有权及他物权的得丧变更而发生的民事法律关系；债权法处理各种债的法律关系，包括合同之债、侵权之债、无因管理之债和不当得利之债；婚姻家庭法处理婚姻家庭中的法律关系；继承法处理继承关系；知识产权法则以各种智力成果为对象。人们在社会生活中所发生的各种生活事实经过不同的法律范畴的规范，便可以抽象为各种不同的民事法律关系。

试判断下列各例：

A. 甲去商店买了一台电视。
B. 甲于 2014 年 1 月 1 日出生。

上述两个例子分别表述了一个生活事实，A 可以归纳为民法上的买卖关系，即买卖合同之债，受债权法调整；而 B 则可以适用民法总则，即出生事实引起了一个新的民事主体的诞生，适用有关自然人的各种民事规定，同时，一个新的亲子关系也得以产生。

上述两个例子还涉及民事法律关系范畴中的另一个问题，即法律事实问题。人们在生活中可能会进行很多行为，也会遇到很多人为的或非人为的事情，这些统称为生活事实。但并不是每一个生活事实都可以引起法律关系的产生。请看下列例子：

C. 甲捡到了一本书。
D. 甲请自己的好朋友乙去餐馆吃了一顿饭。
E. 甲在驾车途中与乙相撞，导致车辆毁坏，人受伤。

上述 C 例中的甲没有与其他人发生关系，而是捡到了一本书。这是一个事实行为，依照《民法典》第三百一十四条的规定，拾得遗失物，应当返还权利人。拾得人应当及时通知权利人领取，或者送交公安等有关部门。D 例中的甲请乙吃饭，是一种社会活动，但实际上这两人之间并没有发生法律关系的意思，而只是为了增进友情，因此除非有特殊情事（如甲故意或重大过失致乙受到损害），不能发生法律关系，二者与餐馆之间则可以依照合同法另外发生餐饮合同法律关系，受合同法调整。E 例中的甲与乙发生了交通事故，是一项法律事实，依照侵权法和道路交通法引起侵权损害赔偿的法律关系。

法律事实与生活事实的不同在于，生活事实是多种多样的，但法律事实是经过抽象的，只能是法定形式，并依法引起相应的法律关系，即：生活事实→法律事实→法律关系。

三、民法分析模型2：法律行为

法律行为是民法的另一个重要分析模型。法律行为是法律事实的一种。广义的法律行为包括合法行为，也包括不法行为，还包括事实行为。前述例子中，C是事实行为，依法产生相应的法律效果；D是生活事实，不直接引起甲乙之间的法律关系；E是法律事件，双方均有不法行为，引起侵权关系。狭义的法律行为仅指意思表示行为，即行为人有意引起法律关系的行为。

（一）狭义的民事法律行为

狭义的民事法律行为必须是意思表示行为，行为人必须明确地知道自己将要通过此种行为进入某种特定的民事法律关系。

请看下列例子：

F. 供货商甲主动向商店乙寄出了一份报价单。

G. 供货商甲应商店乙的订货请求向乙寄出了一份合同书，乙进行修改后寄回给甲。

上述F例中的甲在没有经过乙同意或要求的情况下就向乙寄出了商品的报价单，其目的当然是希望能够与乙订立供销合同，但能否订立并没有任何保证，乙没有义务回复甲，更没有义务接受报价直接订立合同。因此，寄送报价单的行为并不是法律行为，不是意思表示，而只是一种邀请，这在合同法上称为要约邀请。

上述G例中的情况则不同，甲在寄送合同书之前已经得到了乙的供货请求，因此，寄送合同书的行为就是法律行为，在合同法上称为要约，对方乙应当在收到后明确表示是否接受要约，否则将会被视为接受了要约，合同将会自动达成。例子中乙修改了合同条款后寄回，这在合同法上叫作反要约，原来的要约人有义务在特定期限内给出是否接受的答复，否则也将会被视为接受反要约，合同将会达成。

从上述两个例子的分析中可以看出，狭义的民事法律行为是有特定要求的，即行为人必须明确地知道自己将要进行的行为是法律行为，直接受法律调整，并且产生相应的法律后果。这就要求行为人必须是成年人且是一个理性的人，能够进行正常思维，能正确地判断自己行为的后果。倘若民事主体心智尚不完全，也没有充分的社会经验，是不能进行法律行为的，如未成年人必须由他们的监护人代为进行民事法律行为。而即便是成年人，在某些特殊情形下也不能进行法律行为，如认知障碍者、酗酒者在酗酒状态下、重症病人在不清醒的状态下都不能进行法律行为。

我国《民法通则》第五十四条对狭义的民事法律行为做了规定，即民事法律行为是公民或法人设立、变更、终止民事权利和民事义务的合法行为。《民法总则》第一百三十三条规定，民事法律行为是民事主体通过意思表示设立、变更、终止民事法律关系的行为。后者强调了意思表示这个构成要素。《民法典》延续了这一规定。

狭义的民事法律行为是纯粹的意思表示行为，通常应具备三个要件，即行为人具有相应的民事行为能力，意思表示真实，不违反法律或社会公益。其中，意思表示为民事法律行为的核心。欠缺任何一个要件都有可能导致行为人所预期的结果不会发生，并产生另外的法律后果，如无效、被撤销或合同变更。

（二）准法律行为

准法律行为本身不是意思表示行为，但通常与意思表示有密切联系，即为意思表示做准备，如与请求权行使或法律行为目的达成有关的催告和通知，包括履行催告、规定期限、代理人追认的催告、通知、瑕疵告知及其他告知（如关于期限开始的告知）等。准民事法律行为仅仅约束自己，不要求对方答复。

我国民法上虽然没有明确出现准法律行为的概念，但在制度上是有这类行为的规定的，《合同法》中关于撤回要约的通知的规定如下：

《合同法》第十七条 要约可以撤回。撤回要约的通知应当在要约到达受要约人之前或者与要约同时到达受要约人。

（三）事实行为

事实行为本身不具备意思表示要素，但可因适法性而产生法律上的后果，如某种事实的状态经过一段时间则发生法律所特别规定的效力。换言之，行为人实施的一定行为一旦符合了法律的规范要件，则不管当事人主观上是否有发生、变更或消灭某一民事法律关系的意思，都会由于法律的规定而引起一定的民事法律后果。例如，无因管理、先占、添附、拾得遗失物、发现埋藏物等，均属于事实行为。

我国民法上虽然没有明确出现事实行为这一概念，但《民法通则》和《物权法》上均有相关的规定，如《民法通则》第九十三条（无因管理行为），《物权法》第一百零九条（拾得遗失物）。《民法总则》第一百二十九条则明确规定，民事权利可以依据民事法律行为、事实行为、法律规定的事件或者法律规定的其他方式取得。《民法典》延续了这一规定。

（四）情谊行为

生活中的亲密关系除了亲属关系以外就是朋友关系，上述 D 例中朋友请客吃饭就是情谊行为的表现。此外，如开车载朋友出行、替朋友看护病人、孩子，等等均是。

情谊行为的特点在于行为人均不以发生法律关系为目的，而只是为增进情谊。然而，情谊行为并不能够完全排除法律的适用。请看下面两例：

  H. 甲与乙是朋友，乙搭乘甲的车子一同外出游玩，路上遭遇车祸，甲乙均受伤。
  I. 甲与乙是朋友，两人一同去饭馆吃饭，甲请客，乙在吃饭时饮酒过量而不得不入院治疗。

上述两个例子中的朋友所进行的都是常见的情谊行为，但由于出现意外，必须要适用相关的法律来解决。在 H 例中，应直接适用交通事故相关法律的规定，甲仅在收取了乙的费用并有重大过失的情况下才需要对乙的损害承担责任。在 I 例中，甲乙一同吃饭是十分常见的情谊行为，而乙饮酒过量入院所产生的费用和后果应由其自负；但如果乙饮酒过量是甲故意造成的，则甲应适当承担责任。

情谊行为的判断并不以是否有偿为前提，如搭乘顺风车或数人上班拼车可能会分担费用，但这样的分担行为目的不在于谋利，而仅仅在于减少车辆提供者的负担，因此，仍然是情谊行为。但是赠与、无偿保管等行为，虽然赠与人和保管人分文不取，然而由于涉及财产的所有权或占有的转移，所以仍应适用法律来调整，即为法律行为。

综上，关于生活行为的分类如图 1-2 所示。

四、民法方法论的基本路径

了解了法律逻辑的分析方法及民法的两个基本分析模型后，就可以进一步了解民法方法论的基本路径。请看下面的例句：

  J. 小明只有 10 岁，所以他签订的电视网购合同是无效的。

这是一个典型的法律判断，但这个判断是错误的。根据句子中的关键词，这个判断应当适用合同法的有关规定。而根据合同法的一般理论，一个有效的合同必须主体适格、客体合法且意思表示真实。我们按照法律关系模型和法律行为模型来进行分析：合同行为是法律行为，小明在网上订购电视所引起的法律关系应当属于合同法律关系。但是，一个合格的缔约行为必须是有理性的成年人进行的，而小明只有 10 岁。我国《民法典》第二十二条规定："不能完全辨认自己行为的成年人为

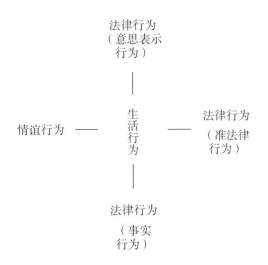

图1-2 生活行为的分类

限制民事行为能力人,实施民事法律行为由其法定代理人代理或者经其法定代理人同意、追认;但是,可以独立实施纯获利益的民事法律行为或者与其智力、精神健康状况相适应的民事法律行为。"根据这一规定,10岁的小明是限制行为能力人,应由其法定代理人代理实施民事法律行为,或者事后得到代理人的同意或追认。因此,小明订立的电视网购合同并不当然无效,而为效力待定的合同,应等待其代理人追认后才确认有效(或经否认无效)。当然,这里又涉及一个经验问题,即签订网络合同的买卖双方是不实际见面的,卖方也无法确定买方是否是未成年人,这时如果小明的父母要求退货,则难以提供相应的证据证明合同是小明订的,而只能以自己的名义进行退货。因此,父母的拒绝权或追认权可以在交货时行使(即拒绝收货或接受货物),或者按照普通买卖办理相关的退货手续。

以上诸例表明,法律分析必须从法律行为和法律关系入手,找到等待判断的事实所归属的法律范畴,才能正确适用法律。同时,法律分析也是经验分析,上述未成年人网购行为的具体状况就是经验分析。只有将逻辑分析和经验结合起来,才能够得出正确的分析结果。

以下流程为民法分析方法的基本路径:

生活事实→法律事实→法律行为(或事件)→法律关系→法律规定(+经验)→结论。

本节思考题:

1. 试析法律关系模型。
2. 试析法律行为模型。

第二节 民法的法源

上节指出，法律关系模型和法律行为模型是建构民法思维模式的基本方法。这两种模型的建立一方面依赖于生活事实（客观事实）的总结分析，另一方面则依赖于法律规范的直接规定。因此，了解民法的法源十分重要。

我国民法的法源包括制定法、判例、习惯与惯例、法理。

一、制定法

民法与刑法一样，是实在法。所谓实在法，就是以制定法为主要渊源的现实法。民法的法源在不同的国家是不同的，如在大陆法系国家主要表现为民法典，而在英美法系国家则主要表现为判例法。但是，由于实在法的确定性，即便是英美法国家在现当代也大量采用制定法作为民法的法源，如《美国统一商法典》便是被美国各州普遍采纳的统一法。

我国有着不同于上述两个法系的法律传统，但是在现代，我国更多地倾向于大陆法系，即采用制定法为民法的主要法源。我国目前已经有了《民法典》，此前有《民法通则》《合同法》《物权法》《侵权责任法》《民法总则》等主要民事法律，还有其他特别法加以补充，如《消费者权益保护法》《产品质量法》等。另外，国家和地方各级行政法规对于国家法律也起着进一步细化和落实的作用。还有，由于我国立法体制和司法制度的独特性，最高人民法院的司法解释也实际指导着法院的审判工作。

（一）全国性法律

全国性法律是指由全国人大及其常委会制定的法律。我国目前已经通过《民法典》，定于2021年1月1日起施行。届时废止的基本民事法律包括《民法总则》《民法通则》《合同法》《物权法》《担保法》《侵权责任法》《婚姻法》《继承法》《收养法》。

此外，还有一些特别民事法律，包括《消费者权益保护法》《产品质量法》《农村土地承包法》《海商法》等。

除上述一般性或特殊性的民事法律以外，还有一些民事法律规范是包含在综合性法律当中的，如《劳动法》《未成年人保护法》《妇女权益保障法》《环境保护法》《土地管理法》《电子签名法》等法律中都有民事法律规范。

(二) 全国和地方性法规

除国家法律以外，国家和地方性法规当中也包含着民事规范。国家级的法规和条例一般是由国务院各部委为了具体实施法律而制定的，如《部分商品修理更换退货责任规定》（国家经贸委、国家技术监督局、国家工商局、财政部，国经贸〔1995〕458号）、《铁路旅客运输规程》（铁道部，铁运〔1997〕101号）等。

地方性法规是各省（直辖市、自治区）人大及其常委会为了适应本地的情况而制定的法规，仅在本地区适用且不得与宪法、法律和行政法规相抵触。各地制定的地方性法规很多，其中民事性的法规如《深圳经济特区商事条例》《上海市未成年人保护条例》等。

(三) 司法解释

在立法机关制定的法律和法规以外，最高人民法院会配合全国性法律定期颁布相关的法律适用办法，此即司法解释。到目前为止，几乎每一个重要的全国性法律都有相应的司法解释，如：《民法通则》的司法解释《民法通则意见（试行）》；《合同法》的司法解释《合同法司法解释（一）》《合同法司法解释（二）》《买卖合同纠纷司法解释》；《物权法》也有自己的司法解释，并分别针对特定事项进行规定，即《建筑物区分所有权纠纷司法解释》和《物业服务纠纷司法解释》。

司法解释通常是对法律条款的进一步解释或补充，一方面是对法律规定如何在司法实践中适用进行指引，或者对某些概念的具体意义进行解释；另一方面是对法律漏洞进行补充，即对法律没有规定而应当规定的内容进行补充，从而使相应的规范更加完善。

例如，《民法通则》第十五条规定："公民以他的户籍所在地的居住地为住所，经常居住地与住所不一致的，经常居住地视为住所。"但是，其中"经常居住地"的含义并不清楚，因此，《民法通则意见（试行）》第9条即规定："公民离开住所地最后连续居住一年以上的地方，为经常居住地。但住医院治病的除外。"这就很好地说明了何为经常居住地。同时，针对居民迁徙过程中的住所不明确问题，《民法通则》没有规定，因此，《民法通则意见（试行）》第9条第二款即规定："公民由其户籍所在地迁出后至迁入另一地之前，无经常居住地的，仍以其原户籍所在地为住所。"这就很好地补充了法律漏洞。此外，也有用整部司法解释来补充立法不足的，如《城镇房屋租赁合同纠纷司法解释》便是对《民法通则》《物权法》和《合同法》规定不足的补充。

司法解释在各级人民法院都必须得到遵守和执行，但是，它们的地位仍然不能与国家颁布实施的法律法规相比。事实上，司法解释更多地是针对法院的，是指导法官审判案件的规则。但是，由于法官在审判中的引用，司法解释也对全体公民发

生实际效力。

对于不同层次的法律、法规和司法解释，其适用的顺序如何？应当说，在认识法律时必须首先了解全国性的法律法规，然后是地方性法规，最后是司法解释。但在适用法律的时候，应本着先特别、后普通，先地方、后全国的顺序。在适用全国性法律的时候，必须同时注意适用相关的司法解释。

二、判例

虽然我国不是判例法国家，但是历年来的《中华人民共和国最高人民法院公报》实际上提出了一些案例，在制定法之外指导着法院的审判。而2012年正式开始的案例指导制度则将案例正式引入了审判程序，国家力图借此建立完善的案例指导体系。

事实上，案例指导制度并不是一个突然的创造，而是多年来司法实践的结果。在我国的司法实践中，大多数下级人民法院遇到疑难案件时都会向最高人民法院请示，而最高人民法院的回复会发表在《中华人民共和国最高人民法院公报》上，供所有的法院参考并遵行。可以说，在我国的司法制度中本来就存在着一个案例指导传统。而根据国务院新闻办公室2012年10月9日发布的《中国的司法改革》白皮书可知，中国的司法机关于2010年出台了案例指导制度的相关规定，标志着中国特色的案例指导制度得以确立。该白皮书特别指出，"与英美法系的判例制度不同，中国的案例指导制度是在以成文法为主的法律体系下，运用案例对法律规定的准确理解和适用进行指导的一种制度。近年来，中国司法机关选择法律适用问题比较典型的案例作为指导性案例予以发布，供各级司法人员处理类似案件时参照。案例指导制度促进了司法自由裁量权的规范行使，加强了法律适用的统一性"。

由此可见，中国的案例指导制度不是英美法系判例法那样的主体制度，而是成文法体系的补充。由于制定法是成文法，在从制定到实施的过程中有一个解释的问题。虽然最高人民法院会就重大法律进行司法解释，但是这些解释并不能覆盖每一个条文，因此，各级法院在适用法律时就可能存在不一致的情况。为此，最高人民法院适时推出案例指导制度，定期颁布指导性案例，将法律规定与实际案件结合起来，更有利于防止法院适用法律时出现偏差。

最高人民法院于2010年11月26日印发了《最高人民法院关于案例指导工作的规定》，该规定要求各高级人民法院根据规定积极向最高人民法院推荐报送指导性案例，最高人民法院专门设立案例指导工作办公室，加强并协调有关方面对指导性案例的研究。第一批指导性案例于2011年12月20日由最高人民法院审判委员会讨论通过。

在案例指导制度以外，随着司法改革的快速深入，《最高人民法院关于人民法院在互联网公布裁判文书的规定》(法释〔2016〕19号)已于2016年7月25日由最高人民法院审判委员会第1689次会议通过,自2016年10月1日起施行。根据这个规定,最高人民法院在互联网设立中国裁判文书网,统一公布各级人民法院的生效裁判文书。目前,各地法院的判决都已经公开上网。

但是,裁判文书公开并不是案例指导制度的内容,而是司法公开的内容。即为使案件审判能够进一步受到公开监督,在互联网上将裁判文书予以公布。这些裁判是生效判决,但对今后同类案件的审判并无直接的指导作用。不过,由于案件裁判文书上网公开,有异议的案件会引起公众的注意,也会引起学者的探讨,从而促使今后同类案件的审理更加适当、更加一致。

三、习惯与惯例

除制定法和判例,习惯和惯例也是民法的重要法源。如《瑞士民法典》第1条第2款规定:"本法未规定者,审判官依习惯。无习惯者,依自居于立法者地位所应行制定之法规判断之。"

萨维尼在谈及罗马法与习惯或习惯法的关系时肯定了这一点。他指出,早期罗马法来自习惯,而习惯则是一个民族精神的反映。① 但是,他接着说,在《查士丁尼国法大全》出现以后,纯粹的习惯法已经不能在实在法体系之外存在了。在一般立法之外,能够存在的只可能是某些特别习惯(法),并且其内容和性质也不那么重要,影响范围有限。②

应当说,从法律的历史生成过程来看,习惯和惯例是先于法律(成文法)而产生的,但是在法律成文化以后,习惯和惯例就退而处于较为次要的地位了。然而,大陆法系国家的民法典基本都将习惯作为重要法源加以规定。《美国统一商法典》也明确规定,交易双方的履行过程、之前的交易过程以及双方或行业内通行的商业惯例都可以用来解释意思不清楚的合同条款,并确定履行债务的内容和方式等。这表明,即使是在当代,在成文法和判例都已经较为完善的情况下,习惯和惯例仍然是占有一席之地的。

我国是一个多民族、地域广大的国家,在民事活动领域,一些地区性的习惯应当得到承认和尊重;同时,在商事活动中,行业习惯也应当得到遵守。随着我国民事立法的逐渐完善,民事领域的各种法律关系在现行民法中大都能够找到相应的规范。

我国《民法通则》第七条规定,"民事活动应当尊重社会公德,不得损害社会公共利益,破坏国家经济计划,扰乱社会经济秩序"。这一规定中的"社会公德"

---

① 参见〔德〕萨维尼《当代罗马法体系》(第一卷),朱虎译,中国法制出版社2010年版,第17~19页。
② 参见〔德〕萨维尼《当代罗马法体系》(第一卷),朱虎译,中国法制出版社2010年版,第68页。

应当理解为包含一些共同的善良风俗习惯。因此，尽管法律中没有明确指出习惯应当遵守，但是从反面可以看出，违反善良习惯的行为是得不到法律支持的。《民法通则》也在第一百四十二条关于涉外关系的法律适用上提出可以适用国际惯例。所谓国际惯例，指的是国际商会公布的《跟单信用证统一惯例》《2000年国际贸易术语解释通则》等在国际贸易中通行的国际惯例。

《民法总则》在第十条规定，处理民事纠纷，应当依照法律；法律没有规定的，可以适用习惯，但是不得违背公序良俗。这就明确了习惯作为法源的地位。

四、法理

法理在法学上的意义并不仅是法理学，特别是在民法上，法理指的是法律原则和基本原理、法学学说。

法学学说在罗马市民法的形成过程中起了极大的作用。实际上，除了民间习惯之外，法学家的思想几乎成为法律的唯一来源。彭波尼甚至在《学说汇纂》中把市民法定义为"以不成文形式由法学家创造的法"。这一说法并不夸张。法学家盖尤斯（Gaius，约130—约180）、乌尔比安（Ulpianus，约170—228）等的学说在当时就是有完全效力的法律。

而到了近代民法典起草时期，法学家更是在其中起了重要的作用。其中，《法国民法典》起草过程中的著名的法国民法学家冈巴塞雷斯（Cambacérès，1753—1824）和波塔利斯（Portalis，1746—1807）对法典的解构和内容体系起了关键性的作用。① 而《德国民法典》则被公认为法学家的法，并因此被称为抽象学识的产物。② 受这一潮流的影响，我国清末起草《大清民律草案》，也是由中日两国的法学家一起进行的。

今天中国民法同样离不开民法学学说。从《民法通则》开始，中国的民法学就进入了一个新的发展时期。不过，今天中国的民法学说不应只限于对现当代民法进行解释和研究的学说，还应包括世界各国的民法学说，历史上的一些民法学说也可以起到借鉴的作用。

对于学说作为民法的法源，我国台湾地区的有关规定为："民事，法律所未规定者，依习惯；无习惯者，依法理。"其中的法理就是指法律的基本原则、原理，法学学说。

---

① 参见《法国民法典》（上册），罗结珍译，法律出版社2005年版，第5～15页。
② 参见［德］K. 茨威格特、H. 克茨《比较法总论》，潘汉典、米健、高鸿钧等译，贵州人民出版社1992年版，第267页。

本节思考题：
分析制定法、判例、习惯法、法学学说的效力发生原因。

第三节　民法解释学

一、法学学说与民法解释学

法学学说在民法的形成过程中起着重要的作用，而在罗马法再发现的过程中，法学家再次发挥了重要的作用，即通过对罗马法的注释而形成了注释法学派，并由此启发了德国、法国的法学家们，催生了历史法学派和实证法学派，进而为近代各国民法典的产生提供了理论基础。到了现代，法学家学说进一步渗透到民事立法和司法领域，为民法的解释和适用提供了营养。

在古希腊，苏格拉底（Socrates，前469—前399）、柏拉图（Plato，前427—前347）和亚里士多德的哲学学说对法的概念和本质进行了多方面的论述，并形成了西方法哲学最初的思想框架。但是，此时法学家并未成为一个独立的学术群体，而作为执政者、立法者的那些人如梭伦（Solon，前638—前559）本身也十分博学，并不把法律解释作为唯一重要的任务来做。法学学说独树一帜并全面影响民法的第一个高峰是在古罗马时期，其标志就是《罗马法大全》的诞生。

此后，法学家再次成为推动法律和历史前进的动力是在12世纪。当时，随着《罗马法大全》的再发现，注释法学派大行其道，学者们纷纷通过对罗马法文本的注释建立和创造着新的法学学说。正是在这样一种文本注释的基础之上，法学逐渐发展成为一门有自身结构的独立的学科。[①]

注释法学派乃至其后的注解法学派的影响一直延续到17世纪。从那以后，受文艺复兴运动的影响，法学研究向着更趋理性化的高度发展，法学家对于文本的研究已经不局限于注释或注解，更多了一些创造性的抽象概括的内容。这一时期，法学研究采取了"评注"作为法学文本的基本形式，此种文本扩大了文本评注的范围，在以往罗马法的基础上加上了习惯法和案例评析，并注重新概念的生成，从而在促成现代法学学科区分以及现代英美法体系化和制度化的过程中发挥了巨大作用。

到了现代，法学学说更是进行法律解释的依据。由于大陆法系民法为成文法，而即便是英美法国家的判例法也体现为经过整理的文本，因此，无论是在哪一个国家，要想使法律真正在司法中得到适用，都必须对法律文本进行解释。这个过程就

[①] 参见梁慧星《民法解释学（第三版）》，法律出版社2009年版，第21页。

是民法的解释和适用过程。

民法解释的近代立法基础是《法国民法典》的规定，即法官不得以法无明文规定或有漏洞为由拒绝审理民事案件。这一规定实际上明确了通过法律解释弥补法律漏洞是法院的职责之一，后来各国的法律解释均来源于此。

由于现代法律结构复杂，概念高度专业化，将其运用于具体的民事案件时必须通过系统的解释才能将法律规范和概念进行解构，从而适用于相关的民事法律关系，解决特定的民事纠纷。因此，解释学就成了联结民法规范与民事司法的桥梁，其本身作为一门独特的法学分支学科，与哲学、社会学、语言学等都有着极大的关联。

在我国，每一部民事法律通过之后都会有最高人民法院的相关司法解释，这些司法解释是经最高人民法院依职权做出的，其中有很多观点来自法学家的学说。但是，这种司法解释并不是解释学范畴的内容，它以规范的形式体现出来，是一种准立法，要求各级人民法院一律予以遵守。而民法解释学，是指属于一种专门学问的解释学理论及其应用。

二、民法解释学概说

应当说，民法的发展与法解释学是密不可分的。关于法律解释的学问，学者一般称之为法解释学或法学方法论（如萨维尼的《法学方法论讲义》）。法解释学所注重的是对法学文本的研究，包括对概念、概念体系的注释和研究。我国学界最早的法解释学著作为梁慧星先生的《民法解释学》，[①] 其中对自罗马法以来的各个民法解释学流派及其观点进行了研究，并对我国民法的解释方法进行了论述。

民法的解释就是对民法文本中的概念、原则、制度进行解释。世界上最早对民法进行解释的时期是罗马法时期，当时的法学家解释可以直接被作为民法的法源，因此，罗马法又被称为法学家的法。[②] 此后，随着罗马的衰落直至灭亡，罗马法的文本遗失，直到12世纪，由于罗马法的再发现，在意大利的波伦亚（Bologna，又译为博洛尼亚）形成了对《罗马法大全》进行研究和解释的"注释法学派"。注释法学派的工作后来被注解法学派接替，后者从13世纪一直延续到16世纪。[③]

继中世纪的法解释学之后称霸欧洲的是法国的法解释学，他们在罗马法的文本之外，采用实用主义的解释方法，对法国的习惯法进行解释和研究，在两个世纪里

---

① 参见梁慧星《民法解释学》，中国政法大学出版社1995年版。
② 参见梁慧星《民法解释学（第三版）》，法律出版社2009年版，第3页。另见前文民法发展历史中关于罗马法的章节。
③ 参见梁慧星《民法解释学（第三版）》，法律出版社2009年版，第22页。

形成了以杜摩兰（Charles Dumoulin，1500—1566）和多马（Jean Domat，1625—1696）等为代表的重要的学者群体，并形成了法国法的一般思想，① 这种思想直接影响了《法国民法典》的内容和体例。

法律解释首先被立法认同就是在《法国民法典》中，该法典第1条至第6条确立了民法的解释和适用的一般规则，即第一次对近代民事法律解释和适用的基本方法进行了创造性的归纳总结，并进而提出了近代民法的基本原则。②

（一）《法国民法典》第一次提出了法律解释和适用的基本规则

《法国民法典》对民法在地域和时间方面的适用做了明确规定，从而确定了实在法的效力范围。

在法律的地域适用方面，法典第一条规定了法典的适用范围是法国全境，即作为国内统一的法律，在各地都有效。此前，法国各地适用不同的习惯法，特别是南方与北方的差异非常大，但在有了法典以后，法国的民法得到了统一，民事法律行为有了统一的规范标准。

在时间适用方面，法典第2条规定法典仅适用于将来，没有溯及力。这是近代民法第一次明确规定了法律不溯及既往原则，今天各国民法都奉行这一原则。③

但是，涉及法律解释时，无论是在进行立法或司法解释时，解释性的法律可以具有追溯力。④ 这一点使法律解释与现实有效的法律适用区别开来，从而使法律解释的效力有了历史感。

此外，《法国民法典》第4条确立了一项重要的原则，即审判员不得以法律无规定、不明确或不完备为由拒绝审判，否则将构成犯罪。同时，第5条为防止审判员任意审判，特别规定不得确立一般规则进行判决。这两项规定为通过法律解释弥补法律漏洞、避免司法裁判的任意性奠定了基础。在第4条，法官不得以证据不足、缺乏相关的科学知识、没有赔偿标准、诉讼请求不明确等为由拒绝审判，⑤ 这无疑为司法解释制度的建立提供了立法基础。⑥ 在第5条，法官不得根据事先确定的赔偿标准格式化地代入任何一个案件中，而不区分不同案件当事人的特殊具体

---

① 参见梁慧星《民法解释学（第三版）》，法律出版社2009年版，第27～30页。
② 参见谢怀栻《大陆法国家民法典研究》，载《外国法译评》1994年第3期。
③ 法国于1984年、1992年分别确认了法律立即适用、适用于正在进行中的民事行为以及正在审理中的案件的判例，参见《法国民法典》（上册），罗结珍译，法律出版社2005年版，第4页。不过，法国目前并不将此作为一项立法者必须遵守的原则。
④ 参见《法国民法典》（上册），罗结珍译，法律出版社2005年版，第8～9页。
⑤ 参见《法国民法典》（上册），罗结珍译，法律出版社2005年版，第32页。
⑥ 参见［法］雅克·盖斯旦、吉勒·古博《法国民法总论》，陈鹏、张丽娟、石佳友等译，法律出版社2004年版，第356页。

情形。①

还有，《法国民法典》在第3条对冲突规范进行了概括性的规定，即所谓有关"公共治安"的法律。这里的公共治安并非现代民法上的公共利益或公共秩序，而是指涉外法律规定。这一规定实际上将国际私法纳入了民法的范畴，是法解释学造就国际私法的历史过程的定型化。

（二）《法国民法典》第一次提出了民法基本原则

《法国民法典》第6条是总则中仅有的一条民法基本原则，即公序良俗原则。

在法国民法中，公共秩序是建立在"尊重人的尊严"的基础之上的，因此，法国判例上所承认的公共秩序包括不得歧视人身，不得限制婚姻自由、劳动与营业自由，以及不得以习惯或约定违反公共秩序和善良风俗。同时，国家的强行法也是公共秩序的重要组成部分。②因此，这一原则实际上包含了其他的一些民法基本原则，如意思自治、契约自由等。这一现象表明，民法的基本原则从一开始就具有极大的抽象性和涵摄性，从而成为解释论的基础。

《法国民法典》是有史以来最受欢迎的民法典，它后来以各种方式被移植到许多国家和地区，法国民法上的许多制度都因此而在世界各地得到发扬。同样应当肯定的是，《法国民法典》关于民法的解释和适用的基本法律规定也为近代民法解释论确立了基础，为民法解释学的进一步发展提供了基本范式。

我国《民法通则》《民法总则》乃至《民法典》均规定了民法在时间和空间上的效力，同时也规定了民法的基本原则，这些规定都是与民法的解释适用有关的，不仅是民事活动的指导原则，也是民法解释学的指导原则。

（三）意思表示的解释

法律解释与意思表示的解释有一定的相通之处，但是其目的不同。法律解释的目的在于正确理解和适用法律，而意思表示的解释是为了更好地理解当事人的行为，从而判断其意思表示的真伪，进而判断其行为的有效性。

三、民法的解释方法

民法的解释方法一般包括文义解释、体系解释、法意解释、扩张解释、限缩解释、当然解释、目的解释、合宪性解释、比较法解释、社会学解释、漏洞补充和类

---

① 参见《法国民法典》（上册），罗结珍译，法律出版社2005年版，第33～34页。
② 参见《法国民法典》（上册），罗结珍译，法律出版社2005年版，第35～38页。

推等方法。①

《意大利民法典》对法律解释的方法做了明文规定：

《意大利民法典》第 12 条　【法律的解释】

在适用法律时，只能根据上下文的关系，按照词句的原意和立法者的意图（参阅第 1362 条及后条）进行解释，而不能赋予法律另外的涵义。

在无法根据一项明确的规则解决歧义的情况下，应当根据调整类似情况或者类似领域的规则（参阅本法一般原则第 14 条）进行确定；如果仍然存在疑问，则应当根据国家法制的一般原则加以确定。

根据这一条的规定，意大利民法的解释方法包括文义解释、体系解释、目的解释、类推解释和原则性解释。这几种解释方法在我国民法上都有适用，但都是用来解释法律行为与合同条款内容的（见《民法典》第一百四十二、四百六十六、四百九十八和一千零二十一条）。

（一）文义解释

在今天，对法律进行解释的目的主要是为了适用法律，这一解释的第一位的任务并不是重构，而是根据文义来正确地理解法律。这就是文义解释，或者称语文学解释。②

"文义解释，又称语义解释，指按照法律条文用语之文义及通常使用方式，以阐释法律之意义内容。"③ 这一定义所强调的解释方法是按照文字的通常意义去理解法律文本。所谓词语的通常意义，首先是指在非专业化的环境中的那个意义，如人、财产、动物，都必须按照通常环境下人们的一般理解去加以解释。然而，当涉及专业性的术语时，必须按照专业解释方法，也即利用在专业领域内广为接受的通说来理解。这个"通说"，以其在学术领域被接受的程度来判断。（此处参见前文关于学说作为法律渊源的论述。）

文义解释并不仅限于对词语的解释。一条完整的法律规定不能仅凭字词的解释就能够明确其意义，必须要对字词所在的整体文字结构进行解释。而这个整体文字结构是用逻辑和语法联系起来的，因此，必须要采用萨维尼所说的逻辑和语法因素来解决文字结构的意义，也就是必须要对法律条款的逻辑结构进行解释。

---

① 参见梁慧星《民法解释学》，中国政法大学出版社 1995 年版，第 143 页。
② 参见［德］卡尔·拉伦茨《法律行为解释之方法——兼论意思表示理论》，范雪飞、吴训祥译，邵建东校，法律出版社 2018 年版，第 17 页。
③ 参见梁慧星《民法解释学（第三版）》，法律出版社 2009 年版，第 216 页。

语言的逻辑结构与数学结构相对立，后者是一个完整的、封闭的结构，前者却不是这样。作为一个数学结构，它的特点是转换关系的可逆性（+n-n=-n+n=0）、中性成分的恒定性（0+n=n+0）和到达点不受所经途径不同的影响而保持不变性（[n+m]+1=n+[m+1]）。然而，语言的逻辑结构却并不能完全封闭，只是一个相对的整体，"因为这个体系的上方是开放着的；而且这个体系的下方也是开放着的，原因是作为出发点的概念和公理，包含着一个有许多未加说明的成分的世界"①。

每一个实事求是的人都知道，立法者不可能把每一个生活事实都法律化，从而，法律的适用也绝不可能有一个类似数学公式的绝对完整的结构供人来运算，不然，正义真的就可以自动实现了。但是，不能否认的是，一个相对封闭的结构还是存在的，也就是说，法律的逻辑结构虽然不是完全封闭的数学化的结构，但也有着自己的有限性，对这一逻辑形式必须按照它自己的内部规律进行解释。具体来说，就是在明确具体概念（词义）的基础上，对连接这些概念的语法关系和具体环境进行分析和调整，通过主体、条件和结果的各项排列，导出可能的结论。

语言形式的唯一要求是合理和有意义。"试想一下，如果形式既贫乏，又含混不清，思想就不可能在广阔的言语领域里自由驰骋，而是不得不接受一种简单的、满足于少数停顿的长句结构。即便已经拥有了大量区分明晰、表述精确的语法形式，为了使词语的接合完善起来，语言也还需要具有一种内在的、生动的追求，即谋求建立起更长、意思更曲折、更富有激情的句子构造。"② 语言形式应当就是思想，但是这并不是说任何一个语言形式结构都是思想，表面华丽、语法复杂的语言结构，很可能毫无意义。

在这个方面，所有的语言形式都有着共同性，比如文学语言与法律语言。作为最常见的文本，法学与文学有着本质的区别，充满想象的文学与严谨的法学似乎是格格不入的，但事实上，作为语言文本，二者没有差别，即都应当传达有意义的思想，否则就是伪文学、伪法律。然而，经验又表明，同样的文本（特别是文学文本）在不同的解释者那里，完全可能得到不同的理解。但在法律文本中，所有的解释都只能有一个目的，即以正确性为前提。因此，当面对残缺不全的法律文本（如不完整的古代法律文本）时，必须通过语言自身的逻辑结构和外在的因素去补充完整。前者是文义的问题，后者是语境的问题。

所谓语境，③ 即汉语中所说的上下文，有广义和狭义之分。从广义上讲，它指

---

① ［瑞士］皮亚杰：《结构主义》，倪连生、王琳译，商务印书馆2009年版，第33页。
② ［德］威廉·冯·洪堡特：《论人类语言结构的差异及其对人类精神发展的影响》，姚小平译，商务印书馆2008年版，第109页。
③ "语境"的完整表述是 context of situation，是波兰语言学家马林诺夫斯基在1923年的一篇论文——《论意义的意义》的一个补注中提出的。

的是语言得以产生的社会和历史背景，而用在文本解释上就是对文本赖以产生的社会和历史背景进行解释。这种广义的语境对应的法律解释方法为历史解释和社会学解释。

狭义上的语境是指语言系统环境，即上下文和语法关系。在这个意义上，本来的文义解释（包括逻辑、语法）即可处理（下文将探讨的体系解释在此种意义上也包括在内）。但是，在涉及翻译语言时，语境就有了更加重要的意义。由于现代民法采用了大量的法律移植技术，因此，在本国法律中往往包含着数量不等的译为本国语言的外国术语，而且在将此类术语翻译为本国语言时，可能会与本国的固有语言有隔膜，导致难以理解。

民法是从罗马法发展而来的法律，因此，其中大量的术语是在汉语的本来语境中无法理解的，如我国民法上的抗辩权、形成权等概念就是如此。在这种情况下，必须将该类术语还原到其本来的语境中，了解该术语在其原来的法律文本中是何意思，进行定义，然后才能得到真正的理解。当然，要掌握这一方法最好的办法就是掌握一门外语，正如洪堡特所说，"学会一种外语就意味着在业已形成的世界观的领域里赢得一个新的立足点"[1]。但是，如果不能掌握外语，通过翻译成中文的学术著作也可以更多地了解有关的概念术语所在的语境，从而对其做出适当的理解。

在更广泛的意义上，语境实际上就是指整个的解释背景，而解释本身反而变成了一种现象，此时的解释学实际上变成了现象学。[2] 基于本书的篇幅，在此不展开讨论。

（二）体系解释

体系解释实际上是从文义解释方法中的语境解释衍生而来的一种解释方法，即根据法律条款在整部法律中的体系位置，如编、章、节、条、款（项）的前后关联位置及其结构意义来阐明其法律规范意旨的解释方法。在这里，纯粹法学的按法律位阶来解释法律的方法有一定的帮助。而萨维尼则将这种解释方法称为普遍解释或整体解释原则，相对应的单纯文义解释则是个殊性解释。[3]

法律规范是由词语项的有机结合所组成的，这些词语并不是孤立的，而是与上下文有着密切的联系，只有依据法律条款与整个法律体系上的关联性，才能探求其所构成的规范的实际意义。如《公司法》上规定的股东，就其文义解释的意义而言，应指投资设立公司的投资人和设立人。但是，什么样的人才能充当设立人或投

---

[1] ［德］威廉·冯·洪堡特：《论人类语言结构的差异及其对人类精神发展的影响》，姚小平译，商务印书馆2008年版，第72页。
[2] 参见陈嘉映《海德格尔哲学概论》，生活·读书·新知三联书店1995年版，第76页。
[3] 参见［德］萨维尼《当代罗马法体系》（第一卷），朱虎译，中国法制出版社2010年版，第11～13页。

资人呢？这就要通过该法的其他条款继续查明，并结合《民法通则》《合伙企业法》《合同法》等有关主体的相关规定来确定其为自然人或法人。

更进一步，一部法律不能孤立地完成法律调整的任务，而必须与其他的法律相结合，形成一个有机的法律体系。如我国《民法通则》是最早制定的民事法律，其中对民事主体、法律行为、民事责任等都有一般性的规定，但是，仅凭这一部法律不足以完成法律调整的任务，而必须与《合同法》《物权法》《侵权责任法》等结合起来，最后形成《民法典》，才能构成一个调整民事法律关系的有机整体。

体系解释对于那些有较大疑义的法律条款的解释十分重要。如德国民法（债法）上关于"瑕疵担保责任"的立法设计，以及关于"履行不能"的设计，学者大多认为在法律体系上的地位十分特殊，即有时单独成立一种责任，有时又与违约责任联系适用，由于体系的混乱在法律适用上引起了无穷无尽的争端。在新债法中，这两种责任都被归入了"一般违约法"，使各种违约形态在违约责任的规范体系中得到了统一解释。[1]

体系性解释在解释意思表示时的作用并不大。因为，"与法律相反，意思表示往往并不处在更为广泛的关系之中，至少不处在另一方当事人可资识别的某种关系中"[2]。因而，对意思表示通常只能做相对性的解释。

（三）目的解释

所谓目的解释，是指根据立法目的对法律文本予以解释的方法。这一解释方法是在文义解释的基础上发展起来的，特别是在根据文本自身的概念和体系无法了解某一法律条款的真实意义时，就必然得到应用。

现代法律通常都旨在达到某一个目的，因此，这个法律目的就是最重要的法律解释标准。与体系解释一样，目的解释也不能适用于具体法律行为（意思表示）的解释，因为一方的目的并非必然是另一方的目的。[3]

法律的最终目的是实现正义。所以，尽管正义在不同的历史时期有着不同的侧重点，但是，法律必须体现正义是不变的目的和原则。"在某些情形下，数个法律规范按逻辑进行严格结合适用时，会反映出法律制度本身的缺陷：法律技术有时会走向其所追求的终极目的的反面。如果公共道德、社会关系的和谐以及正义将因此而受到严重威胁，则这种偏离应当得到矫正。"[4]

另外，某一部法律所要达到的目的是解释法律的基本出发点。比如《物权法》

---

[1] 参见朱岩《德国新债法——条文及官方解释》，法律出版社2003年版，第78页。
[2] ［德］迪特尔·梅迪库斯：《德国民法总论》，邵建东译，法律出版社2001年版，第233页。
[3] 参见［德］迪特尔·梅迪库斯《德国民法总论》，邵建东译，法律出版社2001年版，第233页。
[4] ［法］雅克·盖斯旦、吉勒·古博：《法国民法总论》，陈鹏、张丽娟、石佳友等译，法律出版社2004年版，第700页。

的目的在于确立产权制度，建立平等的财产权保护体系，因此，在解释不同民事主体的物权时必须本着平等对待的原则；而《合同法》的目的在于建立自由、公平的交易体系，因此，对于合同双方的权利义务关系配置的解释就必须符合自由、公平的目的要求。

目的解释在具体操作中的运用会产生两种解释方法，即扩张解释或限缩解释。萨维尼指出，根据法律的目的，"人们把法律规则视为结论，而把立法理由视为［三段论］的大前提（Obersaz），并且根据后者扩张或限缩前者的外延"①。然而，萨维尼认为这并非真正的解释（即关于逻辑、语法和历史的解释），而是实质解释。即便如此，此种解释方法也是必不可少的，而且直接形成了法律的类推适用这种一般方法。类推适用是"对于立法的补充，但它是立法的自我补充，而不是从外部把某种东西添加给立法"②。

对于类推适用、限缩解释或扩张解释应根据什么样的立法理由或法律目的，这一点可以从两个方面来理解：

第一个方面是立法者在立法中自己添加的立法理由，即前文所述每一部法律自身的立法理由。我国民事立法的每一部法律几乎都在第一条列出了立法理由，如《民法通则》第一条："为了保障公民、法人的合法的民事权益，正确调整民事关系，适应社会主义现代化建设事业发展的需要，根据宪法和我国实际情况，总结民事活动的实践经验，制定本法。"《合同法》第一条："为了保护合同当事人的合法权益，维护社会经济秩序，促进社会主义现代化建设，制定本法。"《物权法》第一条："为了维护国家基本经济制度，维护社会主义市场经济秩序，明确物的归属，发挥物的效用，保护权利人的物权，根据宪法，制定本法。"这些立法理由都是法律得以制定的目的，可以用来对法律进行解释乃至类推。

第二个方面则是所有法律都必须实现的终极目的，即法律解释必须符合前文所述关于公平、正义等最基本的法律原则。应当说，不仅是正义，所有民法上的基本原则都可以作为目的解释的标准，如诚实信用原则、契约自由原则等。

耶林（Rudolf von Jhering，1818—1892）于1877年所著《法的目的》一书，提倡目的解释，指出法律是人类意志的产物，有一定目的，受目的律支配，与以因果律为基础、因而有必然因果关系的自然法则截然不同。故解释法律，必须要了解法律所欲实现何种目的，以此为出发点，加以解释，才能得其要领。目的为解释法律之最高准则。③ 由于目的解释相对于文义解释而言是一种实质的解释方法，因此，大量具体的法律解释规则都是由于目的解释而产生的，包括下文的漏洞补充。

---

① ［德］萨维尼：《当代罗马法体系》（第一卷），朱虎译，中国法制出版社2010年版，第25页。
② ［德］萨维尼：《当代罗马法体系》（第一卷），朱虎译，中国法制出版社2010年版，第27页。
③ 参见梁慧星《民法解释学（第三版）》，法律出版社2009年版，第228～229页。

(四) 漏洞补充

根据法律目的来解释法律，属于法律解释的最高准则，而根据这一准则产生了民法上另一重要的具体解释方法，即漏洞补充。"如果根据某项规则的目的，根据该规则所依据的立法者的'计划'，法律中应该存在某项规定，但法律中恰恰缺少这项规定，这种情况下就存在着缺漏。"①

事实上，早在亚里士多德那里，法律漏洞一词就已经出现了。他说："法律制定一条规则，就会有一种例外。当法律的规定过于简单而有缺陷和错误时，由例外来纠正这种缺陷和错误，来说出立法者自己如果身处其境会说出的东西，就是正确的。"② 亚里士多德的这种说法对于早期法律是正确的，因为早期希腊的法律都较为简略，甚至罗马早期的法律如《十二铜表法》也是简略的。但是，随着人类社会的发展，法律逐渐成熟，因而法律的文字及其结构都日益庞大并复杂了起来。

然而，即使这样，法律漏洞也还是存在的，只是衡量标准有了变化。正如哈特所承认的，在法律规则存在"开放结构"的情况下，法官们必定不可避免地要运用他们的裁量权去创制新法。他还指出，边缘性的法官造法是一件有益的事，它使法律规则的适用具有了弹性。③ 所谓"开放性结构"，即上文所述法律逻辑结构的开放性。据此，即便现代法典是复杂的，甚至再复杂些，也无法容纳所有的生活事实。于是，在将抽象的法律适用于活生生的社会现实的时候，必然会发现法律漏洞的存在。此时就需要根据法律的目的来重新构造法律，或者通过类推适用的方法补充法律漏洞。

法律上的类推，与上文所述相同，其意义"是将法律中包含的适用于类似情况的规则准用于法律中未加规定的情况（个别类推）；或者从法律为规范相似的多种情况而统一制定的规则中导出一个一般原则，再将该一般原则适用于法律中未作规定的情况（总体类推）"。当然，"如果需要对一条规则加以限制，而立法者未作这种限制，则可通过'目的性限缩'的方法得出这种限制，亦即将该规定的适用领域限定在其目的所需要的适当的范围内"④。

但是，通过类推而进行法律解释仍然必须首先遵循法律的各项基本原则，或者称法律目的。上文说过，法律目的有终极目的和具体目的之分。作为漏洞补充的依据，法律的基本原则是法律目的的集中体现，类推（或推定）必须能够体现法律

---

① [德]卡尔·拉伦茨：《德国民法通论》（上册），王晓晔、邵建东、程建英等译，法律出版社2003年版，第106页。
② [古希腊]亚里士多德：《尼各马可伦理学》，廖申白译注，商务印书馆2003年版，第161页。
③ H. L. A. Hart. The Concept of Law. Clarendon Press, 1961, pp. 126–127.
④ [德]卡尔·拉伦茨：《德国民法通论》（上册），王晓晔、邵建东、程建英等译，法律出版社2003年版，第106页。

的基本原则。

在《德国民法典》中，法律原则是作为"一般条款"出现的，它们对民法的解释适用起着重大的作用。① 其中，"诚实信用"（第157、242条）、"善良风俗"（第138、826条）、"交易惯例"和"公平"（第315、829、847条）等都属于这样的一般条款。这些一般条款后来在日本、中国的第一部民法典乃至《民法通则》中都以"基本原则"的形式继承并发扬，对民法的解释适用起着重要的作用。

此外，《德国民法典》还创造了一些"不确定概念"。② 包括"交易中应尽之注意"（第276条第1款）、"重大事由"（第626条等）等。这些"不确定概念"由于其概念外延的模糊性，在遇到现实生活中多种多样的案例的时候有一定的伸缩性。但是，这些"不确定概念"的适用必须在服从法律的基本原则条件下进行。

法国民法将德国民法中的一般条款和不确定概念合称为"未确定内容的一般定义"，具体包括善良风俗、公共秩序、善良家父、过错、紧急、诚信、衡平等。③ 而新近的法律还包容了一些"故意含糊不清的框架概念"，如儿童利益、配偶利益或家庭利益等，要求法官解释并界定这些概念的内容（比如关于民法典第1397条将夫妻财产制的更改取决于家庭利益的规定中的家庭利益概念），④ 从而能动地适用法律。

此外，法国民法上还有一种倾向是用格言或谚语来解决某些法律规则的相互冲突问题，如一般条款不减损特别条款、特别条款减损一般条款、法律没有辨别之处不能进行辨别以及特别法要严格解释等。⑤ 这些格言或谚语在长期的历史中形成，即使没有直接的法律强制力，也对法官有一种原则的指导作用。

总之，法律的形式和内容是一个不断发展完善的动态过程。在这个过程中，法律解释将实定法在现实的审判活动（判例）中的具体形态逐步明确下来，从而使法律的目的得以实现。

思考题：
请用任意一种解释方法解释任意一条民法规范。

---

① 参见［德］卡尔·拉伦茨《德国民法通论》（上册），王晓晔、邵建东、程建英等译，法律出版社2003年版，第34页。
② 参见［德］卡尔·拉伦茨《德国民法通论》（上册），王晓晔、邵建东、程建英等译，法律出版社2003年版，第35页。
③ 参见［法］雅克·盖斯旦、吉勒·古博《法国民法总论》，陈鹏、张丽娟、石佳友等译，法律出版社2004年版，第415页。
④ 参见［法］雅克·盖斯旦、吉勒·古博《法国民法总论》，陈鹏、张丽娟、石佳友等译，法律出版社2004年版，第416页。
⑤ 参见［法］雅克·盖斯旦、吉勒·古博《法国民法总论》，陈鹏、张丽娟、石佳友等译，法律出版社2004年版，第417～418页。

第四节 民法的基本原则

一、各国关于民法的基本原则的立法概要

关于民法的基本原则,各国民法学上的表述不同,有称为"条理"的(日本民法),也有称为"基本原则"或"法的一般原则"的(法国民法、德国民法、意大利民法)。

大多数国家的民法一般都由两部分构成,一部分是总则,另一部分是分则,大都是具体规范。从量的方面来看,总则部分通常是由较少的条款组成,而分则部分则通常条款较多。从质的方面来看,总则是抽象性规定,分则是具体规定。但是,在不同国家的民法典中,总则和分则的内容是不同的,而民法的基本原则主要表现在总则中,在分则部分仅有零散的规定。

(一)民法基本原则立法概览

外国民法的基本原则一般包括意思自治原则、公共秩序和善良风俗原则、公平

原则、诚实信用原则、男女平等原则和禁止权利滥用原则等。① 就《法国民法典》来说，总则简明、概括地确定了法国民法在解释和适用上的各项基本原则，同时在契约部分规定了意思自治（契约自由）和诚实信用原则，为后世各国的楷模；《德

---

① 《法国民法典》第6条　个人不得以特别约定违反有关公共秩序和善良风俗的法律。

第1134条　依法成立的契约，在缔结契约的当事人间有相当于法律的效力。前项契约，仅得依当事人相互的同意或法律规定的原因取消之。前项契约应以善意履行之。

第1135条　契约不仅依其明示发生义务，并按照契约的性质，发生公平原则、习惯或法律所赋予的义务。

《德国民法典》第138条　【违反善良风俗的法律行为，高利贷】

（1）违反善良风俗的法律行为无效。

（2）特别是当法律行为系乘另一方穷困、没有经验、缺乏判断能力或者意志薄弱，使其为自己或者第三人的给付作出有财产上的利益的约定或者担保，而此种财产上的利益与给付显然不相称时，该法律行为无效。

第157条　【合同的解释】

对合同的解释，应遵守诚实信用原则，并考虑交易上的习惯。

第242条　【依诚实和信用原则履行给付】

债务人有义务依诚实和信用，并参照交易习惯，履行给付。

第315条　【由当事人一方确定给付】

（1）给付应由订立合同的一方当事人确定的，在发生疑问时应认定，应按公平裁量的方法加以确定。

（2）前款确定应以意思表示向另一方当事人为之。

（3）如果应依公平裁量的方法加以确定，那么仅在该项确定符合公平原则时，始对另一方当事人有约束力。确定不符合公平原则时，由法院判决加以确定。确定迟延的，亦同。

第826条　【违反善良风俗的故意损害】

以违反善良风俗的方式故意对他人施加损害的人，对他人负有损害赔偿义务。

《日本民法典》第1条　基本原则

（一）私权应当服从公共福利。

（二）行使权利及履行义务时，应当恪守信义，诚实实行。

（三）禁止滥用权利。

第1条之二　解释的基准

对于本法，应以个人尊严及两性实质的平等为主旨解释之。

《意大利民法典》第1322条　【契约自治】

双方当事人得在法律规定和行业规范的范围内自由地确定契约内容。双方当事人亦得缔结未纳入特别规范规定类型的契约，但是以旨在实现法律（参阅第1323条、1987条、2249条）保护的利益（参阅第1325条第2项、第1343条）为限。

第1366条　【诚实信用地解释】

应当根据诚实信用原则解释契约。

第1372条　【契约的效力】

契约在当事人之间具有法律强制力。该效力只有因相互同意或者法律认可的原因而解除（参阅第1373条、1399条、1453条、1723条、1896条、1955条）。契约仅在法律规定的情形内对第三人产生效力（参阅第1379条、1381条、1411条）。

《瑞士民法典》第2条　任何人均应依诚实信用行使权利、履行义务。（下略）

《俄罗斯联邦民法典》第1条　民事立法的基本原则

1. 民事立法的基本原则是确认民事立法所调整的关系的参加者一律平等，财产不受侵犯，合同自由，不允许任何人随意干涉私人事务，必须无阻碍地行使民事权利，保障恢复被侵犯的权利及其司法保护。

国民法典》的总则内容复杂,包括关于人、物、法律行为和时效等的具体规定,没有单独就民法基本原则做一般性的规定,而是就民法制度的构建创造了最新的范式,并将原则性规定穿插在其应发挥作用的各个相应部分中,为意大利民法所效仿;《意大利民法典》单设"序编",其中包括法源和一般法律的适用两部分内容,对法律解释的方法直接进行了规定,并在各个相关的部分规定了守法原则、公益原则、意思自治和诚实信用原则等,是注释法学的现代应用典型;《日本民法典》虽然承袭了《德国民法典》总则的全部内容,但在第1条之一单设了"基本原则",在第1条之二单设了"解释基准"。

从各国(地)民法典的规定来看,民法的基本原则无论如何表述,基本上都包含平等、公平、守法、公序良俗、意思自治、诚实信用、禁止权利滥用等内容,并且其目的均为民法的解释和适用。

与其他国家的民法相比较,我国《民法通则》《民法总则》乃至《民法典》中关于民法基本原则采取集中规定的办法,而在《合同法》《物权法》《婚姻法》《继承法》和《公司法》等特别法中也分别对相应的基本原则进行了规定。根据《民法通则》及其他特别法的规定,我国民法的基本原则包括平等原则、公平原则、自愿原则、等价有偿原则、诚实信用原则、民事权益不可侵犯原则、守法原则和公序良俗原则等。我国《民法总则》在第四条至第九条规定了民法的基本原则,包括平等原则、自愿原则、公平原则、诚信原则、守法与公序良俗原则、绿色原则。《民法典》延续了这一规定。

就目前的规定而言,我国民法的基本原则与其他国家民法基本原则在总的方向上是一致的,但仍有些不同。例如,自愿原则在其他国家和地区的民法通常将类似的意义表述为意思自治原则,民事权益不可侵犯原则在其他国家和地区表述为所有权不可侵犯原则,等价有偿原则在其他国家民法上一般不规定,守法原则在有的国家和地区民法上将其规定为禁止性条款或包容在公序良俗原则中,等等。我国民法与其他国家和地区的民法基本原则一致的规定包括诚实信用原则、公序良俗原则、平等原则、公平原则和禁止权利滥用原则等。

(二)民法基本原则的意义和内容

关于民法基本原则的意义,各国民法在立法中常有直接的规定,即作为法源,用于民法及民事法律行为的解释和适用。[①] 我国民法虽然就民法基本原则做出了规定,但仅在《民法典》第十条就公序良俗原则用作漏洞补充做了规定,即:"处理民事纠纷,应当依照法律;法律没有规定的,可以适用习惯,但是不得违背公序良俗。"因此,我国民法上的基本原则主要是用来指导民事活动的参加者的,而不是

---

① 参见王泽鉴《民法总则》,北京大学出版社2009年版,第48~49页。

民法解释和适用的工具。

应当说，我国民法的基本原则与其他国家的民法基本原则在解释学上具有同等的价值，即所规定和指出的是适用于民法各个部分的普遍的原则。这些原则本身在表述上可能简单，但其含义是极其丰富的。如果说一般的法律规则只是就某一个制度细节而设，法律原则就是针对整个制度而设。法律原则是抽象的，但其内涵和外延是具体的，能够与制度整体相契合，并在制度有漏洞或不足时起补救和延伸的作用。

需要说明的是，我国对现有民法上基本原则的内容和范围的阐释往往比外国民法上的一般法律原则或法理上所阐释出的内容和范围要小。后者常常包括法律没有明文写出的道德和哲学原则、法律格言，[1] 以及外国法及其法理；[2] 前者即我国民法的基本原则均以法律明文加以规定，并未明确其作为法源的地位。事实上，我国民法上明文规定的基本原则固然明确，但这并不意味着民法基本原则的意义和价值已经被穷尽，应当比照通行于其他国家（地区）民法上的基本原则加以深入扩展。

二、平等原则

平等在一些国家民法上并不是一个明文规定的基本原则，而是作为民法赖以存在的价值预设而存在的。近代历史上的第一部民法典《法国民法典》并没有规定平等原则，其原因在于，法国大革命本身就是为破除身份等级、建立人人平等的社会而进行的。所谓法兰西共和国，就是与君主国家相对立的人人平等的国家。而从法哲学的角度来看，近代民法是建立在自然法学天赋人权思想基础上的，人人都享有平等的权利是民法的基本哲学前提。所以，在很多近代国家民法典中并没有平等原则。我国将平等原则作为民法的基本原则，其作用在于以制度为先导确立人人平等的观念，并进而指导国家的立法和司法，以及民事主体的法律行为。

从民法作为私法的本质出发，如果民法不是建立在平等主体之间的民事法律关系基础之上，则一切无从谈起。但是，从历史上来看，民法并非从一开始就确认了人人平等的价值规范。在罗马法上，人被分为自由人和奴隶，只有自由人才能够成为民法上的人，被作为享有各种民事权利的市民来看待；奴隶只能被作为"物"来看待。[3] 只是到了近代以后，特别是在法国革命和启蒙运动以后，建立在《人权宣言》基础上的平等思想才进入了法律思想及法制体系中。同时，在近代自由经

---

[1] 参见［法］雅克·盖斯旦、吉勒·古博《法国民法总论》，陈鹏、张丽娟、石佳友等译，法律出版社2004年版，第415～418页。下文有关解释方法的最后部分将有具体阐释。

[2] 参见［日］五十岚清《民法与比较法》，一粒社1979年版，第89～92页。

[3] 参见［罗马］查士丁尼《法学总论——法学阶梯》，张企泰译，商务印书馆1993年版，第12页。"奴隶是根据万民法的制度，一人违反自然权利沦为他人财产之一部。"

济的模型下，经济人概念成为民法上的人格基础，此概念的法律化便形成了民法上的抽象人格。① 因此，无论是近代大陆法系国家还是英美法系国家，由于其统一的自由经济基础的存在，私法上均以平等作为基本的法律价值观，并由此使私法上的人格得以建立。可以说，"平等"与"正义"一样，无需在法律中付诸明文，而必然为民法的基本原则。

将平等原则在民法中进行明确表述的国家为日本。在《日本民法典》中，平等原则的含义是建立在"两性平等"基础之上的，这一意义与民法上所谓抽象人格的平等有所区别。日本是一个有着漫长的封建历史的国家，男女不平等的历史很长，因此，第二次世界大战（以下简称"二战"）后受美国宪法思想的影响，特别侧重于对男女平等思想的推广，将男女平等作为民法上最重要的基本原则和价值观加以明确规定。而在其他国家和地区，所谓抽象人格是近代自由经济和德国民法的理性主义相结合的典型概念，是近代民法科学化的基础，因此，平等原则的意义体现在所有参与民事法律关系的主体上。不过，男女平等和一般的平等之间也有相当的联系，即在抽象人格的诠释中，必然包含着男女平等的意义；而男女平等的本质，也是人人平等。

另外，我国台湾地区的有关规定并没有直接规定平等原则，但学理上通说认为，所谓的"法理"即指平等、正义等近代民法的基本价值和理念。法理作为一种法源，可以用于解释法律，也可以补充法律漏洞，"基本功能在于补充法律即习惯法的不备，使执法者自立于立法者的地位，寻求该当案件所应适用的法则，以实现公平与正义，调和社会生活上相对立的各种利益，……与所谓条理、自然法、通常法律的原理，殆为同一事物的名称"②。

我国民法上的平等原则意在使"民事活动中一切当事人法律地位平等，任何一方不得将自己的意志强加给对方。同时法律对当事人提供平等的法律保护"③。这一原则在制度上希冀同时达到两个目的，即一方面表现为意思自治或契约自由原则，即提倡市场经济条件下个人意志从行政束缚下解放出来，以及民事主体自由从事民事活动而不受他人非法干涉的契约自由；④ 另一方面强调市场经济造就的是经济人，理性的经济人应当人人平等，任何一方不能以行政命令的方式将自己的意志强加于另一方。换言之，我国目前民法上的平等原则有着双重的意义，即一方面强调民事法律关系中当事人地位平等，另一方面强调平等的目的是私法自治、当事人

---

① 参见［日］北川善太郎《日本民法体系》，李毅多、仇京春译，科学出版社1995年版，第110页。
② 王泽鉴：《民法总则》，北京大学出版社2009年版，第49页。
③ 梁慧星：《民法总论（第四版）》，法律出版社2011年版，第46页。见《合同法》第三条："合同当事人的法律地位平等，一方不得将自己的意志强加给另一方。"《物权法》第三条第三款："国家实行社会主义市场经济，保障一切市场主体的平等法律地位和发展权利。"
④ 参见王家福《民法债权》，法律出版社1991年版，第265～267页。

的意思自治（契约自由）。

随着现代社会的发展，那些曾经被忽视的具体人格因素重新得到了重视，如男女性别上的差异、劳动能力的差异、自然人与法人的差异、消费者与制造商和销售商的差异等。因此，现代民法虽然依然注重平等，但亦开始强调具体人格的差异及其实现，而不是一味抽象地为民事主体提供均一的保护。事实上，我国民法特别法中的很多内容就是为实现真正意义上的人格平等而设的，如对女性在婚姻和劳动关系中的权利的保护、对消费者权益的保护、对劳动者权利的保护，以及对小企业权利的保护等。[1]

综上所述，平等原则是民法的首要基本原则，其意义不仅是为确立经济上的抽象人格的平等，也要承认具体人格的差异。实现抽象人格的平等，并对具体人格可能遭遇的不平等加以纠正，就是平等原则应当实现的制度目标。就其具体实现来说，在现代民法上，平等原则一方面可以指导民事立法，另一方面可以指导民事司法。而作为原则性规定，平等原则首先应当体现在民事立法的体系和规则当中，即便不能明确地在法律中表述出来，也应包含在民法的价值体系预设当中。其次，在民事司法过程当中，法官应当自觉地运用平等原则来审判案件，学习掌握类推适用的方法，[2] 类似问题做类似处理，平等对待所有的民事主体及其权利要求，从而在变化多端的社会关系中实现民事主体的实质平等。

三、自愿原则

自愿原则的意思是民事主体应根据自己的意愿参与民事活动，即"按照自己的意思设立、变更、终止民事法律关系"。这实质上与传统民法上始自《法国民法典》的意思自治原则类同，下文关于意思自治和契约自由原则部分将论及，此处不赘述。

四、公平原则

公平是法的最基本的价值，早在古希腊时期就已经得到了确认。今天，该原则已经是所有国家私法的基本价值预设，在英美法上则与衡平法有着密切的联系。在英美法上，公平即衡平，它甚至成为一个法律体系——衡平法的法源。而在大陆法上，公平与正义也有着密不可分的关系，罗马万民法实际上就是在衡平法的基础上发展起来的。

---

[1] 参见［日］北川善太郎《日本民法体系》，李毅多、仇京春译，科学出版社1995年版，第112页。
[2] 参见王泽鉴《民法总则》，北京大学出版社2009年版，第52页。

梅因（Henry James Sumner Maine，1822—1888）曾经就衡平法的起源做过深入的探究，他指出，无论是英美法系还是民法法系，都以衡平法作为一种重要的法源，即"有些法律原则由于固有的优越性而有代替旧有法律的权利，这种理论很早就在罗马国家和英国广泛流行"①。这部分的法律来源十分分散，包括初期的教会法和后期的罗马万民法。罗马万民法与民法不同，其来源不是《查士丁尼法典》，而是一些自然法则，其中最重要的就是自然衡平或衡平的精神。万民法的运作方法是由裁判官通过衡平来做出裁判官告示，并因此而产生一条新的法律。② 换言之，罗马法上的万民法实际上就是裁判官利用衡平法则来创造的新法。

同样地，英美法上的衡平法也是用来修正法律（普通法）的。如同柯克爵士（Sir Edward Coke，1552—1634）所说，"衡平是某种完美的理性，它解释和修正成文法，本身是不成文的，只存在于正当的理性之中"，以"修正错误的判决"③。

如果深追到"衡平"最初产生的语源，则会发现，拉丁文的"衡平"在希腊文中即平均或按比例分配的原则，④ 也就是亚里士多德的分配正义理论。西塞罗大力推崇衡平即公平正义的理念，他说，"这就是衡平这个概念发生变质的第一个阶段，并为自从那个时候起的几乎每一个伦理制度或多或少推动着进行的"⑤。在今天，"衡平"的意义也就是公平之法的意思。

从公平原则与衡平法的历史关联性来看，该原则的作用是作为法源，通过法官的裁判活动生成新法，甚至形成新的法律体系，以弥补旧法的不足甚至代替旧法，从而产生一个公平的法律秩序。

在我国民法上，公平原则主要用来衡量当事人之间权利义务关系的对等性，即"由当事人一方或第三方确定法律行为内容的，其确定只有在符合公平原则时，始得对他方当事人发生效力"⑥。如《合同法》第五十四条明确规定，显失公平的合同是可以被撤销的。另外，不公平的格式合同条款在确认后归于无效。

在德国民法上，一般区分法律的解释和法律行为（意思表示）的解释两种情况，前者是法学方法论的问题，后者则是民法学本身的问题。⑦ 就前者来说，"法律解释＝法律的重建。解释者应当站在立法者的立场上，模拟后者再次形成法律思想"⑧。上述关于衡平法的形成和运作过程就是公平原则在法学方法论或法律解释

---

① [英]梅因：《古代法》，沈景一译，商务印书馆1984年版，第26页。
② 参见[英]梅因《古代法》，沈景一译，商务印书馆1984年版，第27～33页。
③ [英]托马斯·霍布斯：《一位哲学家与英格兰普通法学者的对话》，毛晓秋译，上海人民出版社2006年版，第18、71页。
④ 参见[英]梅因《古代法》，沈景一译，商务印书馆1984年版，第34页。
⑤ [英]梅因：《古代法》，沈景一译，商务印书馆1984年版，第35页。
⑥ 梁慧星：《民法解释学（第三版）》，法律出版社2009年版，第48页。
⑦ 参见[德]迪特尔·梅迪库斯《德国民法总论》，邵建东译，法律出版社2001年版，第234页。
⑧ [德]萨维尼：《萨维尼法学方法论讲义与格林笔记》，杨代雄译，法律出版社2008年版，第7页。

上的作用，也可以简称为造法作用。而就后者来说，解释主要是理解和建构，是就相对人之间的特殊关系和具体法律行为（意思表示）进行阐明。①

公平原则不仅涉及具体相对的民事法律关系，而且涉及法律的目的，即法律的最终目标——公平和正义。因此，该原则当然可以用作法律解释，特别是用以解释法律目的以及法律的制度手段是否正当，从而实现类似于衡平法那样的更新旧法或纠错作用。当然，这一运用应通过判例做出。同时，公平的本意是平均、对等，因此，也可以用来限制绝对的契约自由，衡量当事人之间的法律行为（意思表示）内容是否公平合理。如果交易是不平等的，就应当是可以撤销的。相关法条有《法国民法典》第1135条；《德国民法典》第315、317、319条；我国《民法通则》第四条；我国《合同法》第五、三十九和五十三条（关于不公平的格式合同条款的规制），第五十四条（显失公平的合同）；等等。这些法条所规定的公平原则，均用于解释和评价民事法律行为（意思表示）。

但是，法律的解释和法律行为的解释不是截然对立的。事实上，即便是对法律行为的解释也可以实现造法的目的。如在法国的几个判例中都采用了公平原则或"平等分割原则"，而这些判例无疑成了新的法源。② 其中，关于"肥料案"的"无因得利"问题，由于最高法院的判例是以"衡平原则"为根据的，已经成为将道德或哲学引入法律解释和适用过程的典型案例。只不过，这些原则不直接在实体法中予以表述罢了。③

五、私法自治和契约自由原则

私法自治、意思自治和契约自由原则这三个词语在很多情况下表示的是同一个意思，即在民法（私法）上，当事人有权为自己的法律行为做任何决定，只要不违反强制性的法律规定、损害他人或社会公益即可。但是，根据各国的法律规定和理论学说中的表述，这一原则有时表示为私法自治，强调民法的私法性质，即在此性质决定下民事主体在私法的领域内享有意志自由；④ 有时表示为意思自治，强调的是当事人有权自主、自愿、自治地进行任何法律行为，建立、发展和终结民事法律关系；有时表示为契约自由，即当事人有权自己决定是否订立契约（订约自由）、与谁订立契约（选择当事人的自由）、订立何种契约（类型自由），以及如何

---

① 参见［德］迪特尔·梅迪库斯《德国民法总论》，邵建东译，法律出版社2001年版，第233页。
② 参见［法］雅克·盖斯旦、吉勒·古博《法国民法总论》，陈鹏、张丽娟、石佳友等译，法律出版社2004年版，第437~438页。
③ 参见［法］雅克·盖斯旦、吉勒·古博《法国民法总论》，陈鹏、张丽娟、石佳友等译，法律出版社2004年版，第441页。
④ 参见［德］迪特尔·施瓦布《民法导论》，郑冲译，法律出版社2006年版，第45、298页。

订立契约（方式自由）。① 其中，契约自由是最广为接受的一个表述。

私法自治、意思自治和契约自由都是由《法国民法典》第1134条"依法成立的契约，在缔结契约的当事人间有相当于法律的效力"一语演绎而来的，原意为"契约应当信守"，后来经过学者的阐释才有了上述多重含义。我国《合同法》中也有关于契约应当信守的原则规定。

> 《合同法》第八条　依法成立的合同，对当事人具有法律约束力。当事人应当按照约定履行自己的义务，不得擅自变更或者解除合同。依法成立的合同，受法律保护。

从《法国民法典》产生的历史和哲学背景来看，该原则与近代哲学、政治学的关联十分错综复杂，特别是与卢梭的《社会契约论》关系密切。在该书中，卢梭提出了"共同意志"和"个别意志"说，二者分别为社会契约和个人契约的基础。在卢梭看来，社会契约与个人契约不同，个人契约是民事契约，是基于个人意志订立的，而个人意志是出尔反尔的，与自己订立的契约不可能完全得到信守。②因此，当《法国民法典》第1134条赋予了契约以法律的效力以后，当事人就必须信守契约了。换言之，《法国民法典》的这一规定并没有否定当事人订立契约的自由，同时也限制了其任意毁约的自由，即"契约是当事人之间的法律"。也就是说，法典确定的是法律限度内的契约自由。至于后来的绝对化的演变，应当说是社会发展的实际情形造成的。

我国在改革之前实行的是计划经济，在计划经济体制下，所有的生活必需品都是通过分配供给的，也就是通过行政分配来管理人民的生活。"这样一种制度是完全不需要法律行为的"③，当然也就不需要民法乃至契约自由这类价值观。

在改革开放以后，通行于其他国家和地区的市场经济制度在我国得以借鉴并建立，这就是中国特色的市场经济。在这样的市场经济条件下，私法自治和契约自由的原则必然被引入。然而，我国《民法通则》《合同法》《民法总则》乃至《民法典》并未直接出现"私法自治""契约自由"的字眼，而是以"自愿"一词来代替它，但是，这并不能够否认我国民法上存在着私法自治和契约自由的原则。所谓

---

① 参见［德］迪特尔·梅迪库斯《德国债法总论》，杜景林、卢谌译，法律出版社2004年版，第61页。

② 参见［法］卢梭《社会契约论》，何兆武译，商务印书馆1994年版，第26页。在卢梭的《论人类不平等的起源与基础》（李常山译，商务印书馆1962年版）第2部分中，他说：由于契约的性质，我们便可以看出，它不会是不可更改的，因为如果没有更高的权力可以保证缔约者的忠诚，可以迫使他们履行相互间的允诺的话，那么双方自己便是自己案件的裁判者，任何一方总是有权撤销契约的。

③ ［德］迪特尔·梅迪库斯：《德国民法总论》，邵建东译，法律出版社2001年版，第141页。

"自愿",就是行为人应当根据自己的意愿,自由地进行民事活动,这与意思自治(契约自由)的意义是完全一致的。

民法的基本原则首先是一种价值预设,是民法的哲学基础,它可以在法律中直接出现,也可以不直接出现。因此,尽管我国民法上没有关于意思自治和契约自由的直接字面表述,但无论如何,在解释学上,意思自治和契约自由始终都是民法最基本的价值预设。

当然,契约自由不能绝对化,也不能以表面的自由掩盖实质的不自由,必须以强行法对其加以适当的限制。这种限制来自对不公平合同条款的规制,以及契约必须合法(公序良俗)、消费者权益必须得到保护(撤回权)、反不正当竞争和反垄断等其他的法律原则。我国《合同法》等法律中都有此类规范。

> 《合同法》第三十九条 采用格式条款订立合同的,提供格式条款的一方应当遵循公平原则确定当事人之间的权利和义务,并采取合理的方式提请对方注意免除或者限制其责任的条款,按照对方的要求,对该条款予以说明。格式条款是当事人为了重复使用而预先拟定,并在订立合同时未与对方协商的条款。

总之,契约自由原则(也称为私法自治、意思自治原则)必须与"契约应当信守"的本意联系起来,而在具体用来解释民事法律行为和适用法律的时候,必须本着合法、遵守公序良俗等其他的民法基本原则来进行。在民法的基本原则中,公平原则、诚实信用原则都是很重要的用以限制契约自由的原则。当然,当事人也可以通过自己的约定(自由)来限制自己的自由;而在某些情况下,强制缔约(依据是善良风俗)也是维护契约自由的方法。①

六、诚实信用原则

诚实信用原则是现代民法上公认的一项民法基本原则。该原则始自罗马法,原意为诚实、善意,"首先被用来为未受法律调整的交易行为产生的诉讼说明理由,它们是买卖、使用租赁、合伙、委任及类似行为等。后来,这些行为的效力和可诉请履行性被认为无需再说明理由了。这使善意用于完成另外一项功能,其现在被用来确定由这些法律关系产生的个别义务的标准。这样一来,这些个别义务作为判决善意就与其他的严正的法律关系(即判决严正法),特别是与因要式口约一定的物

---

① 参见 [德] 迪特尔·梅迪库斯《德国民法总论》,邵建东译,法律出版社 2001 年版,第 67~82 页。

而产生的法律关系相对置了"①。由此可见，在罗马法上，诚实信用的作用就在于弥补法律的漏洞，用以确定那些法律没有明文规定的行为——特别是契约行为的效力。

《法国民法典》第1134条第2款规定，"契约应以善意履行之"。这是诚实信用原则在近现代民法上确立的标志。该条款将诚实信用上升到了一种原则性的地位，即不区分法定或非法定的因素，而要求所有的契约行为都遵循诚实信用原则。这一偏离罗马法传统的做法在契约自由的大前提下完全可以理解为用以衡量契约的给付义务是否有效，以对契约自由加以限制。事实上，诚实信用原则在《德国民法典》中被"放到了债法的巅峰，即一切债务关系均应受这一原则拘束"，"第242条在这里不再只是在细节上对法律规定或者合同规定进行补充的手段"②。此后，现代各国民法上所规定的诚实信用原则也都要求民事主体本着诚意和善意来行使权利、履行义务。

诚实信用原则在现代民法上的作用在于对私法自治和契约自由原则的应用加以限制。具体表现在两个方面，第一个方面是直接用以衡量交易的公平与否，第二个方面是限制契约自由。就第一个方面来说，公平是民法所要实现的最为重要的法律价值，在衡量交易双方的对待给付是否公平合理时，最重要的原则就是根据具体情况来诚实信用地确认。这一应用也是罗马法上以诚实信用原则来衡量债权债务内容的作用的延伸。而就第二个方面来说，契约自由必须限制在依据诚实信用原则而订立和履行的范围内。

德国的司法实践在第一次世界大战期间和之后采用《德国民法典》第242条缓和了某些极为不公平的情况，重新确定了合同义务，如在通货膨胀的情况下以等额纸币偿还债务的做法，以及长期债务履行基础的丧失等。③ 通过诚实信用原则来纠正给付中的不公平的司法实践主要发生在情事变更的情况下，前文所述德国第一次世界大战（以下简称"一战"）后的通货膨胀及货币贬值的状况就是一例。但是，在"二战"以后，德国很少再用同一原则来处理同样的问题，而是直接通过立法干预。因此，1948年以后德国的诚实信用原则的意义更多地在于《基本法》上的基本原则的具体化。④

诚实信用原则在现代民法上的另一个重要作用体现在对缔约过失责任的制度建

---

① ［德］迪特尔·梅迪库斯：《德国民法总论》，邵建东译，法律出版社2001年版，第118页。
② ［德］迪特尔·梅迪库斯：《德国民法总论》，邵建东译，法律出版社2001年版，第119～120页。
③ 参见［德］迪特尔·梅迪库斯《德国民法总论》，邵建东译，法律出版社2001年版，第120页。
④ 参见［德］迪特尔·梅迪库斯《德国民法总论》，邵建东译，法律出版社2001年版，第120页。德国基本法规定了一系列法律的基本原则，这些基本原则是"直接适用的法，对法院也同样具有拘束力"。参见［德］卡尔·拉伦茨《德国民法通论》（上册），王晓晔、邵建东、程建英等译，法律出版社2003年版，第108页。

构上。① 所谓缔约过失责任，"即对于当事人而言，开始合同磋商即已经设定增强的注意义务，即已经设定特别结合关系。在因过失而违反这种义务时，当事人负损害赔偿责任"②。

缔约过失责任制度虽发源于德国（见《德国民法典》第122条），但在大陆法系各国甚至在英美法（特别是美国法，《统一商法典》）上都得到了确认。缔约过失责任制度的基础一是诚实信用原则，二是信赖利益的损失。其中，前者适用于大陆法系国家，后者适用于英美法系国家（见前文关于富勒的信赖利益理论的论述）。但是，单纯地通过信赖而确定责任是不合理的，必须建立在诚实信用原则的基础上。因此，诚实信用原则在此制度上的作用不仅限于原则性的指导意义，而且体现为各种具体的契约义务。具体来说，包括前契约义务、契约履行中的诚实信用义务乃至后契约（契约履行完毕）义务等。我国《合同法》（第六十条）对此种情况也进行了规定。

总之，诚实信用原则从罗马法上的以善意来决定非严格契约的效力，到作为民法（特别是债法）的一般原则，其核心的理念是民事法律行为必须本着善意进行。这一原则在立法和司法上的作用则是确立民法的基本价值观，同时给予司法解释以余地，使法院可以根据该原则来具体衡量民事法律行为的效力，并创造新的规则。

七、公序良俗原则

我国《民法总则》第八条规定："民事主体从事民事活动，不得违反法律，不得违背公序良俗。"《民法典》延续了这一规定。

公序良俗，原意为公共秩序和善良风俗，在《法国民法典》第6条、《德国民法典》第138条、《日本民法典》第90条等都有规定，英美法上也有关于公共政策和习惯（包括惯例）的规定。不过，公序良俗的意义究竟是什么，在不同的法域有着不同的解释。就"公序"而言，起码有"公共秩序""公共政策""社会治安"和"社会公益"等几种解释；而"良俗"的意义一般为"善良风俗"或"善良的风俗习惯"的意思。

我国《民法通则》第七条规定："民事活动应当尊重社会公德，不得损害社会公共利益，扰乱社会经济秩序。"据此，我国民法上的公序指的是公共利益或社会公益，良俗指的是社会公德。而在该法第六条中所规定的"民事活动必须遵守法律，法律没有规定的，应当遵守国家政策"中的"国家政策"，亦属于广义的公共秩序的范畴，即属于法律特别是强行法的范畴，其范围小于美国法上的"公共政

---

① 参见傅静坤《二十世纪契约法》，法律出版社1997年版，第24～50页。
② ［德］迪特尔·梅迪库斯：《德国民法总论》，邵建东译，法律出版社2001年版，第95页。

策",后者一般包括强行法、法律的一般原则或原理,以及公共利益,如通过联邦或州的制定法以及公共利益对所有权进行的限制。

应当说,公序良俗与卢梭的《社会契约论》也有着密切的联系。在该书中,卢梭指出了公共契约(社会契约)与个人契约的差异,也指出了公共事务与个人事务的差异。据此,凡属于公共事务或应由公共契约调整的,即为公共秩序。而善良风俗实际上也是作为公共秩序的一部分来处理的。卢梭说,"凡是实行法治的国家——无论它的行政形式如何——我就称之为共和国;因为唯有在这里才是公共利益在统治着,公共事物才是作数的"。

当然,公共利益在民法上的体现是具体的。根据《法国民法典》第6条,尊重人的尊严、婚姻自由、劳动与营业自由等都是公共秩序。而在我国可以分为一般社会公共秩序和经济秩序,前者可以是跟一般的社会公共活动有关的,后者则是涉及全社会的某些经济活动必须遵守的秩序,如涉及食品安全和公共卫生的法律。

公序良俗与道德习惯和风尚有着密切的联系,对法律的发展也有促进作用。

八、禁止权利滥用原则

我国民法上关于禁止权利滥用原则有若干规定,包括《民法总则》与《民法典》第一百三十二条:"民事主体不得滥用民事权利损害国家利益、社会公共利益或者他人合法权益。"《民法总则》与《民法典》第八十三条:"营利法人的出资人不得滥用出资人权利损害法人或者其他出资人的利益;滥用出资人权利造成法人或者其他出资人损失的,应当依法承担民事责任。营利法人的出资人不得滥用法人独立地位和出资人有限责任损害法人债权人的利益;滥用法人独立地位和出资人有限责任,逃避债务,严重损害法人债权人的利益的,应当对法人债务承担连带责任。"《物权法》第一百六十八条(《民法典》第三百八十四条):"地役权人有下列情形之一的,供役地权利人有权解除地役权合同,地役权消灭:(一)违反法律规定或者合同约定,滥用地役权;……"

禁止权利滥用原则最初是为限制所有权的任意行使而发展起来的一项现代民法基本原则,最典型的相关的制度成果就是相邻关系制度的发展,如日本民法上关于"日照权"的确认便是如此。① 不过,现代相邻关系已经成为一种独立的制度,即不再需要以禁止权利滥用原则作为其基础,我国《物权法》第七章(《民法典》第

---

① 参见〔日〕北川善太郎《日本民法体系》,李毅多、仇京春译,科学出版社1995年版,第117~120页。

二编第七章）就是这样规定的。① 因此，禁止权利滥用原则可以作为民事权益受法律保护原则的反制。

禁止权利滥用原则是对极端权利的限制。"极端的权利，最大的非正义（summum jus, summa injuria）：法律规范的盲目实施有可能导致极端不公的结果。正义是法律制度的本质目的所在，但是毫无限制的行使权利将会违背这一目的。防止这一局面出现的主要手段就是权利滥用理论。"② 法国推进禁止权利滥用原则在民法上的全面适用，其适用的标准在于权利必须是明确的。到目前为止，除自由裁量性的权利以外，其他的权利都会多少受到一些限制。③ 具体来说，衡量权利行使是否为滥用，应以权利行使是否造成了他人不应有的损害为标准，构成要件包括损害、恶意、权利行使背离了其社会目的等。④

在德国民法上，禁止权利滥用往往与诚实信用原则结合起来考虑，即行使权利如果违反了诚实信用原则，即可能构成权利滥用。当然，一般的构成要件如恶意和公益也应考虑在内。

《德国民法典》第 226 条　【禁止恶意】
权利的行使不得以损害他人为目的。
德国《基本法》第 14 条第 2 款　所有权负有义务。行使所有权应同时服务于公共利益。

应注意的是，德国《基本法》上的"所有权"是一个广义的概念，指所有私法权利及一些公法权利。换言之，"《基本法》第 14 条第 2 款是一条用以限制权利行使的、高度抽象的规定"⑤。而在德国民法实践上，债权人变卖担保物以使另一个债权人得到清偿、股东对股东大会做出的某项决议提起撤销之诉等，都是权利滥用；⑥ 此外，根据《德国民法典》第 266、320 条部分给付、过度行使权利，以及根据第 853 条以有失礼仪的方式取得权利亦为权利滥用。⑦

---

① 《物权法》第八十四条　不动产的相邻权利人应当按照有利生产、方便生活、团结互助、公平合理的原则，正确处理相邻关系。
② [法] 雅克·盖斯旦、吉勒·古博：《法国民法总论》，陈鹏、张丽娟、石佳友等译，法律出版社 2004 年版，第 701 页。
③ 参见 [法] 雅克·盖斯旦、吉勒·古博《法国民法总论》，陈鹏、张丽娟、石佳友等译，法律出版社 2004 年版，第 710～712 页。
④ 参见 [法] 雅克·盖斯旦、吉勒·古博《法国民法总论》，陈鹏、张丽娟、石佳友等译，法律出版社 2004 年版，第 715～725 页。
⑤ [德] 迪特尔·梅迪库斯：《德国民法总论》，邵建东译，法律出版社 2001 年版，第 110～111 页。
⑥ 参见 [德] 迪特尔·梅迪库斯《德国民法总论》，邵建东译，法律出版社 2001 年版，第 113 页。
⑦ 参见 [德] 迪特尔·梅迪库斯《德国民法总论》，邵建东译，法律出版社 2001 年版，第 117～118 页。

《德国民法典》第 266 条 【部分给付】
债务人无权为部分给付。
第 320 条 【合同不履行的抗辩】
……………
(2) 另一方当事人已履行部分给付的,根据情况,特别是因迟延部分无足轻重时,当事人一方如果拒绝履行对待给付有违诚实信用原则的,即不得拒绝给付。
第 853 条 【对欺诈的抗辩权】
因自己实施侵权行为而对受害人取得债权的人,即使受害人对废止该债权的请求权因超过时效而消灭,仍可以拒绝履行债务。

《俄罗斯民法典》关于禁止权利滥用的规定是:"民事权利可以根据联邦的法律受到限制,但仅以为了维护宪法制度的基本原则、道德、健康、他人的权利和合法利益及保障国防和国家安全之必需为限。"这一规定较为详细地列举了权利滥用禁止的标准,即可以根据宪法基本原则、国防和国家安全、他人的合法权益乃至道德和公民健康的需要来限制权利的滥用。

总之,禁止权利滥用原则是从禁止所有权滥用发展起来,进而影响到所有权利行使的一项现代民法基本原则,其最初对民法的影响如相邻关系目前已经完全制度化并独立于该原则,但在其他方面仍有表现。

九、节约资源、保护生态环境原则

《民法总则》与《民法典》第九条规定:"民事主体从事民事活动,应当有利于节约资源、保护生态环境。"这一规定成为我国民法上独有的一条基本原则。

所谓资源,指的是自然资源,而不是人力资源或科技资源。所谓环境,依照《环境保护法》第二条的规定,指的是"影响人类社会生存和发展的各种天然的和经过人工改造的自然因素总体,包括大气、水、海洋、土地、矿藏、森林、草原、野生动物、自然古迹、人文遗迹、自然保护区、风景名胜区、城市和乡村等"。生态环境属于环境的一部分,此外还有生活环境,我国《环境保护法》第一条规定:"为保护和改善生活环境与生态环境,防治污染和其他公害,保障人体健康,促进社会主义现代化建设的发展,制定本法。"

民法中出现的这一原则,是用来指导民事活动的,应以不违反特别法为前提,即民事活动不得违反《环境保护法》《矿产资源法》《水法》等行政性法律法规中的禁止性和强制性规定,因此有公共秩序的性质。

思考题：
试比较我国与其他国家民法基本原则的异同。

第二章 民事法律关系

民事法律关系是民法调整的对象，也是民法的分析工具，一种制度模型。民事法律关系以现实的社会生活关系为基础，以法律制度为导向，从而使现实社会关系在法律规制下形成一种有意义的抽象逻辑结构，即以权利义务关系为核心的有秩序的法律关系。本章将对民事法律关系的逻辑结构和制度构造进行解析。

民事法律关系的基本逻辑结构是由主体、客体和内容构成的静态结构，但动态地看待这一关系，除上述基本要素外，还应有两个动态的结构要素，即变动和变动的原因。民事法律关系与社会生活一样，不可能一成不变，而是处在不断变化发展的过程中。因此，动态民事法律关系要素是不可或缺的。

第一节 民事法律关系概说

一、民事法律关系的含义

人们在社会生活中无时无刻不被各种各样的社会关系所包围着，当其中的某些社会关系经由民事法律规范调整后加以抽象化，就形成了民事法律关系。民事法律关系的核心内容是由民事法律规范调整所形成的民事权利和民事义务关系，与一般的自然状态下的生活关系不同。

在现代法制社会中，人自出生开始就可能参加各种各样的民事法律关系，如各种人格和身份关系，各种合同关系，而企业也必然会和其他企业或个人发生因投资或贸易而产生诸如合同关系、雇佣关系等具体的民事法律关系。可以说，民事法律关系是生活在法制社会中的每一个人都不可避免的规范关系网络，对于塑造社会形态和促进社会发展有着非常重要的意义。

根据我国《民法通则》第二条的规定，民法调整的是平等主体的公民之间、法人之间、公民和法人之间的财产关系和人身关系。这一规定是我国民事法律关系的主要立法来源。这一条款中有一个重大遗漏，即一度被称为第三类主体的非法人组织没有被列入主体中。因此，我国《合同法》对非法人组织作为民事主体进行了明确规定,《物权法》也将这三种主体作为权利主体加以规定。其中,《物权法》规定,私人(自然人,第六十六条)、企业法人和其他法人(第六十八条),以及社会团体(第六十九条)都依法享有物权。《民法总则》在第二条规定了三类不同主体,即"民法调整平等主体的自然人、法人和非法人组织之间的人身关系和财产关系"。《民法典》延续了这一规定。

民事法律关系是民法对平等主体间的自发的社会关系进行调整的结果,是一种以规范形式表现出来的以人身关系和财产关系为核心的社会关系。民事法律关系实质上是一种法律形式,是各种生活关系的抽象化和法律化。但是,不是所有的生活关系都能规范化,有一些社会生活关系始终只是生活关系,不受民法调整,如情谊(朋友)关系,以及人与人之间的感情关系。对于这些自然生活关系,只有在特别的情况下,法律才会将其纳入调整的范畴。此外,在没有法律明确规定的情况下,依照公序良俗和法理也可以将某些关系认定为民事法律关系,但其前提在于确定某种关系确实需要民法进行调整。

概括地说,民事法律关系是基于民法的规定而产生的自然人、法人和其他组织之间的关系。法律关系不是真实的生活关系的直接镜像,而是民法功能的格式化。法律关系在民法中的作用,正如萨维尼所说:"法律的庄严和威仪,恰与法律关系本身的重要性相称。"[1]

民事法律关系的本质是权利义务关系,其内容在一个人视为权利的,另一个人就视为义务。[2] 换言之,民事法律关系一经建立,当事人便享有某种权利,而另一方当事人即负有(相应的)义务;或者双方当事人均享有权利,又都负有义务。通过这种权利与义务的相互约束,当事人的合法权益便可得到确认、满足和保护,以实现其生产和生活上的需要,实现社会活动的目的。

民事法律关系的具体内容包括两部分,一部分是财产关系,一部分是人身关系。其中,财产关系是民事主体之间就财产的占有和处分而发生的法律关系,包括物权关系和以合同关系为主的债权关系;人身关系则是因人格和身份而发生的法律关系。正是通过民事法律关系的设定、变更和终止,民法才能实现其对社会关系的调整功能。因此,民事法律关系理论在民法理论研究中居于统率地位,而其制度构建对于实践也具有非常重大的指导意义。

---

[1] [德]弗里德里希·冯·卡尔·萨维尼:《论立法与法学的当代使命》,许章润译,中国法制出版社2001年版,第8页。
[2] 参见[德]卡尔·拉伦茨《德国民法通论》(上册),王晓晔、邵建东、程建英等译,法律出版社2003年版,第255~256页。

二、民事法律关系的构成要素

民事法律关系是一种法律分析模型,甚至可以说是一种法律算法。民事法律关系由一定的要素构成,包括主体、客体、内容等静态要素,也包括变动和变动原因这两项动态要素。当构成要素发生变化时,民事法律关系也就随之变化。研究民事法律关系的构成,实际上就是研究民事法律关系的逻辑生命过程,即民事法律关系的产生、变更和终止这一过程,以及引起这一过程的诸构成要素问题。

静态民事法律关系的要素是最基本的要素,包括主体、客体和内容三部分。[①] 对于动态民事法律关系的要素,拉伦茨针对法律关系的动态本质提出了"时间结构"说。[②] 根据拉伦茨的学说,法律关系的构成要素究竟是什么要看截取的是时间点还是时间段。在时间的某一点上,法律关系的结构是三个静态要素,并被视为可以即时完成的,因此是静态法律关系;而如果将民事法律关系看成一个过程(时间段),则该关系的要素就受到另外两个动态因素的影响,即变动(关系的产生、变化、消灭)和变动原因(履行或不履行给付行为)。民事法律关系的整体生命结构必然是动态的,但分析结构不必是完全动态的,而应是动静结合。

以下,为方便叙述,将首先讨论静态三要素说中的三个基本要素,然后讨论动态五要素说中的另外两个动态要素。

(一)民事法律关系的静态三要素

1. 民事法律关系的主体

民事法律关系的主体,又称民事主体,是指参加民事法律关系,享受民事权利并承担民事义务的人,在司法实践中也常常被称为当事人。

民事法律关系是经由民法的调整而形成的社会关系,因此,必须有作为法律关系主体的"人"的参加,才能在主体之间建立法律关系。民事法律关系的主体必须是双方的,仅有一方主体不能构成法律关系。比如,物权法调整的是物权关系,包括所有权关系和他物权关系。而由于所有权关系看上去只有一个当事人,即某人拥有某物的所有权,所以可能有人认为,物权关系是人与物的关系。但是,物权关系实际上也是由双方主体构成的,只不过一方是特定的物权人本人,如所有权人,

---

[①] 参见王利明《民法》,中国人民大学出版社 2000 年版,第 42 页;郑立、王作堂《民法学》,北京大学出版社 1995 年版,第 32 页。

[②] 参见[德]卡尔·拉伦茨《德国民法通论》(上册),王晓晔、邵建东、程建英等译,法律出版社 2003 年版,第 259~261 页。

而另一方是不特定的其他人,也可以说是除所有权人以外的任何人。①

在民事法律关系中,任何一方主体均可以是单一的,也可以是多数的。例如,在债权债务关系中,债权人和债务人都既可以是一个人,也可以是几个人。

民事法律关系为民事权利义务关系,民事主体为民事权利义务的承受者,享有权利的一方是权利主体,承担义务的一方是义务主体。在某些民事法律关系中,一方只享有权利,而另一方只承担义务,例如不附条件的赠与。这种合同叫作单务合同。不过,在大多数民事法律关系中,双方当事人通常都既享有权利,又承担义务,即在同一民事法律关系中既是权利主体又是义务主体。这种合同叫作双务合同。

民事法律关系的主体为人。但这里所说的"人"不限于自然人,而是包括自然人、法人和其他组织(非法人团体)在内的各种"人"。

(1)自然人。自然人是民事法律关系最重要的参与者,指因出生而获得权利能力的生物人。

以《法国民法典》为代表的近代民法典的首要目的就是解放人,使人与人之间消除封建等级的差异,成为自由的、平等的人。因此,各国民法都是把自然人作为首要的民事主体,而其制度也大多是为人而设。从这一点来看,将民法称为"人法"也不为过。

各国关于自然人的称谓不同,有直接称"人"的(如《法国民法典》),也有称"公民"的(如我国《民法通则》)。《民法总则》与《民法典》采取的是"自然人"的称谓。

(2)法人。法人是与自然人相对应的概念,是由法律赋予民事权利能力和行为能力的自然人的集合体,即组织体。它有自己的名称、机构、场所、独立的财产和独立承担民事责任的能力,因此,可以作为独立的民事主体参与民事法律关系,享受民事权利和承担民事义务。

法人是因商事活动的发展而出现的,最早出现在中世纪欧洲。法人的人格是拟制的,其本身并不是一个自然生命体,而是通过法律规定将其视为具有同自然人一样的法律资格,从而使其能够从事各种民事活动,特别是可以独立承担有限的民事责任。这样的法人组织的出现一方面是为了积聚资金独立运作,另一方面也是为了使个人规避过多的风险而通过多个人的组织进行较为复杂的民事行为。典型的法人组织即股份有限公司和有限责任公司。另外,政府组织、事业组织、社会团体组织也是独立的法人。

(3)非法人组织。"非法人组织"也称为"非法人团体""其他组织""无权

---

① 参见[德]卡尔·拉伦茨《德国民法通论》(上册),王晓晔、邵建东、程建英等译,法律出版社2003年版,第257页。

利能力社团",因其具有团体结合性但不具有法人独立人格而得名。在我国,非法人组织指那些不具备法人条件,但能以自己的名义进行民事活动的组织体,包括合伙、私人企业等。这些组织既不是自然人,也不是法人,而是介于公民与法人之间的另一类民事主体(第三类民事主体),具有相对独立的民事主体地位。

非法人团体的优势是组织相对容易,需要结合的人员较少,相互之间容易建立信赖关系,并且成员彼此之间可以进行代理。非法人组织与法人的根本不同在于责任的不同,即法人可以独立承担民事责任,而非法人团体的成员必须对团体责任承担无限连带责任,风险较大。

(4)国家。国家是国际法上的主体,仅在特殊情况下才能作为民事主体。

在国际法上,国家是国家主权的代表;但在民法上,国家又是国家财产的所有者,可直接参与民事法律关系,例如国债的发行。当国家参与民事活动时,它就成了民事法律关系的特殊主体。

将国家作为民事主体直接加以规定的是我国的《物权法》。在该法中,国家作为重要的所有权主体,掌握着国有资产和包括森林、草原在内的自然资源。另外,城市土地的所有权也掌握在国家手中。

(5)集体。集体组织特指农村集体组织,即自然村。在我国《物权法》上,村集体组织是农村土地所有权(共有权)的主体。同时,农村承包经营户也需要以户为单位与村集体组织签订承包合同。

2. 民事法律关系的内容

民事法律关系的内容,是指民事主体在民事法律关系中所享有的民事权利和负担的民事义务。民事法律关系是一种权利义务关系,如果仅有法律关系的主体,而主体之间并无权利义务存在,民事法律关系必然是空虚的。因此,民事法律关系的内容是构成民事法律关系的关键。

民事权利是依法由民事主体所享有的具有执行力的各种权利。萨维尼指出,民事权利是指民事主体为实现某种利益而依法为某种行为或不为某种行为的自由。这很好地诠释了权利的宗旨,即法律赋予人们权利的目的是使其享受自由。但是,民事权利并不是自由本身,特别不是公法上的自由。也有观点指出,民事权利是指某种法律确定的利益,[①] 权利人可以依法直接享有某种利益,也可以通过请求义务人为一定行为或不为一定行为来保证其享有或实现某种利益。应当说,民法在处理财产关系时必须要涉及财产利益,而在处理人身关系时就必须要涉及人格和身份利益,还可能涉及精神利益。因此,说民事权利的内容是法律为保障民事主体实现某种合法利益也是有道理的。但是,归根结底,法律是一种界限,因此,民事权利就是民事主体依法而允许其进行各种民事行为的界限。在这个界限内,民事主体享有

[①] 参见王泽鉴《民法总则》,北京大学出版社2009年版,第68页。

充分的自由。

民事义务是相对于权利而言的，指义务人为使权利人的利益实现而为一定行为或不为一定行为的法律约束。民事义务人必须依据法律的规定或合同的约定，为一定行为或不为一定行为。因此，民事义务的内容是民事主体为了实现其他民事主体的权利而使自己的意志受到限制的状态，它是强制性的，任何不履行民事义务的人都将依法承担民事责任。

所有的民事法律关系都包含民事权利和民事义务两方面的内容。权利的内容是通过相应的义务来保障的，义务的内容则由相应权利来实现。民事权利和民事义务相互对应地存在于同一个法律关系中，同时约束着民事法律关系的主体。

例如，在买卖关系中，买方和卖方都既是权利主体又是义务主体。买方享有请求卖方交付标的物并转移标的物所有权的权利，同时负有支付价款的义务；卖方负有交付标的物并转移标的物所有权的义务，同时享有收取价款的权利。交付标的物和支付价款的权利义务就是买卖关系的内容。

民事权利和民事义务从不同的角度来表现民事法律关系的内容，二者相辅相成。但是，民法是权利法，没有哪一项义务不是为权利而存在的。在民法上，权利体系是由人身权、物权、债权和知识产权等组成的。其中，人身权是主体就人格和身份而享有的排他性的权利，物权是主体直接支配物并排除他人的非法干涉和阻碍的权利，债权是债权人请求债务人履行给付义务的权利，知识产权是主体就智慧成果而享有的排他性的权利。

3. 民事法律关系的客体

民事法律关系的客体是相对于民事法律关系的主体和内容而言的，指的是民事权利和民事义务共同指向的对象。民事法律关系的客体主要有特定的人格或精神利益、物、行为、智力成果，以及虚拟财产。

（1）物。民法上的物，指的是人们可以控制、支配并能满足人们需要的物质对象，是有体物。物是最主要的民事法律关系客体之一，以特定的物为客体的法律关系是物权法律关系，具体包括所有权关系、用益物权关系和担保物权关系。我国《物权法》第二条对物权法律关系做了明确的规定。《民法典》第一百一十四条规定："民事主体依法享有物权。物权是权利人依法对特定的物享有直接支配和排他的权利，包括所有权、用益物权和担保物权。"

债权法上也会涉及物，但这时的物只是作为给付的标的物存在，债权的客体指向人的行为，即给付行为。

物可以分为不动产和动产，其中土地及其上的定着物是不动产，其余的是动产。我国《物权法》和《民法典》并没有直接对不动产和动产进行定义，而是在有关所有权的规定中列举了分别属于国家和个人的不动产和动产的物。其中，城市土地、矿藏、水流、海域、森林、山岭、草原、荒地、滩涂等自然资源属于国家或集体所有，个人合法的收入、房屋、生活用品、生产工具、原材料等属于个人。国家所有权的客体物是不动产，个人所有权的客体物有不动产（房屋），也有动产（合法收入、生活用品等）。

（2）行为。此处的行为首先是法律行为，同时也是一种特定的法律行为，即给付行为。作为客体的行为表现在债权债务关系中，专指给付行为，包括作为和不作为。[①] 债权（请求权）的客体即给付，债务人履行义务的行为即给付行为，债权人的请求权（债权）是针对给付行为（履行债务的行为）而言的。

给付是德国民法上的概念。《德国民法典》规定，基于债务关系而发生的义务有如下特点：①根据债务关系，债权人有向债务人请求给付的权利，给付也可以是不作为；②债务关系可以在内容上使任何一方负有顾及另一方的权利、法益和利益的义务。根据规定，在德国民法上，给付行为是作为债务关系法中的权利客体来看待的。

我国《民法通则》与《合同法》并未明确规定"给付"行为或"给付"义务，《民法总则》第一百一十八条规定，民事主体依法享有债权。债权是因合同、侵权行为、无因管理、不当得利以及法律的其他规定，权利人请求特定义务人为或者不为一定行为的权利。其中"为或不为一定行为"就是给付行为。《民法典》在债法中大量运用了给付概念。

（3）智力成果。智力成果与一般有体物不同，指的是人类运用脑力劳动创造的智力成果，是精神财富，是无形的，因此又称为无形财产或智力财产，各国一般在知识产权法中对此加以规定。例如，著作权关系和发明权关系的客体分别为著作（作品）、发明，而商标权的客体是商标标识的设计。

智力成果的载体可能是物质的，如软件设计必须承载于软件之上，著作必须承载于纸质或电子媒介上，但其权利内容的核心是精神成果，是无形的脑力劳动成果，而不是有形的载体或介质。因此，买一本书并没有买到该书的著作权。

（4）特定的人格和精神利益。所谓人格利益是就人身权而言的，主要包括人格上的利益与身份上的利益。其中，人格权关系的客体为人格利益，如生命、健康、肖像、名誉、隐私等；身份权关系的客体为身份利益，如父母子女关系中的亲权和婚姻关系中的配偶权都涉及特定身份所带来的利益。精神利益是精神健康权的客体。

[①] 王泽鉴先生将给付行为作为法律关系的内容之一（参见王泽鉴《民法总则》，北京大学出版社2009年版，第66页），史尚宽先生则将其作为权利的客体来看待（参见史尚宽《民法总论》，中国政法大学出版社2000年版，第248页）。本书认为，客观权利说并不认为有某种单独的权利存在（见下文），所有的权利都是存在于法律关系之中的，因此，权利的客体就是关系的客体。而《德国民法典》也并未将给付行为作为法律关系的内容，而是将"给付义务"作为债务关系的内容。所以，仍应将给付行为作为法律关系的客体来看待。当然，给付行为在债法中即为债务的内容，即给付义务。

我国《民法通则》《民法总则》和《侵权责任法》都明确列举了人身权的客体，包括生命、身体、健康、姓名、肖像、名誉、荣誉、隐私等。《民法典》将人格权作为单独的一编进行规定，身份权则仍在家庭法中规定。

除法律明确列举的人身权以外，有些尚未被纳入法律保护范围的人格利益也应得到承认，如胎儿和死者的人格利益。另外，我国《民法典》比照其他国家（如德国）的法律规定，将一般人格权（人格尊严）作为抽象人格利益规定在第九百九十条："人格权是民事主体享有的生命权、身体权、健康权、姓名权、名称权、肖像权、名誉权、荣誉权、隐私权等权利。除前款规定的人格权外，自然人享有基于人身自由、人格尊严产生的其他人格权益。"

（5）虚拟财产。《民法总则》第一次规定了虚拟财产，即第一百二十七条："法律对数据、网络虚拟财产的保护有规定的，依照其规定。"根据这一条，我国民法对数据和网络虚拟财产提供概括性保护。《民法典》延续了这一规定。

最后需要说明的是，我国民法将民事法律关系明确分为财产关系和人身关系，但是，从规定性的角度出发，"财产"并不能成为某种权利的单独客体，而必须具体化，即将其具体化为有体物、给付行为或智力成果，从而分别作为物权、债权和知识产权的客体。

（二）民事法律关系的动态要素

在民事法律关系的要素问题上，持五要素说的学者认为，民事法律关系的要素除了主体、内容和客体以外，还应包括两个变量，即民事权利义务的变动和变动的原因。上文已对民事法律关系的静态三要素"主体、内容和客体"做了详尽的叙述，本部分将讨论五要素说中的两个动态要素——民事法律关系的变动及变动的原因。

1. 民事法律关系的变动

民事法律关系的变动，指民事法律关系的发生、变更和消灭。民事法律关系的变动即民事权利和民事义务的变动，而民事权利的变动则是民事法律关系变动的核心。因此，民事法律关系的发生、变更和消灭主要体现为民事权利的得丧变更。

（1）民事权利的取得。

民事权利的取得，是指某项权利归属于某主体的过程。权利的取得分为原始取得和继受取得。权利的原始取得，也称为权利的绝对发生，是指不以他人既存的权利为前提而取得权利，如对收获物所有权的取得即为原始取得。权利的继受取得以他人的既存权利为依据，包括移转的继受取得和创设的继受取得。移转的继受取得指不改变权利的内容而从他人那里取得权利，如通过所有权的让与取得所有权（这种情形实际上也就是权利主体的变更）；创设的继受取得是指以他人的既存权利为基础，通过设定而取得权利，如所有权人在自己的所有物上为他人设定用益物权或担保物权。在这种情形下，他人的权利依然存在，但权利的内容变更了，即从原权利中分离出部分权能而成为一项新的权利。

权利的原始取得是指权利第一次形成，往往通过法定条件的满足而实现；而权利的继受取得是基于他人的既有权利而取得的，因此是通过契约行为或继承行为而完成的，并且必须遵循始自罗马法的"无论何人亦不能将大于自己所有之权利移转于他人"（亦称为"后手的权利不得优于前手"）的原则。[①] 也就是说，继受人不能取得被继受人没有的权利；继受人的权利只能与被继受的权利相同或小于被继受人的权利；被继受人的权利有瑕疵或已被设定担保时，继受人的权利同样存在瑕疵或被设定担保。

（2）民事权利的变更。

民事权利的变更，是指民事权利在其关系存续中的状态发生变化，包括权利主体变更、权利内容变更和权利效力变更等。我国民法对上述有关内容均做了较为全面的规定。

民事权利主体变更，是指权利从一主体移转至另一主体。从主体的角度而言，实际上就是权利的继受取得或权利的相对发生。权利主体的变更有不同的形态，有原属一个人的权利变更为另一人所有，如狭义的权利让与；有原属一个人的权利变更为数人所有，如数人继承一人的遗产；有原属数人的权利变更为一人所有，如共有人之一抛弃其应有的部分。

民事权利内容的变更，是指主体不变，权利的量或质发生变更。量的变更，如债权因部分受清偿而发生的变更，所有权客体的因增减而发生的变更；质的变更，如无息债权变为有息债权，因债务人不履行债务而使债权转化为损害赔偿请求权等。

民事权利效力的变更，又称权利作用的变更，是指权利的效力范围发生变化。例如，第二顺序抵押权变为第一顺序抵押权，这是优先效力的变更；未登记的船舶抵押权经登记后由不具有对抗第三人效力的抵押权变为具有对抗第三人效力的抵押权，这是对抗效力的变更。

（3）民事权利的消灭。

民事权利的消灭，是指民事权利与主体相分离。民事权利的消灭与民事权利的取得相对应，当权利归属于某一主体时为取得，当权利脱离某一主体时为消灭。权利的消灭分为绝对消灭和相对消灭。

权利的绝对消灭，是指权利本身在客观上不再存在，不为任何人所享有。例如，所有权因标的物全部灭失而消灭，债权因全部清偿而消灭，等等。权利的相对消灭，是指权利脱离原主体而归属于新主体。例如，因买卖而使标的物所有权转归

---

① 参见周枏《罗马法原论》（上册），商务印书馆1994年版，第313页。

买受人所有，对出卖人而言，其所有权消灭。因此，权利的相对消灭是从出让人的角度出发的；对受让方而言，则为权利的继受取得，即权利主体的变更。

2. 民事法律关系变动的原因

民事法律关系的变动不是无缘无故的，必须存在一定的原因才能引起民事法律关系的发生、变更和消灭。这一引起民事法律关系变动的原因即为变动原因。变动原因是民事法律事实。

民事法律事实，指符合法律规定的、能够引起民事法律关系发生、变更和消灭的客观事实。首先，民事法律事实必须是一种客观的现象，而不是一种主观意识。例如，内心存在订立合同的意思却未表示出来，这种内心意思不能使合同成立，不是法律事实。其次，这种客观现象必须具有适法性，即必须与一定的法律规范相联系并产生一定的法律效果，能够引起民事法律关系的发生、变更和消灭。因此，并非一切客观情况都可作为法律事实，只有涉及法律规定的事实才能成为法律事实，如出生、死亡、成年、失踪、拾得遗失物等。

根据事实情况是否与特定当事人的意志有关，民事法律事实可分为事件和行为两大类。

（1）事件。所谓事件，是指能够引起民事法律关系发生、变更和消灭的客观现象，包括社会现象和自然现象。例如，人的自然出生和死亡、自然界的灾害等。人的自然出生和死亡分别引起权利能力和继承关系的发生；自然灾害的发生，可能引起免责条款的适用；物的自然灭失可引起所有权关系的消灭；等等。这些都是由与特定当事人意志无关的事件产生的。

（2）行为。所谓行为，是指能够引起民事法律关系发生、变更和消灭的特定人的活动。此处的行为与作为权利客体的行为不同，作为权利客体的行为是法律行为，即给付行为，而作为民事法律事实的行为则可以是任何特定人的有目的且适法的活动。

作为法律事实的行为通常是指能够引起民事法律关系发生、变更和消灭的特定行为，包括法律行为、事实行为（适法）、准法律行为。违法行为本质上亦为适法行为，但其行为的适法性是由于违反了法律的强制性或禁止性规定或合同约定的行为，包括侵权行为和违约行为（以及其他违反债务的行为）。① 此外，司法行为与准司法行为也可以作为法律事实来看待。

我国民法就狭义的民事法律行为，即纯粹意思表示行为做了规定，不包括事实行为和准法律行为。具体规定见《民法通则》第五十四条、《民法总则》第六章，以及《民法典》第一编第六章。

---

① 参见［德］卡尔·拉伦茨《德国民法通论》（下册），王晓晔、邵建东、程建英等译，法律出版社2003年版，第709～713页。

作为法律事实的各种行为阐述如下：

第一，民事法律行为。《民法通则》第五十四条规定："民事法律行为是公民或法人设立、变更、终止民事权利和民事义务的合法行为。"《民法总则》与《民法典》第一百三十三条规定："民事法律行为是民事主体通过意思表示设立、变更、终止民事法律关系的行为。"据此，民事法律行为是纯粹的意思表示行为，通常应具备三个要件，即行为人具有相应的民事行为能力，意思表示真实，不违反法律或社会公益。其中，意思表示为民事法律行为的核心。欠缺任何一个要件都有可能导致行为人所预期的结果不会发生，并产生另外的法律后果，如无效、被撤销或合同变更。

第二，准民事法律行为。准民事法律行为通常与意思表示有密切联系，即为意思表示做准备，如与请求权行使或法律行为目的达成有关的催告和通知。包括履行催告、规定期限、代理人追认的催告、通知、瑕疵告知及其他告知（如关于期限开始的告知）。

我国民法上虽然没有明确出现准法律行为的概念，但在制度上是有这类行为的规定的，如《合同法》第十七条规定，要约可以撤回。撤回要约的通知应当在要约到达受要约人之前或者与要约同时到达受要约人。

第三，事实行为。事实行为本身不具备意思表示要素，纯粹是因适法性而产生法律上的后果，如某种事实的状态经过一段时间则发生法律所特别规定的效力。换言之，行为人实施的一定行为一旦符合了法律的规范要件，则不管当事人主观上是否有发生、变更或消灭某一民事法律关系的意思，都会由于法律的规定而引起一定的民事法律后果。例如，无因管理、先占、添附、拾得遗失物、发现埋藏物等，均属于事实行为。

我国民法上虽然没有明确出现事实行为这一概念，但《民法通则》《物权法》《民法总则》《民法典》均有相关的规定。如《民法通则》第九十三条规定，没有法定的或约定的义务，为避免他人利益受损失而进行管理或服务的，有权要求受益人偿付由此而支付的必要费用。《物权法》第一百零九条规定，拾得遗失物，应当返还权利人。拾得人应当及时通知权利人领取，或者送交公安等有关部门。《民法典》第三百一十四条延续了这一规定。

第四，违法行为。违法行为是引起民事法律关系发生的重要法律事实，其行为在适法效果上是指违反法律规定、侵犯他人合法权益而依法应承担相应后果的不法行为。违法行为主要包括侵权行为和违约行为等，均可引起相应的债权债务法律关系。侵权行为，是指侵害他人人身或财产权利依法应承担损害赔偿义务的不法行为。例如，故意或过失地伤害他人身体、剥夺他人自由、毁损他人财产的行为，均属于侵权行为，可引起侵权之债。违约行为，是指当事人不履行合同义务或者履行合同义务不符合约定条件的行为。例如，不按合同约定交付货物或价款，交付货物不符合约定的质量或数量要求等行为,均属于违约行为,应承担违约责任。我国《民法典》关于侵权行为的内容单设一编,规定在第七编。

综上所述,民事法律关系的产生、变更和消灭是以法律事实为前提的,有时只以一个法律事实为根据,有时则需要以几个法律事实相结合为根据。例如,遗嘱继承法律关系的发生有赖于被继承人死亡、被继承人留有遗嘱和继承人接受继承这三个法律事实。这种引起民事法律关系产生、变更和消灭的几个法律事实的总和,称为民事法律关系的事实构成。通常,只有在事实构成完备的情况下,才能引起相应民事法律关系的产生、变更和消灭。

图 2-1 为民事法律关系诸要素图示:

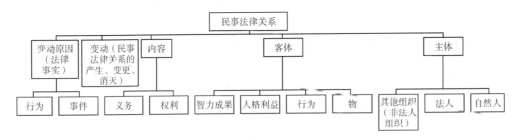

图 2-1 民事法律关系诸要素

思考题:
1. 民事法律关系是生活中真实存在的社会关系吗?
2. 解析给付行为。

第二节 民 事 权 利

民事权利是民事法律关系的核心内容。关于权利一词,历来的法学理论都有过多种释义。一般认为,权利与法、正义有着同一语源,即均来自拉丁文 jus,① 它的英文是 right,德文是 Recht,与表示实定法(国家立法机关颁布的法律)的 lex (law) 有所区别。jus 又写作 ius,在最广泛的意义上包括法(law)、正义(justice)、权利(right)、司法程序(procedures of justice)、正当的行为(just behavior)等。② 如根据《法学总论》第一卷第一篇"正义和法律"可知,正义是给予每个人他应得的部分的这种坚定而恒久的愿望;法学是关于神和人的事物的知识,是关于

---

① 参见[罗马]查士丁尼《法学总论——法学阶梯》,张企泰译,商务印书馆1993年版,第5页。
② 参见[罗马]西塞罗《论共和国 论法律》(影印本),中国政法大学出版社2003年版,第 xl 页。

正义和非正义的科学。① 其中的法就同时有"正义"和"法律"的含义。

中世纪以后，法律、正义、权利分别演变为不同的概念，著名的法学家格劳秀斯对此进行了详尽的阐述。他指出，"法律"指作为制度而存在的所有法律规范（规则），"正义"是指与公平相联系的观念，而"权利"则是指在法律制度保护下的公共权利和私人权利。② 其中，公共权利体现为宪法上的各项权利，而私人权利则具体体现为民法上的各项权利。应当说，这一理论对现代民法制度规范体系的形成有着至关重要的影响，民法也因此可以称为权利法。

在《战争与和平法》一书中，格劳秀斯首先就法与正义的关系进行了经典论述。他说，正义就是指正当，是理性的人的正当社会需要，而法就是关于正义的学问。他将战争区分为正义和非正义战争，并指出，"仅仅为一己之私而剥夺属于他人所有的东西，就会与自然法相违背"③。然后他论述了权利，指出，权利必须是确切的，或者是债权，或者是物权；也可以是有形权利（财产权）或无形权利（主要指人身权利）。④ 而最终，同样的一个词 right 实际上也是指法律，或者说，权利必须由法律确认下来才是真正的权利。

格劳秀斯对法与正义的关系的研究在现代得到了延续。比如，罗尔斯在《正义论》中便与格劳秀斯一样，在亚里士多德分配正义理论的基础上，将正义表达为一种制度的善（观念），并通过法律规则（制度）即法制体现出来。依照他的这一见解，人们的权利（个人权利）就是在法制保护下的权利。⑤

今天，人们仍然将法与正义的关系作为法学的基本范畴，而民法上的权利一词经过不同理论家的阐述，已经发展成为有着严格的制度化含义的概念和规范体系，即民事权利体系，并可具体化为人身权、物权、债权等各项民事权利。在这个体系中，权利必须与义务相对应，没有无义务的权利，也没有无权利的义务。

一、权利本位

民法的本位也称民法的基本目的或民法的基本任务，是民法的首要价值体现。在不同的历史时期，民法的本位是不同的。在古代社会，法律基本上采取义务本位

---

① 参见［罗马］西塞罗《论共和国　论法律》（影印本），中国政法大学出版社2003年版，第 xl 页。
② 参见［荷］格劳秀斯《战争与和平法》，［美］A. C. 坎贝尔英译，何勤华等译，上海人民出版社2005年版，第31页。
③ ［荷］格劳秀斯：《战争与和平法》，［美］A. C. 坎贝尔英译，何勤华等译，上海人民出版社2005年版，第29页。
④ 参见［荷］格劳秀斯《战争与和平法》，［美］A. C. 坎贝尔英译，何勤华等译，上海人民出版社2005年版，第122、141页。
⑤ 参见［美］约翰·罗尔斯《正义论》，何怀宏等译，中国社会科学出版社1988年版，第225页。

制，法律的核心在于约束人的行为，法律应当首先强调人对法秩序的尊重和遵守，强调人对社会各种义务和责任的承担。因此，在民法的早期形态中，存在着为权利设限或根据等级划分权利范围的情况。近代以来，法律完全放弃了义务本位论，认为法律的核心在于保护人的各种权利，法律应当首先强调人对权利的享有，义务是为权利服务的，非经法律不得随意剥夺人的权利。这就是权利本位。

权利本位同近代资本主义人权思想相适应，它倡导意思自治，认为人的意志是人的主宰，是人的法律，他们可以自己缔结契约，可以自由地享有和处分自己的财产权利，可以自由地设立遗嘱，可以成立公司。可以说，凡是民法没有明确禁止的，都属于权利的范畴。在这一点上，权利即自由。

根据《法国民法典》的相关规定，权利本位的思想在近代民法中的体现集中表现在三个方面：①所有权神圣原则。[①] 根据这一原则，所有权人可以根据自己的意志自由行使权利，财产由所有权人绝对地进行支配，排斥他人的非法干预。②契约自由原则。根据这一原则，契约当事人之间的合同就是契约当事人之间的法律，有关契约的内容、方式等完全由他们自由决定。③自己（过错）责任原则。根据这一原则，个人仅对自己的过错即过失行为负责。[②]

20世纪以来，由于社会环境的变化，西方国家开始倡导人们在享有各种权利的同时亦应对社会承担一定的责任，如在从事商事活动时必须承担不为不正当竞争的义务，在行使私人权利时承担不故意损害他人利益的义务。这一思想体现在民法上，就产生了对近代民法三种原则的限制，即对所有权的限制、对契约自由的限制和对自己责任的限制。

第一，对所有权行使的限制。所有权绝对是近代民法的基本原则，但是，这样做的弊端是造成了权利之间的冲突。而事实上，任何人的权利都不得大于其他人的权利，因此，为保证所有权得到平等保护，现代各国民法均要求所有权人的权利行使应当符合诚实信用和公序良俗原则，否则即构成权利滥用，应当对受害人承担侵权责任。

第二，对契约自由的限制。由于现代社会与近代社会有着显著不同，大公司不断涌现，格式合同大量使用，因此，在双方经济对比过于悬殊的情况下，处于经济

---

① 这一原则固然在《法国民法典》中有其出处，但最早的出处却是法国《人权和公民权宣言》（即《人权宣言》，*Déclration des Droits de l'Homme et du Citoyen*）第17条："私人财产神圣不可侵犯，除非当合法认定的公共需要所显然必须时，且在公平而预先赔偿的条件下，任何人的财产不得受到剥夺。"

② 《法国民法典》第544条 所有权是对于物有绝对无限制地使用、收益及处分的权利，但法令所禁止的使用不在此限。

第1134条 依法成立的契约，在缔结契约的当事人间有相当于法律的效力。前项契约，仅得依当事人相互之同意或法律规定的原因取消。前项契约应以善意履行之。

第1382条 任何行为使他人受损害时，因自己的过失而致行为发生之人对该他人负赔偿的责任。

弱势的一方往往无法享受到真正的自由，也无法真正地行使自己的权利。为此，现代民法不再强调契约当事人双方形式上的平等和自由，而是更加注重双方在订立契约时的实质平等及真实的自由。法律不再单纯地强调契约内容的自愿性，而更加强调它们的公平性。同时，法律也不再强调契约当事人意愿是当事人之间唯一的法律，而认可强制性法律规范在契约关系中的作用，如对格式合同条款的规制。

第三，严格责任之适用。过错责任或自己责任原则是近代民法的基本原则，其目的是使每一个人为自己负责，从而作为其行为自由的代价。但是，在现代社会，由于经济发展样式的不同，科技发展带来的高科技成果大量广泛的适用，使某些伤害不能简单地归因于某一个人。因此，鉴于某些行为本身的社会危险性，如核设施的建设和使用，许多国家自19世纪末开始将传统由过错侵权责任调整的领域转由严格责任法调整，不允许行为人以自己无过错为由而主张免责。

上述变化在《法国民法典》《德国民法典》和《日本民法典》中都有体现。①我国《民法通则》《民法总则》《物权法》《合同法》《侵权责任法》乃至《民法典》也都对此进行了规定。

从义务本位到权利本位、又从权利本位到对权利行使加以限制，在不同的社会和不同的历史阶段，民法的价值要求是不同的。当西方社会由封建时期进入资本主

---

① 《法国民法典》第544条　所有权是对于物有绝对无限制地使用、收益及处分的权利，但法令所禁止的使用不在此限。
《德国民法典》第242条　【依诚实和信用原则履行给付】
债务人有义务依诚实和信用，并参照交易习惯，履行给付。
第309条　【违法合同】
合同违反法律禁止规定的，准用第307条、第308条的规定。
第315条　【由当事人一方确定给付】
（1）给付应由订立合同的一方当事人确定的，在发生疑问时应认定，应按公平裁量的方法加以确定。
（2）前款确定应以意思表示向另一方当事人为之。
（3）如果应依公平裁量的方法加以确定，那么仅在该项确定符合公平原则时，始对另一方当事人有约束力。确定不符合公平原则时，由法院判决加以确定。确定迟延的，亦同。
第823条　【损害赔偿义务】
（1）因故意或者过失不法侵害他人生命、身体、健康、自由、所有权或者其他权利者，对他人因此而产生的损害负赔偿义务。
（2）违反以保护他人为目的的法律者，负相同的义务。如果根据法律的内容并无过失也可能违反此种法律的，仅在有过失的情况下，始负赔偿义务。
第903条　【所有权人的权限】
在不违反法律和第三人利益的范围内，物的所有权人可以随意处分其物，并排除他的任何干涉。动物的所有权人在行使其权利时，应注意有关保护动物的特别规定。
《日本民法典》第1条　基本原则
（一）私权应当服从公共福利。
（二）行使权利及履行义务时，应当恪守信义，诚实实行。
（三）禁止滥用权利。

义时期，人们对权利与平等的渴望表现在民法上就是破除等级制，建立人人平等基础上的权利本位；而当资本主义进入垄断时期，财富的积聚导致垄断，个人权利与社会和他人的利益常常发生冲突，这时，民法就必须为公共利益而对个人权利的行使加以必要的限制。

二、民事权利的概念

所谓权利，就是指经由法律确认的、得以享受特定利益的能力。由此我们可以说，权利和法律紧密联系，权利为主观化之法律，法律为客观化之权利，行使权利，是为法律而斗争，具有伦理上的意义。①

权利的本质是一种法律上的力量，这种法律上的力量与通常所说的实力不同。通常所说的实力，是指个人的实力，包括其身体上、经济上、文化上和社会关系上力量的总和。法律上的力量是由法律所赋予的，是一种规范的情况，即法律制度对权利人的授权，一种"可以作为"的授权，或者是一种"法律上的可能"。也就是说，权利实际上是一种有效的制度安排。②

同时，这种法律上的力量，还必须与"特定的利益"要素相结合，才能构成权利。这种特定的利益指生活利益，包括财产利益和非财产利益两种。生活利益是十分广泛的，其中受法律保护的被称为法律利益，简称法益。如所有权中包含着财产利用和处分上的利益，合同债权中包含着交换利益（期待利益），人格权中包含着人格尊严和人身自由等精神利益，身份权中包含着家庭伦理上的利益。法律为保护个人特定的法益，就需要赋予个人以法律上的力量，使之能够享受特定的利益。同时，对利益的相对人课以相当的义务，以确保个人得以切实享受这种利益。

权利虽然常以一定的利益为内容，但权利绝不等于利益。在以制度为基石的现代实证法权利体系中，没有在法律中明文出现的都不能算作真实的权利。如在《德国民法典》中，明确以权利字样出现的人格权仅有"姓名权"，其他在我国民法上作为人格权得到明确规定的生命、身体、健康、名誉、肖像权等，在德国民法上都只能作为一般人格权来看待。

除此以外还必须注意的是，权利与义务不能截然对立。有些权利实际上以义务为内容，如监护权，名为权利，但只在相对于第三人时是绝对权利，相对于被监护人来说，主要是义务，即所谓"义务权"。甚至有一些现代民法上的权利是直接从

---

① 参见郑玉波《民法总则》，三民书局1979年版，第44页；王泽鉴《民法总则》，北京大学出版社2009年版，第69页；梁慧星《民法总论（第四版）》，法律出版社2011年版，第69页。

② 参见［德］卡尔·拉伦茨《德国民法通论》（下册），王晓晔、邵建东、程建英等译，法律出版社2003年版，第277页。

义务发展而来的。①

我国民法在过去30年通过不断的立法，已经以权利为中心建立了关于财产权和人身权的权利体系，并分别体现在《民法通则》《民法总则》《合同法》《物权法》《侵权责任法》乃至《民法典》当中。

三、民事权利的分类

民事权利是一个相当复杂的概念，各国立法上一般并不直接规定其定义，而是规定各种民事权利的内容，并据此进行民事权利的分类。我国也是采取这种方式：①民事权利可以大致分为财产权与人身权；②根据权利的功能，分为支配权、请求权和变动权；③根据权利的指向，分为绝对权和相对权；④根据权利的主从关系，分为主权利与从权利；⑤根据权利是否可以任意转让，分为专属权和非专属权利；⑥根据权利是否可以立即行使，分为既得权与期待权；⑦适应现代商品社会中两种主要的社会关系——劳动关系和消费关系，为处于相对弱势的劳动者和消费者提供保障，国际上出现了专门立法保护劳动者权利和消费者权利的趋势。（见图2-2）

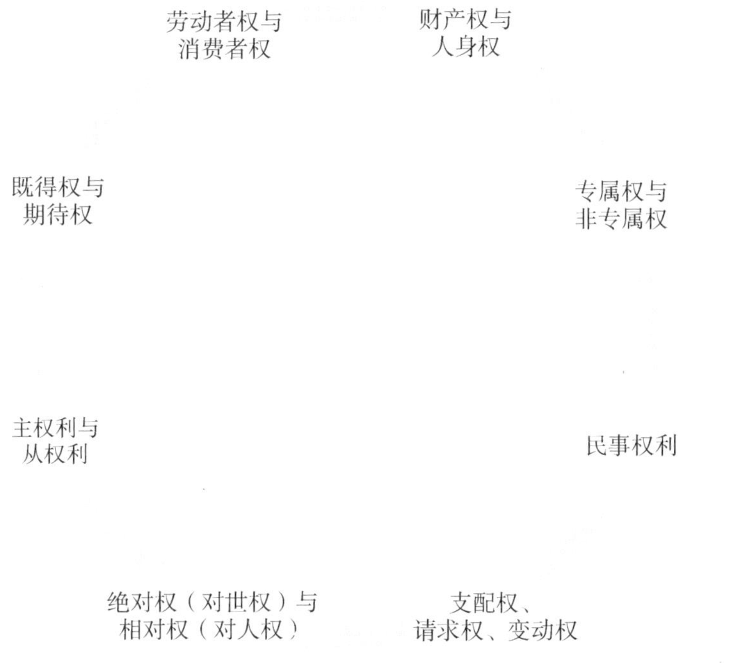

图2-2 民事权利分类

---

① 参见王泽鉴《民法总则》，北京大学出版社2009年版，第70页。

（一）财产权与人身权

以权利的客体是否具有财产价值，可以将民事权利分为财产权与人身权两大类。其中，以财产为客体的权利是财产权，以人格和身份为客体的是人身权。

1. 财产权

财产权是指以物、行为或其他可以与权利人的人格、身份相分离而具有财产价值的客观事物为客体的权利。如上文所述，财产权是一种笼统的权利分类，在《法国民法典》和我国《民法通则》《民法总则》《民法典》中均有财产权的规定，其中《法国民法典》的规定是将财产等同于物。① 财产权是一种积极权利，权利人通过作为而体现权利的效力。

财产权可以类型化为各种具体的权利，包括物权、债权和知识产权。其中，物权是指民事主体对物所享有的排他的权利，包括所有权、用益物权和担保物权。② 债权是指民事主体基于合同关系、侵权关系、无因管理和不当得利等关系而享有的给付请求权。③ 知识产权是以智力成果为客体而产生的无形财产权。根据智力成果的表现形式，知识产权包括著作权、专利权、商标权等不同的内容。④ 不过，在知识产权中，权利人有时可以同时享有财产权和人身权，如著作权即同时包括署名权和获取报酬的权利，是一种混合性的民事权利。

2. 人身权

人身权是指与权利主体的人格和身份紧密结合、不可分离的权利。其中，人格权指存在于权利人自己人格上的权利，即以权利人自己的人格利益为客体的权利。人格权因出生而取得，因死亡而消灭，不能够让与或抛弃。人格权包括生命权、身

---

① 《法国民法典》第516条 一切财产，或为动产，或为不动产。
② 《物权法》第二条 因物的归属和利用而产生的民事关系，适用本法。
本法所称物，包括不动产和动产。法律规定权利作为物权客体的，依照其规定。
本法所称物权，是指权利人依法对特定的物享有直接支配和排他的权利，包括所有权、用益物权和担保物权。
第三十九条 所有权人对自己的不动产或者动产，依法享有占有、使用、收益和处分的权利。
③ 《德国民法典》（旧民法）第241条 【债的关系和给付义务】
债权人基于债的关系，有权向债务人要求给付。给付也可以是不作为。
《德国民法典》（新债法）第241条 由债务关系产生的义务
(1) 依债务关系，债权人有权向债务人请求一项给付。此项给付也可以表现为不作为。
(2) 依债务关系内容的不同，债务关系可以使任何一方当事人负有顾及另外一方当事人权利、法益和利益的义务。
参见卢谌、杜景林《德国民法典债法总则评注》，中国方正出版社2007年版，第11页。
④ 《著作权法》第二条 中国公民、法人或者其他组织的作品，不论是否发表，依照本法享有著作权。（下略）
第三条 本法所称的作品，包括以下列形式创作的文学、艺术和自然科学、社会科学、工程技术等作品：（下略）。

体权、健康权、自由权、姓名权、名誉权、肖像权、隐私权等。身份权是存在于一定身份关系上的权利，如婚姻自主权（配偶权）、监护权和荣誉权等。具体规定见《民法典》第四编、第五编。

3. 兼有财产权和非财产权（人身权）性质的权利

例如，某些知识产权，特别是著作权，以及社员权。[①]《公司法》第四条规定："公司股东依法享有资产收益、参与重大决策和选择管理者等权利。"《民法典》第二条规定："民法调整平等主体的自然人、法人和非法人组织之间的人身关系和财产关系。"

（二）支配权、请求权和变动权

除上述依照权利内容的性质而做的分类外，依照权利在法律上的功能的不同，可以将民事权利划分为支配权、请求权和变动权。这一分类是从技术性和理论性出发的，但也具有强大的实际效力。

1. 支配权

支配权是指权利主体得以直接支配其标的、具有排他性的民事权利，包括处分权。如物权所有人对其所有物进行占有、使用、收益、处分的权利，[②] 知识产权人对其专有的智慧财产进行利用的权利等。支配权有积极和消极两个方面的作用。在积极方面，权利主体可直接支配和处分标的物而不必借助他人的行为；在消极方面，权利主体可依其支配权禁止他人妨碍其支配和处分，因而具有排他性。民法上的物权为典型的支配权，其他如准物权（以债权为客体的物权）、知识产权、人格权以及身份权等也属于支配权。

2. 请求权

请求权是指权利主体得以请求他人为或不为特定行为的民事权利。请求权在权利体系中居于核心地位，其作用在于协助任何权利（无论是绝对权还是相对权）发挥其功能或回复到未受侵害时的圆满状态，有物权请求权和债权请求权之分。请求权不同于支配权，请求权的权利主体不能直接支配权利标的，而只能请求义务主体（相对人）为特定行为来实现自己的权利。

在民法上，债权是典型的请求权。债权人不能直接支配债务人的行为，也不能支配债务人本身，而只能请求债务人为特定行为，即履行交付。当然，债权与请求权是两个不同的概念，债权是请求权的基础权利，请求权则是债权所具有的功能之一。请求权产生于基础权利，先有基础权利，然后才有请求权。

[①] 参见王泽鉴《民法总则》，北京大学出版社 2009 年版，第 153 页。
[②] 参见《物权法》第二条第三款："本法所称物权，是指权利人依法对特定的物享有直接支配和排他的权利，包括所有权、用益物权和担保物权。"

当请求权的行使未得到满足时，请求权人往往会向法院提起诉讼，借助公权力来回复权利。因而，请求权与诉权密切相关。但是，请求权与诉权有本质的不同。请求权要实现的是权利原型，而诉权是要求法律补偿。

请求权的概念是由德国法学家温德夏特（Bernhard Windscheid，1817—1892）首先提出来的。① 在他之前，法学界对诉权的存在具有共识，但是却没有请求权一说。自温德夏特提出请求权这个概念后，各国在理论上和实践中开始承认属于私权范畴的请求权，即，请求权是由权利人自行主张的，而诉权则是私人请求国家司法权力对其实体法上的请求权予以保护的诉讼权利。换言之，请求权是诉权的基础。②

在通常情况下，请求权伴有诉权，即在对方当事人不依请求履行义务时，请求权人可以诉请法院强制对方当事人履行义务。但是，请求权并不当然等同于诉权。

应当注意的是，在多个请求权基础同时存在的情况下，可能会出现请求权竞合的问题。在这种情况下，权利人得选择其中之一行使。但就同一损害只能进行一次赔偿，不能请求双重赔偿。我国《合同法》第一百二十二条（即《民法典》第一百八十六条）对此进行了规定：因当事人一方的违约行为，侵害对方人身、财产权益的，受损害方有权选择依照本法要求其承担违约责任或者依照其他法律要求其承担侵权责任。

3. 变动权

变动权是指权利主体依照自己单方面的行为，使民事法律关系发生变动的民事权利。变动权与支配权和请求权不同。行使变动权的目的在于使民事法律关系发生、变更或消灭，而支配权和请求权都是法律关系结构内的权利的本来功能。

按照所要引起的民事法律关系的变动的不同，变动权可以分为形成权和抗辩权两种。

（1）形成权。

形成权是权利主体依照自己的行为，使自己与他人之间或他人与他人之间的民事法律关系发生变动的权利，如撤销权、代位权、解除权和追认权等。

形成权是德国法学家泽克尔（Emil Seckel，1864—1924）的重大法学发现。③ 形成权的主要功能在于权利主体能够按照单方面的意思表示使已成立的法律关系的效力产生、变更或者消灭。我国《合同法》第九十四条（《民法典》第五百六十三条）对此进行了规定，其中第一款为因目的落空而导致的解除权，第二款为因预

---

① 参见王泽鉴《民法总则》，北京大学出版社2009年版，第74页。
② 参见［德］卡尔·拉伦茨《德国民法通论》（上册），王晓晔、邵建东、程建英等译，法律出版社2003年版，第323页。
③ 参见［德］卡尔·拉伦茨《德国民法通论》（上册），王晓晔、邵建东、程建英等译，法律出版社2003年版，第78页。

先违约而引起的解除权,第三款为因迟延履行而引起的解除权,第四款为因重大违约而引起的解除权。①

由于形成权使一方当事人能够按其单方意思表示变更法律关系,所以,如何保护相对人的权利也很重要。为此,法律上关于各个法定形成权均设有不同的构成要件,并在一些特殊情形下使权利主体负担损害赔偿责任。同时,行使形成权原则上不得附条件和期限,以避免把相对人置于不确定的法律状态。

我国民法上规定了各种形成权,但对于撤销权和代位权,《合同法》(第七十三、七十四条)和《民法典》(第五百三十五条)均规定应通过诉讼方式来行使,而这在德国民法上称为"形成诉权"。②

(2)抗辩权。

抗辩权是权利主体用以对抗他人请求权的权利。抗辩权的作用在于对他人权利的行使进行对抗和防御,以免于义务的承担。抗辩权的成立要件是,必须先有他人的请求权的行使,才能够对其行使抗辩权。如消灭时效抗辩权、同时履行抗辩权、不安抗辩权、先诉抗辩权等。我国《合同法》上对抗辩权进行了规定,其中第六十六条是同时履行抗辩权,第六十七条是先履行抗辩权,第六十八条是不安履行抗辩权。《民法典》规定在第五百二十五至五百二十七条。

抗辩权可以分为永久抗辩权和延期抗辩权。在诉讼时效届满后,债务人对债权人的抗辩权是永久的抗辩权;而同时履行抗辩权和不安抗辩权都是延期抗辩权,其功能在于延迟债务的履行。

(三)绝对权和相对权

以权利的指向即效力所及的范围为标准,民事权利可分为绝对权与相对权。所谓绝对权,指的是可以向一切人主张的、以不特定的多数人为义务主体的民事权利,又称对世权。义务人仅承担不作为的消极义务即可。物权、人格权、知识产权和继承权均属绝对权。

所谓相对权,指的是仅能对特定人主张的、以特定的人为义务主体的权利,又称对人权。相对权的义务主体主要承担为实现权利主体的利益而积极作为的义务,

---

① 《合同法》第九十四条 有下列情形之一的,当事人可以解除合同:
(一)因不可抗力致使不能实现合同目的;
(二)在履行期限届满之前,当事人一方明确表示或者以自己的行为表明不履行主要债务;
(三)当事人一方迟延履行主要债务,经催告后在合理期限内仍未履行;
(四)当事人一方迟延履行债务或者有其他违约行为致使不能实现合同目的;
(五)法律规定的其他情形。
② 参见[德]卡尔·拉伦茨《德国民法通论》(上册),王晓晔、邵建东、程建英等译,法律出版社2003年版,第79页。

有时也包括不作为的义务。债权就是典型的相对权。英美法上将这种相对权应用在合同法上，发展出了合同的相对性原理。而相对权在法国民法上则成了契约自由的立法渊源，即《法国民法典》第1134条：依法成立的契约，在当事人之间有相当于法律的效力。

不过，债权的相对性并不是绝对的，特别是当债权在受到第三人侵害时，债权人也可直接向该第三人主张损害赔偿，此即为英美法上的"经济侵权"。这并不是否认债权的相对性，而是为了加强债权的效力。一般说来，债权并不具有对世性。虽然债权债务关系作为一种财产关系（财产权）相对于其他人来说具有一定的绝对性，但第三人侵犯债权是否成立侵权责任，关键并不在于债权是否具有对世性，而在于民事权利本身的不可侵犯性，及其所引起的经济损失。

经济侵权也称为第三人非法侵害债权，具体包括阻止或妨碍他人履行合同等，其中某些内容可分别规定在劳动法、反不正当竞争法、知识产权法等法律中。

（四）主权利和从权利

以同属于一个民事主体的并存的两个权利间的相互关系为标准，可以把它们分为主权利与从权利。在并存的两个权利中能够独立存在的为主权利，必须以另一权利作为存在前提的为从权利。例如，债权人的借贷债权为主权利，而为该借贷债权设定的抵押权则为从权利；债权人收取本金的权利为主权利，收取利息的权利为从权利。就主权利和从权利的关系来看，主权利存在，从权利才存在；主权利转移，从权利随之转移；主权利消灭，从权利随之消灭。

我国《担保法》《合同法》乃至《民法典》都对主合同与从合同的关系进行了规定。

（五）专属权与非专属权

以权利与其主体之间的依附关系为标准，可以把民事权利分为专属权和非专属权。专属权是指依附于特定的权利主体不能让与他人的权利。例如，人格权和身份权与主体的人身密切联系，不能分离，是专属权。不仅如此，因雇用合同和委托合同而产生的债权，由于此类合同往往建立在信赖基础之上，必须由特定人履行给付义务，因此也属于专属权，非经委托人和雇用人同意不得转移。

非专属权是指可以与主体的人格分离并可让与他人的权利。物权、一般债权均属于非专属权，可以任意让与他人。

对于上述内容，我国民法进行了相关规定。

（六）既得权和期待权

根据权利是否具备全部成立条件为标准，民事权利可划分为既得权与期待权。

既得权是成立要件全部具备、权利主体已经实际取得的权利，如所有权。任何人一旦拥有某物的所有权，就立即拥有了任意支配和处分的权利，其他人没有正当理由（以公序良俗为界限）不得阻碍其权利行使。

期待权是成立要件尚未完全具备但将来有可能完备的受法律保护的民事权利，如附生效条件或生效期限的合同所约定的债权。在条件没有成就或期限尚未到来之前，附停止条件和附始期的合同不能生效，债权人也就不能行使债权。我国《民法典》对附条件和期限的合同进行了规定。

（七）消费者权和劳动者权

"二战"以来，随着社会经济的发展，以及雇佣关系和消费生活的普及，劳动关系和消费关系成为最普遍的社会关系。由于劳动者和消费者在缔约地位上往往处于弱势，为防止由于信息不对称而导致的不公平后果以及对劳动者和消费者的人身权和财产权的损害，各国纷纷立法对消费者和劳动者提供特殊的保护。

消费者权与劳动者权的权利主体是以消费或劳动为标志的特定自然人人群，在法律上通常用《消费者权益保护法》和《劳动法》加以特别的规定。这两部法律并不具备完整的私法性质，而是国家公权力对消费关系和劳动关系进行干预的综合立法结果。其中，《消费者权益保护法》的私法性质较强，《劳动法》的公法性质是主要的。

1. 消费者权

消费者权是在美国首先受到法律认可的一项权利。1962年3月15日，美国总统肯尼迪在《关于保护消费者利益的国情咨文》中阐述了消费者权利，包括安全的权利（消费者有免受产品危害身体健康与财产损失的权利）、了解的权利（消费者有了解所购买产品的性能、质量、安全性等方面真实情况的权利）、选择产品的权利和意见被尊重的权利（消费者有向生产者、经营者以及立法、司法机关表达意见，并且意见得到重视的权利）等。尼克松接任总统后继续推行肯尼迪的主张，并加上了"消费者的索赔权利"，也就是损害救济权。这几项权利被公认为消费者的基本人权。

德国没有消费者权益保护法，为了使消费者权利保持在私法框架内，德国特别在民法典第13、14条中规定了消费者和经营者的概念：

《德国民法典》第13条 【消费者】
消费者是指既非以其营利活动为目的，也非以其独立的职业活动为目的而缔结法律行为的任何自然人。

第14条 【经营者】
（1）经营者是指在缔结法律行为时，在从事其营利活动或独立的职业活动中实施行为的自然人或法人或有权利能力的合伙。

(2) 有权利能力的合伙，是指具有取得权利和负担债务的能力的合伙。

我国《消费者权益保护法》中没有规定何为消费者，而是在第二条将"为生活消费需要购买、使用商品或者接受服务"的行为界定为消费行为。对于消费者的权利，第二章的第七条至第十五条规定了九项消费者权利，即安全的权利（第七条）、了解的权利（第八条）、选择的权利（第九条）、公平的权利（第十条）、损害赔偿的权利（第十一条）、成立消费者团体的权利（第十二条）、获得有关消费和权益保护知识的权利（第十三条）、人格尊严和民族习惯得到尊重的权利（第十四条）以及监督的权利（第十五条）。我国《民法通则》第一百二十二条所规定的产品制造者、销售者的损害赔偿责任即属于消费者的损害赔偿的权利。《民法典》第一百二十八条规定了对消费者的保护原则。

消费者的消费行为是通过合同来完成的，这类合同就是消费性合同。一方面，以消费者作为一方而订立的消费性合同与其他类型的合同共享一些规则；另一方面，它还有着自身特殊的规则，如撤回权。

《民法总则》与《民法典》确认了消费者利益的特别法保护方法，在其第一百二十八条规定：法律对未成年人、老年人、残疾人、妇女、消费者等的民事权利保护有特别规定的，依照其规定。

2. 劳动者权

劳动者权是劳动者因劳动而产生的或者与劳动有密切联系的各种权利的总和。劳动是人类社会赖以存在和发展的物质财富产生的源泉，没有劳动者的劳动就没有人类社会的存在和发展。因此，每一个国家都会以公法手段来有效规范劳动关系，保障劳动者的权益。

我国《劳动法》第三条规定了劳动者的基本权利，即劳动者的平等就业和选择职业的权利、取得劳动报酬的权利、休息休假的权利、获得劳动安全卫生保护的权利、接受职业技能培训的权利、享受社会保险和福利的权利、提请劳动争议处理的权利以及法律规定的其他劳动权利。这些权利已经超出了私法的范畴。

四、权利的行使

民事权利是民事法律关系乃至民法的核心，权利之所以存在，是为了保证每一个人的自由。因此，权利的行使必须遵循善意（诚实信用）原则。假如某种权利被过度强调了，就有可能损害他人的合法权益。为此，各国民法一般对权利行使的方法和限制都有所规定。如《德国民法典》第226条规定，"【禁止恶意】权利的行使不得以损害他人为目的"。《日本民法典》第1条规定，"基本原则：（一）私权应当服从公共福利。（二）行使权利及履行义务时，应当恪守信义，诚实实行。（三）禁止滥用权利"。我国《民法典》第一百三十条规定："民事主体按照自己的意愿依法行使民事权利，不受干涉。"第一百三十一条规定："民事主体行使权利时，应当履行法律规定的和当事人约定的义务。"第一百三十二条规定："民事主体不得滥用民事权利损害国家利益、社会公共利益或者他人合法权益。"

现代民法对权利行使的限制基本上是出于公益，其目的不是消灭私人权利，而是为了使更多的人能够享受到权利。为此，德国民法上将权利的限制分为对权利的一般限制与权利本身的限制（即权利自身的界限）。[①] 其中，一般限制是基于公益而对民事权利的行使统一设限，而权利本身的限制则是对每一项权利设定一个边界，如物权仅及于有体物，知识产权仅及于智力成果。民法是权利法，整个制度的设计都建立在赋权的基础上，因此，一般性地对权利加以限制只能以公益为边界，而对具体权利设定边界也必须符合权利本身的特性，这才符合民法的基本价值取向。

思考题：
分析我国民法上的权利类型。

第三节　民　事　义　务

一、民事义务概说

现代民法的权利本位观念来源于康德（Immanuel Kant，1724—1804）和黑格尔（Georg Wilhelm Friedrich Hegel，1770—1831）的法哲学。在康德的法哲学中，权利是先于义务存在的，因而，康德的法哲学也叫作"权利的科学"。但他同时又指出，在道德哲学中——特别是西塞罗的道德哲学中，义务是先于权利而存在的。其原因在于，如果没有义务的承担者，权利就无法实现。相应的，在民法上，有一定的民事权利就有相应的民事义务与之相呼应，权利与义务始终是相对的。

民事义务首先是法律义务，指法律加于行为主体的作为或不作为之拘束。法律义务与其他义务（如宗教上的义务、道德上的义务）有根本的区别，即它是由国家强制力保障履行的。换言之，该义务体现着国家法律的约束性和强制性。义务人必须履行义务，否则就要承担相应的法律责任。

[①] 参见［德］迪特尔·梅迪库斯《德国民法总论》，邵建东译，法律出版社2001年版，第108～109页。

首先，我国《民法通则》第五十四条规定："民事法律行为是公民或者法人设立、变更、终止民事权利和民事义务的合法行为。"其中明确将民事权利和义务作为一对关联性的概念提出来。其次，第八十四条规定："债是按照合同的约定或者依照法律的规定，在当事人之间产生的特定的权利和义务关系，享有权利的人是债权人，负有义务的人是债务人。债权人有权要求债务人按照合同的约定或者依照法律的规定履行义务。"这一规定将义务在债权关系中的表现进一步明确化，即为债务。最后，在第一百零六条第一款规定："公民、法人违反合同或者不履行其他义务的，应当承担民事责任。"这三个条款将义务与责任之间的关系表现得十分清楚。应当说，虽然我国《民法通则》没有直接给民事法律关系下定义，但是通过这样具体的规定，也仍然建立了较为系统化的权利义务关系体系。

我国《民法总则》就民事权利专设一章，规定了民事主体可享有的各项民事权利。《民法典》延续了这一规定。

民事义务按照不同的标准可做如下分类：

第一，民事义务分为法定义务和约定义务两种。相对于绝对权来说，义务是法定的；相对于债权来说，义务则是意定的，由双方或多方在合同中约定。同时，在以约定义务为主的民事关系中，有些义务无需约定，是法定强制性义务，如诚实信用义务和附随义务。

第二，民事义务可以是作为（积极义务），也可以是不作为（消极义务）。相对于物权人，义务人的义务就是不作为；相对于债权人，债务人的义务通常是作为。作为义务要求义务人有积极的行为，通常是意思表示行为；而不作为义务则是不为积极的作为，比如容忍义务即以不作为为内容。在相邻关系中，相邻关系人须互相负容忍义务。在通行权问题上也是如此。

二、债法上的义务群

民事义务表现在债法上有一种特殊的现象，即对同一债权而言，存在着由多种义务组成的"义务群"，包括给付义务、附随义务及不真正义务。① 所有这些义务都是为了保障债权的实现而存在的。

（一）给付义务

给付义务是债权的直接对应物，即为实现债权而必须由债务方进行给付行为，以满足债权。给付义务又分为主给付义务和从给付义务。

以买卖合同为例，双方约定的给付义务为主给付义务，债务人应按照双方约定

---

① 参见王泽鉴《债法原理》，北京大学出版社2009年版，第26页。

履行主给付义务。同时，为保证主给付义务的履行，尚需提供其他给付义务的，如产品质量证书、产权证书之提交，则为从给付义务。主给付义务是债（买卖合同）赖以发生的基础，而从给付义务则对主给付义务起着补充作用。前者应由双方约定而产生，后者则可根据法律规定、当事人约定或诚信原则而产生。

从给付义务的产生通常是基于主债务的需要而必须履行的其他给付义务。这些义务虽然看上去是次要的，但实际上与主给付义务密切相关，是为满足主给付义务而必需的。正如王泽鉴先生所言，"盖此类义务，并非如给付义务之自始确定，而系随着债之关系的发展，于个别情况要求当事人之一方有所作为或不作为，以维护相对人之利益，于任何债之关系（尤其是契约）均可发生，固不受特定债之关系类型之限制也"①。

我国民法在有关买卖合同的规定中对主给付义务和从给付义务都结合实物交付进行了规定。② 而在《民法典》中，给付义务得到了明确的规定。即第二十九章"不当得利"制度中的第九百八十五条："得利人没有法律根据取得不当利益的，受损失的人可以请求得利人返还取得的利益，但是有下列情形之一的除外：（一）为履行道德义务进行的给付；（二）债务到期之前的清偿；（三）明知无给付义务而进行的债务清偿。"

除主给付义务和从给付义务外，就主给付义务而言，又可分为第一次给付义务（亦称为原给付义务）和第二次给付义务两种。原给付义务是双方约定的核心内容，但如果该义务因某种原因不能履行，则可以改为以其他方式履行，如损害赔偿、恢复原状之义务。第二次给付义务则是第一次给付义务的转化形式。

（二）附随义务

所谓附随义务，广义地讲是指将要缔结债的关系的人应按照诚实信用原则的约束向对方负诚信义务，狭义地讲是指在合同关系中依照诚实信用原则应向对方尽到的某些义务，如告知义务、协助义务、保护义务、保密义务等。这些义务也称为前契约义务，以及后契约义务。违反前契约义务可以引起缔约过失责任，但并不能作为违约来看待。《法国民法典》第1134、1135条和《德国民法典》第242条对此都进行了规定。

---

① 王泽鉴：《债之关系的结构分析》，见王泽鉴《民法学说与判例研究》（第4册），中国政法大学出版社1998年版，第99~100页。
② 《合同法》第一百三十五条 出卖人应当履行向买受人交付标的物或者交付提取标的物的单证，并转移标的物所有权的义务。
第一百三十六条 出卖人应当按照约定或者交易习惯向买受人交付提取标的物单证以外的有关单证和资料。

我国《合同法》对附随义务和缔约过失责任做了规定。①《民法典》延续了这一规定。这些规定都是附随义务的直接规定。附随义务可以由双方当事人明确在合同中约定，此时，附随义务可以作为约定义务看待，直接约束双方当事人。但附随义务的真正意义在于，即使双方没有规定，也必须依法承担这些义务。即，附随义务是法定义务。

（三）不真正义务

在债的义务群中最后一个义务类型是不真正义务。不真正义务也称为间接义务，本质上是负担性的，如减少损失的义务，或者可归责于己的过失。此类义务的不履行，仅使自己遭受不利益，而不得要求他人赔偿损失，也不产生请求权。

我国《合同法》对此进行了规定，《民法典》第五百九十一条延续了这一规定：

> 《合同法》第一百一十九条　当事人一方违约后，对方应当采取适当措施防止损失的扩大；没有采取适当措施致使损失扩大的，不得就扩大的损失要求赔偿。当事人因防止损失扩大而支出的合理费用，由违约方承担。

总之，民事义务是与民事权利相对应的一系列的负担，在债法上表现为给付义务。给付义务可以是约定的，如主给付义务；也有依照诚信原则和法律规定而产生的法定附随义务；还有的义务是专为减轻他人的责任而设定的，即不真正义务。无论是何种义务，其履行都是权利赖以实现的基础。

思考题：
请就债法上的义务群进行阐释。

---

① 《合同法》第四十二条　当事人在订立合同过程中有下列情形之一，给对方造成损失的，应当承担损害赔偿责任：
（一）假借订立合同，恶意进行磋商；
（二）故意隐瞒与订立合同有关的重要事实或者提供虚假情况；
（三）有其他违背诚实信用原则的行为。
第四十三条　当事人在订立合同过程中知悉的商业秘密，无论合同是否成立，不得泄露或者不正当地使用。泄露或者不正当地使用该商业秘密给对方造成损失的，应当承担损害赔偿责任。

第四节 民事责任

一、民事责任概说

民事责任是民事主体不履行义务的法律后果。比如，侵权责任是民事主体违反了不作为的消极义务而产生的责任，违约责任是民事主体不履行约定义务（债务）而产生的责任。责任与义务相关联，但义务是实体性的，责任却是程序性的，需要通过诉讼或其他程序来实现。在德国债法理论上，只有在第二次义务不履行的情况下，才产生债的责任，即通过诉权来实现债务。我国合同法上的违约责任是由不履行主给付义务开始的，即请求权遭到拒绝后便可以采取诉讼形式追究违约责任。

英美法采用救济理论，将民事责任制度作为救济法来看待。英国法学家布莱克斯通（William Blackstone，1723—1780）曾经说过，"在英国法上，每一种权利都应当有一项救济，每一项损害都应得到补偿"[①]。

具体来说，英美法上所提供的救济包括普通法上的救济，也包括衡平法上的救济。普通法上的救济主要是损害赔偿，衡平法上的救济则可以是强制履行，另外还有恢复原状、撤销或解除合同以及确认之诉等可以作为救济方式。由于英美法上一直遗留着程式诉讼的痕迹，因此，责任方式也与诉讼乃至诉讼方式有着直接的关联。

在大陆法系，特别是因循德国法的国家与地区，均采用潘德克顿的体系，即不同的权利对应不同的义务，而违反不同的义务才会导致不同的责任。但是，由于民法的制度基本上分为物权法和债法、家庭法几个部分，因此，民事责任也随之发生变化。基本上，权利—义务—义务的违反—责任，这个过程可以作为民事责任的基础公式。

我国《民法通则》采取了集中规定民事责任的方式，即第六章"民事责任"，其中第一百零六条规定了总则："公民、法人违反合同或者不履行其他义务的，应当承担民事责任。公民、法人由于过错侵害国家、集体的财产，侵害他人财产、人身的，应当承担民事责任。没有过错，但法律规定应当承担民事责任的，应当承担民事责任。"

在第一百零六条之后，《民法通则》分别规定了违约责任、侵权责任和责任方式等基本法律制度。此后，在《合同法》《物权法》《侵权责任法》《民法总则》和《民法典》中，民事责任都作为单独的一章加以规定。

---

① William Blackstone. Commentaries on the Law of England. Clarendon Press, 1765, p. 23.

二、民事责任的形态

民事责任是义务人违反义务的法律后果,因此,民事责任的形态应根据义务的特点和恢复权利的需要而定。如违约行为导致违约责任,可以采取多种责任形式;而违反附随义务则仅引起损害赔偿责任,并不引起其他后果。

我国《民法通则》设专节规定了承担民事责任的方式,即第一百三十四条:"承担民事责任的方式主要有:(一)停止侵害;(二)排除妨碍;(三)消除危险;(四)返还财产;(五)恢复原状;(六)修理、重作、更换;(七)赔偿损失;(八)支付违约金;(九)消除影响、恢复名誉;(十)赔礼道歉。以上承担民事责任的方式,可以单独适用,也可以合并适用。……"

《侵权责任法》选择了与《民法通则》相同的集中规定的办法,并罗列了承担责任的方式,即第十五条:"承担侵权责任的方式主要有:(一)停止侵害;(二)排除妨碍;(三)消除危险;(四)返还财产;(五)恢复原状;(六)赔偿损失;(七)赔礼道歉;(八)消除影响、恢复名誉。以上承担侵权责任的方式,可以单独适用,也可以合并适用。"

此外,《合同法》就违约责任也设单章规定,并列举了违约责任的形态,即第一百零七条:"当事人一方不履行合同义务或者履行合同义务不符合约定的,应当承担继续履行、采取补救措施或者赔偿损失等违约责任。"

《民法典》基本延续了上述规定。

应当说,我国民法上的民事责任方式相当丰富多样,法律规定也十分明确。而在实践中,正如不同的权利对应不同的义务一样,不同的权利恢复也需要通过不同的责任方式来进行。因此,违约责任有其特殊的方式,侵权责任也有其特殊的方式,应当一一对应。

在民事责任方式中,损害赔偿是最为重要的责任方式,德国甚至将这部分法律制度作为损害赔偿法单独对待。① 损害赔偿的目的,一是赔偿损失,二是恢复原状。所谓恢复原状,就物来说是弥补其财产价值至未受损害之前;就人来说就相对复杂一些,既包括财产损失的弥补和补偿,也包括精神损害的赔偿。对于损害赔偿的适用,法律应该尽可能地具体规定。另外,强制履行也是违约责任的重要的责任方式,但其条件是合同仍然可以履行。法律通常会规定哪些情况下可以强制履行。此外,停止侵害、排除妨碍、消除危险是就侵权责任而言的,特别是就妨碍相邻关系的行为而言,如施放有害气体、堆放障碍物阻碍通道等,就应该停止侵害、排除妨碍、消除危险。至于赔礼道歉,是以伦理方式恢复某些人格损害的,如对名誉权

---

① 参见〔德〕迪特尔·梅迪库斯《德国债法总论》,杜景林、卢谌译,法律出版社2004年版,第426页。

的侵害，就应进行赔礼道歉。赔礼道歉的方式可以在法庭上当庭以口头方式进行，也可以以其他方式进行。

三、民事责任的减免

责任是义务的延续，最终目的是为了维护权利的实现，但在某些情况下，权利人的损害并非由于义务人不履行义务而造成的，可能是来自不可控制的外力，也可能是由于受害人自身的原因。在这种情况下，本应产生的民事责任就将得到减轻或免除。一般来说，各国民法都规定了一些法定减轻或免除责任的条件。

在合同法上，当事人一般可以约定一些减轻或免除责任的条款，即免责条款。但是，免责条款的前提是不违反公平原则。实践中，一些故意规避应负责任的行为可能以隐蔽的方式做出，如以小字印在合同的背面或最下方，称为"小字条款"。当事人因为一时疏忽可能来不及细看，在发生违约时，对方就可能利用这些条款损害相对方的利益，正所谓"魔鬼隐藏在细节中"。为此，各国大多对合同中的不公平免责条款予以规制，如英国1977年《不公平合同条款法》《以色列标准合同法》等。

我国《合同法》也有类似的规定（或者见《民法典》第四百九十七条）：

> 《合同法》第四十条　格式条款具有本法第五十二条和第五十三条规定情形的，或者提供格式条款一方免除其责任、加重对方责任、排除对方主要权利的，该条款无效。

除约定免责条款外，还有一些法定免责或减轻责任的条款。法定减轻或免除责任的情况一是由于自己的原因（过错或未履行负担义务），二是由于不可抗力。在前者，如果侵权行为受害人对损失的造成亦有过失，称"与有过失"，受害人应分担责任，对方的责任就予以减轻。对于与有过失的判断，应按照法律规定的要件来决定。我国《侵权责任法》第二十六条规定："被侵权人对损害的发生也有过错的，可以减轻侵权人的责任。"第二十七条规定："损害是因受害人故意造成的，行为人不承担责任。"这两条在《民法典》第一千一百七十三条和一千一百七十四条得到了延续，但第一千一百七十三条的规定有所扩大："被侵权人对同一损害的发生或者扩大有过错的，可以减轻侵权人的责任。"

德国民法上对免责或减轻责任的条件也是有规定的，表现在《德国民法典》第254条："【共同过失】（1）被害人对损害的发生负有共同过失的，应根据情况，特别是根据损害在多大程度上是由当事人的一方或者另一方造成的，来确定赔偿义务和赔偿范围。（2）即使被害人的过失仅限于对债务人既不知也不可知的、有造成异常严重损害的危险怠于提醒债务人注意，或者怠于防止或者减少损害时，也同样适用前款规定。于此准用第278条的规定。"

从这一规定可以看出，在德国法上，债务人是要承担注意义务的，违反该义务即为过失，即第276条中规定的："疏于尽交易上必要的注意的人，即为有过失地实施行为。"相应地，第277条规定："只须对在自己的事务中通常所尽的注意承担责任的人，不免除因重大过失而发生的责任。"换言之，负有一般注意义务的人，仅在犯有重大过失的情况下才负责任。同时，该法还在第276条规定，"因故意而发生的责任，不得预先向债务人免除之"。

德国民法上的这一概括性规定系债法的一般条款，对合同之债和侵权之债都适用。这些规定在我国民法上亦有所体现。比如在合同法上，债务人已经尽了最大注意，仍不能避免一定量的水果在炎热夏季的运输途中腐烂，对此应免除责任。但是，如果是当事人没有尽到注意义务而导致水果在未加保鲜的情况下运输，则无论如何也不应免除责任。《合同法》第五十三条的规定可以适用于这种情况："合同中的下列免责条款无效：（一）造成对方人身伤害的；（二）因故意或者重大过失造成对方财产损失的。"《民法典》第五百零六条延续了这一规定。

关于依不可抗力减轻或免除责任的情况，必须证明对权利的损害是由不可控制的外力造成的。不可抗力的判断应依照法律的规定做出。我国《民法通则》第一百零七条规定，"因不可抗力不能履行合同或者造成他人损害的，不承担民事责任，法律另有规定的除外"。《民法典》延续了这一规定，即第五百九十条："当事人一方因不可抗力不能履行合同的，根据不可抗力的影响，部分或者全部免除责任，但是法律另有规定的除外。因不可抗力不能履行合同的，应当及时通知对方，以减轻可能给对方造成的损失，并应当在合理期限内提供证明。当事人迟延履行后发生不可抗力的，不免除其违约责任。"

所谓不可抗力，《民法通则》第一百五十三条的规定，"本法所称的'不可抗力'，是指不能预见、不能避免并不能克服的客观情况"。《民法典》第一百八十条延续了这一规定，即"因不可抗力不能履行民事义务的，不承担民事责任。法律另有规定的，依照其规定。不可抗力是不能预见、不能避免且不能克服的客观情况"。其中，自然现象如地震、洪水、海啸，社会现象如剧烈的政治动荡、大规模罢工等。近代民法一直奉行过错责任原则，即个人仅在自己有过错的情况下才应承担相应的责任。但是，如果错不在己，则不可苛求当事人承担责任。为此，法律上才规定了不可抗力免责条款。

不过，不可抗力作为自然现象出现时应该有一个界限，即将自然现象和自然灾害区别开来。比如，下雨是自然现象，但暴雨就是灾害天气，属于自然灾害，可能引起财产和人身的损害。另外，即便本身是自然灾害，但其严重程度是有限的，也不能作为不可抗力。如地震是灾害性自然现象，但一级地震和八级地震是有区别的，① 前者往往很难被人察觉并造成损害，后者才能作为不可抗力。

四、权利的自力救济

在权利遭遇危害时，权利人为防止自己的权利受到不法损害，往往会采取一些自力救济的措施，如正当防卫、紧急避险和自助行为，这些是民法上所允许的。但是，在进行这样的行为时，可能会对他人造成一些损害。为此，法律一般规定，由于该种损害的造成系出于合理的原因，因此成为"违法阻却事由"，② 当事人可以免于承担民事责任。

所谓正当防卫，是指行为人面对他人正在进行的不法侵害而进行的防卫行为。《民法典》第一百八十一条规定："因正当防卫造成损害的，不承担民事责任。正当防卫超过必要的限度，造成不应有的损害的，正当防卫人应当承担适当的民事责任。"防卫行为应当针对正在进行的不法侵害，不应在未发生之前，也不应在危险已经过去之时进行。同时，防卫行为必须是适当的，超出一定的限度仍应承担民事责任。

对于正当防卫，不能一概适用于任何一种类型的权利侵害，而仅适用于可以适时予以反击的那些侵权行为，如身体上的侵害、财物侵害，至于名誉侵害或不作为侵害，则往往无法通过正当防卫来预先免除损害。

紧急避险指的是权利人在自身权利受到威胁的情况下，选择以某种引起他人权益损害的行为逃避危险，免受其害。《民法典》第一百八十二条规定："因紧急避险造成损害的，由引起险情发生的人承担民事责任。危险由自然原因引起的，紧急避险人不承担民事责任，可以给予适当补偿。紧急避险采取措施不当或者超过必要的限度，造成不应有的损害的，紧急避险人应当承担适当的民事责任。"

紧急避险行为的判定应当持严格标准，即必须是在没有其他可采取的措施的情况下才可进行。造成他人的损害必须是适度的，即以较小的损失保护较大的利益。如为保护自己不被狼狗咬伤而夺取他人的雨伞击打狼狗，此处是以财产的较小损失保护生命权益不受侵害，可以构成紧急避险；又如在海运中遭遇台风，将少量舱面货物推入海中以保住大量舱内货物不受水渍亦为紧急避险。

紧急避险与正当防卫的区别在于，后者是对他人正在实施的侵权行为进行防

---

① 地震震级的标准参见全国地震标准化技术委员会《地震震级的规定：GB 17740—2017》，中国标准出版社 2017 年版。中国地震烈度的标准参见全国地震标准化技术委员会《中国地震烈度表：GB/T 17742—2020》，中国标准出版社 2020 年版。

② 参见王泽鉴《民法总则》，中国政法大学出版社 2001 年版，第 446～452 页。

卫,即通过适当的反侵害行为阻止他人继续实施侵权行为;而紧急避险则是在不得已的情况下以牺牲他人较小利益来保护自己正当利益不受损害。紧急避险所要规避的危险可能是侵权行为,也可能是其他非人为损害,包括野生动物袭击、不可抗力等。

在正当防卫和紧急避险之外,自助行为也是一种可以免于承担民事责任的行为。我国《民法典》没有规定自助行为,但我国台湾地区的有关规定中有相关内容:"为保护自己权利,对于他人之自由或财产施以拘束、押收或毁损者,称为自助行为。"

自助行为需要对他人做出一定损害方得以保全自己权益,但这种损害与正当防卫和紧急避险不同。自助行为与正当防卫的区别在于,自助行为不一定是在他人施以侵权行为的情况下才可以进行,只要是在自助人的权利有受到损害之虞的情况下——如违约行为,并且在采取可能的司法行为之前,都可以进行。自助行为与紧急避险的区别在于,自助行为是直接对损害自助人权益的人做出的,而紧急避险则是牵连第三人的行为,对该第三人免于承担责任。

自助行为的方法也与正当防卫和紧急避险有所不同。自助行为一般是通过限制侵害人的人身自由或扣留有关财物的方式进行的,为此,自助人必须在最快的时间内向法院提出诉求,否则无法证明其行为的正当性。

> 我国台湾地区的有关规定 (自助行为人之义务及责任)
> 依前条之规定,拘束他人自由或押收他人财产者,应即时向法院申请处理。前项申请被驳回或其申请迟延者,行为人应负损害赔偿之责。

思考题:
1. 分析民事责任的发生原理。
2. 分析民事责任的适用。

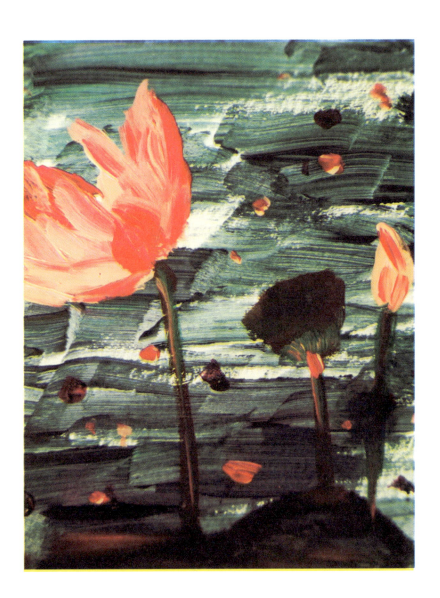

第三章　民事主体制度之一：自然人制度

民法上的主体制度建设首先就是关于自然人的制度建设。自然人是享有民事权利的人。自然人的主体制度，就是使每一个人都能够享有一切与其生物特性和社会特性相对应的能力，成为一个自主的人、法律上的人。

第一节　自然人的民事能力制度概说

现代民法是在近代民法的基础上发展起来的，法国大革命以后的民法是决定世界民法走向的最为关键的时期，尽管"对历史学家来说，它不够久远；而对于民法学家来说，它又过于久远"①。在这一时期，法国革命所取得的成果塑造了民法中最基本的概念和原则，"总的思想是要将个人从家庭的或经济的既定秩序中，从行业的或宗教的规制中解放出来。从民法中，我们可以看到著名的人权宣言所提出的政治原则的体现，因此共和国的口号只需稍加变动就可以被引用，即自由、平等和政教分离"②。正是在这样的理念基础上，现代自然人的民事能力制度建立起来了。

民事能力制度的意义在于赋予民事主体各种民事能力以从事民事法律活动、享有权利、承担义务和责任。法律关于自然人民事权利能力、行为能力以及责任能力的规定属于强行法，不允许当事人依自由意思予以排除或变更。

一、民事权利能力

概括地说，民事权利能力是指民事主体据以享受民事权利和承担民事义务的法

---

① [法] 雅克·盖斯旦、吉勒·古博：《法国民法总论》，陈鹏、张丽娟、石佳友等译，法律出版社2004年版，第92页。
② [法] 雅克·盖斯旦、吉勒·古博：《法国民法总论》，陈鹏、张丽娟、石佳友等译，法律出版社2004年版，第92～93页。

律资格。权利能力是一切民事法律关系得以发生的前提，是法律对于民事主体资格的预设。在古罗马，只有自由人才享有民事权利能力，具有完全的法律人格。在西欧封建社会，封建等级制限制了人们的权利能力，不同阶层、不同性别的人所处的法律地位和权利能力各不相同。只是在资产阶级革命后，基于人人平等而逐步建立了资本主义的经济政治制度，在法律上规定了自然人民事权利能力平等的原则，人们才都享有了法律上的人格，成为一个真正的、有尊严的人。第一个规定权利能力的西欧民法典是《奥地利民法典》，现代各国民法普遍赋予公民以平等的权利能力，从而使人们可以自由地从事各种民事活动。

在我国，自然人、法人和其他组织都依法享有民事权利能力。其中，自然人的民事权利能力始于出生、终于死亡，法人和其他组织的民事权利能力始于成立、终于解散。自然人的权利能力具有不被剥夺的性质，即使受刑事处分，被剥夺了政治权利终身，其一般的民事权利能力仍不受影响。

民事权利能力也可分为一般民事权利能力与特别民事权利能力。一般民事权利能力，指参加一般民事法律关系的法律资格；特别民事权利能力，指参加特定的民事法律关系所要求的法律资格。一般民事权利能力是法律对于一切民事主体平等地赋予的，不因年龄、性别、民族、国籍、信仰、文化程度及财产状况而有所不同；但是，对于某些特定的民事法律关系，法律则有特别的要求。例如，自然人有婚姻关系等人身关系主体上的权利能力，而法人和其他组织则不具有这种特别的民事权利能力。

不过，民事权利能力只是一种法律资格，享有这一资格并不等于能够实际行使某种民事权利。能否在实际上享有民事权利是由其他条件决定的。也就是说，要实现民事权利，除必须具备民事权利能力外，还必须具备具体实施民事法律行为的能力，即行为能力。

二、民事行为能力

所谓民事行为能力，是指民事主体据以独立参加民事法律关系，以自己的民事法律行为取得民事权利或承担民事义务的法律资格。也称为"意思能力"，指表意人理智地形成法律上的意思的能力。①

自然人要有民事行为能力，就必须具备正确识别和判断事物的能力，并能够正确表达自己的意愿，即有意思能力。意思能力是自然人行为能力的基础。从法律上讲，自然人具有意思能力，一方面，要达到一定的年龄，具备一定的认知能力和社会活动经验；另一方面，还要有正常的认知状态，能理智地进行民事活动。各国民

---

① 参见［德］迪特尔·梅迪库斯《德国民法总论》，邵建东译，法律出版社2001年版，第9页。

法均规定不同的主体，其行为能力是不同的。

根据我国自然人的具体情况，我国民法按照年龄段的不同和是否健康正常，对自然人的民事行为能力进行了分类。《民法通则》（第十一至十三条）规定的行为能力年龄段为10—18岁，《民法总则》与《民法典》的规定降低了无行为能力人的年龄，即从10岁降到8岁，年龄段为8—18岁。

依照《民法总则》与《民法典》的规定，未满8周岁的未成年人属于无行为能力人，不能独立实施民事法律行为；年满18周岁的成年人属于完全民事行为能力人，其所实施的民事法律行为，不能以欠缺行为能力而主张无效。但若能举证证明其实施该行为之际处于无意识状态，如醉酒或疾病发作从而影响正常的意思表示的，则可以以行为时无意思能力而主张该行为无效。另外还规定，8周岁以上的未成年人和不能完全辨认自己行为的成年人是限制民事行为能力人，只能进行与其年龄、智力或精神健康状况相适应的民事活动。其他民事活动，应由其法定代理人代理，或者征得其法定代理人的同意。

设立民事行为能力制度的意义有二，一是保护意思能力薄弱、社会经验欠缺的人，二是维护交易秩序。① 比如，基于对无民事行为能力或限制行为能力的未成年人的保护，民法要求其所实施的民事行为应征得其法定代理人的同意，以避免其由于意思能力不足或欠缺社会经验而遭受不利益。即便未成年人所实施的行为对其财产并无不利益，仍不允许其独立实施，因为这一方面会给未成年人的正常生活带来不便，另一方面也有碍对交易秩序的维护。因此，除未成年人纯获法律上利益的行为、日常生活所必须的法律行为等不需法定代理人的允许也可以独立进行的外，其他行为均应不实施或在代理人同意下实施。

三、民事责任能力

"法律上的能力，除权利能力及行为能力外，尚有所谓的责任能力，即因违反法律规定而应负责的能力，包括侵权能力及债务不履行的能力。"② 据此，民事责任能力，是指民事主体据以独立承担民事责任的法律地位或法律资格。

自然人的民事责任能力包括侵权责任能力和债务不履行的责任能力。在前者，任何人都应对自己的行为给他人所造成的损害承担侵权责任。但无民事责任能力的自然人，在其行为给他人造成损害时，应由其监护人承担民事责任；履行职务造成他人损害的，则由其雇用人或任用机关承担民事责任。在后者，由于债务的缔结必须要求当事人有意思能力，因此，责任能力也应以意思能力（行为能力）为基础。

---

① 参见江平《民法学》，中国政法大学1999年版，第93页。
② 王泽鉴：《民法总则》，北京大学出版社2009年版，第97页。

如果民事主体有相应的行为能力，就有责任能力；反之，就由其他人承担。

《民法总则》第八章规定了民事责任制度。其中，第一百七十六条规定，民事主体依照法律规定和当事人约定，履行民事义务，承担民事责任。《民法典》延续了这一规定。

思考题：
简述自然人行为能力与责任能力之间的关系。

第二节　自然人的权利能力

一、自然人权利能力的开始

自然人的权利能力自出生开始。我国《民法总则》第十三条规定，自然人从出生时起到死亡时止，具有民事权利能力，依法享有民事权利，承担民事义务。第十四条规定，自然人的民事权利能力一律平等。《民法典》延续了这些规定。

大陆法系国家均在其民法典中做了大致相同的规定。如《德国民法典》第1条规定，"人的权利能力始于出生的完成"；《瑞士民法典》第31条规定，"权利能力自出生开始，死亡结束"；《意大利民法典》第1条规定，"人的权利能力始于出生"；《日本民法典》规定，"私权的享有，始自出生"；等等。可见，自然人的民事权利能力始于出生，这是立法通例。

人的生命始于出生，但对于自然人的出生时间，学界大致有三种学说，即一部露出说、全部露出说和独立呼吸说。① 近代各国民法多采用全部露出说，而我国现行法律的规定以出生后有独立呼吸为起点，即，婴儿与母体完全分离而能独立呼吸保有生命者，即视其已出生。依照这一观点，当胎儿尚存于母体时只是母体的一部分，因而不能独立享有权利；当婴儿已经独立呼吸，与母亲完全分离，则应为独立的权利能力人，哪怕只存活了极短的一段时间。即使出生后随即死亡者，也要进行出生和死亡登记。

但是，生理学上的生命并不是始自出生，而是始自受孕，确切地说是受孕后一定时间（通常是3个月）。那么，在自然人尚未出生而处于胎儿状态时，其权利受到侵害应否及如何保护呢？对此，各国民法从保护胎儿的利益出发，采取了不同的立法例。

第一种立法例为总括性保护，即认为胎儿有权利能力，视其与自然人完全相

---

① 参见梁慧星《民法总论（第五版）》，法律出版社2017年版，第87页。

同。如《瑞士民法典》第31条规定："胎儿，只要其出生时尚生存，出生前即具有权利能力的条件。"

第二种立法例是在个别的情况下视胎儿为已出生者，并对其利益加以保护。如《法国民法典》第1923条在继承制度中规定："在继承开始时尚未出生，但已怀孕的胎儿，视为在继承开始前出生。"

第三种立法例是在不承认胎儿权利能力的前提下，考虑到胎儿出生后的利益，给予胎儿特殊的保护。我国民法初期即采用了这种方式。《继承法》第二十八条规定，"遗产分割时，应保留胎儿的应继承的份额。胎儿出生时是死体的，保留的份额按照法定继承办理"。但是《民法典》的规定有所不同，即第十六条："涉及遗产继承、接受赠与等胎儿利益保护的，胎儿视为具有民事权利能力。但是，胎儿娩出时为死体的，其民事权利能力自始不存在。"

二、死者的民事权利能力问题

自然人的民事权利能力始于出生、终于死亡。死亡是自然人民事权利能力消灭的唯一原因。自然人死亡后不再为民事权利义务的享有者和承担者，其权利能力也随之消灭。民法上所称的死亡包括生理（自然）死亡和宣告死亡。

生理死亡也称自然死亡，是指自然人生命的终结。宣告死亡又称推定死亡，是指通过法定程序确定失踪人死亡。死亡对民事主体资格的认定、权利义务关系的变更及继承关系是否发生均具有重要的意义。

由于宣告死亡实际上是使其发生如自然死亡同样的效果，因此，自然死亡是法律所关注的中心。

（一）自然死亡的确定

对于自然人的生理死亡标准，医学上有脉搏停止跳动说、心脏搏动停止说、呼吸停止说、脑死亡说等。在我国，一般是以呼吸和心跳均告停止为生理死亡时间，① 但在实践上也曾出现过脑死亡案例。② 我国2003年由卫生部制订的中国脑死亡判定标准（成人）（修订稿）中规定，脑死亡是包括脑干在内的全脑功能不可逆转的丧失，即死亡。我国临床诊断脑死亡的先决条件是昏迷原因明确，以及排除各种原因的可逆性昏迷。临床诊断脑死亡的标准是：①深昏迷；②脑干反射全部消失；③无自主呼吸（靠呼吸机维持，呼吸暂停试验阳性）。此后，我国于2009年制订的《脑死亡判定管理办法》《脑死亡判定标准》《脑死亡判定技术规范》等均

---

① 参见梁慧星《民法总论（第五版）》，法律出版社2017年版，第90页。
② 参见2003年4月14日《北京青年报》标题为《首例脑死亡遭遇非议》的报道。

采此等标准,从而使脑死亡正式纳入死亡判定行为。

自然人死亡的时间与出生的时间一样,都应进行记录。如果自然人在医院死亡,应以死亡证上记载的死亡时间为准,并记入户籍。如果案件当事人对死亡时间有争议的,应以人民法院调查后确定的死亡时间为准。涉及互有继承权的几个人在同一事件中死亡的,如果不能确定死亡先后时间的,应推定没有继承人的人先死;死亡人各自都有继承人的,如几个死亡人辈份不同,推定长辈先死;几个死亡人辈份相同的,推定同时死亡,彼此不发生继承,由他们各自的继承人分别继承。这样的推定是为了保护继承权实现。

与自然人死亡相对应的问题主要是身体及其器官处分行为。

(二) 死者遗体及器官的处分

自然人死亡后,其生前承载各种权利的身体变为遗体,对遗体的法律属性及权利定位,大致有以下三种见解:

(1) 身体所有权说。此说曾为日本学者的主张。他们认为,身体权本身就是公民对自己身体的所有权。公民所有的身体变为遗体,其所有权理应由其继承人继承,转而由其继承人所有。他人损害以及非法利用该遗体,即侵害了继承人的遗体所有权。《日本民法典》也曾在第897条规定,"遗骨为物,为所有权之目的,归继承人所有,然其所有权限于埋葬及祭祀之权能,不许放弃"。但是,最新日本民法已经没有这样的规定了。

(2) 身体延续利益说。持这种观点的学者认为,遗体作为丧失生命的人体物质形态,其本质在民法上表现为权利主体的延续利益。身体权的客体即身体利益不仅存在这种延续利益,而且还存在先期利益,这就是人在出生之前尚未取得身体权的权利主体资格之前,以胎儿的形式存在于母体之中时,对其胎儿的形体所享有的先于身体权的身体利益。先期身体利益、延续身体利益与身体权客体的本体利益在时间上先后相序、互相衔接,构成完整的身体利益。①

(3) 梅迪库斯认为,人的人格性并不是随着死亡立即消灭的,因此对于遗体的处分应当本着不损害其人格权的原则来进行,即死者家属对遗体不享有所有权,而只享有不同于所有权的死者照管权利 (及义务)。按他的观点,彻底丧失了人格性的木乃伊或骨骼才算是物。②

自然人于死亡后并不立即丧失人格性,因此,其遗体的处分必须本着不损害其人格尊严的一般原则来进行,特别是涉及器官捐赠和移植的,应当严格按照死者生前意愿或家属意愿来进行。至于古代之骨骸、木乃伊,依有效法律行为供医学解剖

---

① 参见杨立新《人身损害赔偿》,人民法院出版社1999年版,第271～274页。
② 参见[德]迪特尔·梅迪库斯《德国民法总论》,邵建东译,法律出版社2001年版,第876页。

之遗体，供学术用之标本（加工），因无违于善良风俗之观感，得为普通所有权之标的物。①

我国在器官移植方面的实践主要是以鼓励捐献为主，其中的原因是出于公序良俗的限制。2007年，国务院颁布实施《人体器官移植条例》，这是我国目前唯一的关于人体器官移植的法规，其中仍以器官捐献为原则，并以捐献人生前为完全民事行为能力人为准。

> 《人体器官移植条例》第八条　捐献人体器官的公民应当具有完全民事行为能力。公民捐献其人体器官应当有书面形式的捐献意愿，对已经表示捐献其人体器官的意愿，有权予以撤销。
>
> 公民生前表示不同意捐献其人体器官的，任何组织或者个人不得捐献、摘取该公民的人体器官；公民生前未表示不同意捐献其人体器官的，该公民死亡后，其配偶、成年子女、父母可以以书面形式共同表示同意捐献该公民人体器官的意愿。

除遗体处分权问题外，自然人死亡后是否丧失权利能力以及全部权利，不同国家的立法和学说、实务都有涉及。在德国民法上，死者是当然丧失财产权的，但并不因此丧失一切权利，"某些非财产权则可在特定情况下超越死亡，发生效力"②。我国司法实务上也曾涉及此类案件，最高人民法院于2020年发布的《民事侵权精神损害赔偿责任司法解释》中肯定了关于死者姓名、名誉、肖像、荣誉等人格权保护的问题，也肯定了对死者遗体的保护问题。

我国《民法典》在人格权一编中对死者人格权做了规定，即第九百九十四条："死者的姓名、肖像、名誉、荣誉、隐私、遗体等受到侵害的，其配偶、子女、父母有权依法请求行为人承担民事责任；死者没有配偶、子女且父母已经死亡的，其他近亲属有权依法请求行为人承担民事责任。"这一规定承认了死者也享有人格权。

思考题：
讨论关于胎儿与死者的权利能力问题。

---

① 参见史尚宽《继承法论》，荣泰印书馆股份有限公司1980年版，第143页。
② ［德］迪特尔·梅迪库斯：《德国民法总论》，邵建东译，法律出版社2001年版，第788页。

第三节 自然人的民事行为能力

民事主体从事民事活动应当具备行为能力,但有时自然人民事主体的行为能力是有欠缺的。《德国民法典》对自然人行为能力受到限制的情形进行了"类型化",即根据年龄和精神耗弱将民事能力分为完全民事行为能力人(18周岁以上精神正常)、无民事行为能力人(7周岁以下的自然人)和限制民事行为能力人(7到18岁之间的自然人)。①

我国民法也对民事行为能力进行了类型化,即按照不同年龄段和智力是否正常分为三类,包括完全民事行为能力、限制民事行为能力和无民事行为能力。

一、完全民事行为能力

完全民事行为能力,是指自然人通过自己的独立行为取得民事权利、承担民事义务和民事责任的能力。根据《民法总则》与《民法典》的规定,18周岁以上的公民是成年人,具有完全民事行为能力,可以独立进行民事活动,是完全民事行为能力人。

> 《民法总则》与《民法典》第十七条 十八周岁以上的自然人为成年人。不满十八周岁的自然人为未成年人。
> 第十八条 成年人为完全民事行为能力人,可以独立实施民事法律行为。十六周岁以上的未成年人,以自己的劳动收入为主要生活来源的,视为完全民事行为能力人。

我国确定自然人年满18周岁为完全民事行为能力人,主要是考虑其智力状况已经成熟,至于其经济状况则在所不问。年满18周岁的自然人,即使没有经济来源,只要智力正常,仍是完全民事行为能力人。

但是,16周岁以上不满18周岁的公民,以自己的劳动收入为主要生活来源的,并且能够维持当地的一般生活水平,为保护其法律上独立的人格,即可视为完全民事行为能力人。

这里所谓的劳动收入,是指按照劳动法从事体力或脑力劳动所应获得的报酬。

---

① 参见〔德〕迪特尔·梅迪库斯《德国民法总论》,邵建东译,法律出版社2001年版,第410~416页。

即，如果处于这一年龄段的人已参加社会劳动，有固定的或比较稳定的收入，并以其收入为主要生活来源，便可以认为他们具备了独立处理自己事务的能力，并视其为完全民事行为能力人。而所谓"维持当地群众一般生活水平"，是衡量 16—18 周岁这个年龄段的人是否具备完全民事行为能力的标准。如果其劳动收入低于当地群众一般生活水平，则仍不具备完全民事行为能力。

应当指出的是，赋予仍未成年的人以完全民事行为能力，其目的是为保护和鼓励未成年人从事民事行为以实现自己的民事权利，而不是鼓励未成年人从事与成年人一样的劳动。实际上，为保护未成年人在劳动中的权利，一般都会使未成年人享受全部或部分成年人的行为能力，如《意大利民法典》规定：

《意大利民法典》第 2 条　【成年，行为能力】
年满 18 岁为成年。成年后取得从事一切活动的能力。……特别法在有关提供自己劳动的章节中低于此年龄的规定除外。提供自己劳动的未成年人，具有行使劳动契约规定的权利和诉权的能力。

二、限制民事行为能力

限制民事行为能力，是指自然人只具有部分民事行为能力，其享有民事权利和承担民事义务的资格受到一定限制。

依照《民法总则》与《民法典》，8—18 周岁的未成年人为限制民事行为能力人。一般认为，8 周岁以上的未成年人已具备一定的智力水平，对事物有一定的认识和判断能力，因此，法律允许他们实施日常生活所必须的民事行为，进行某些获取法律上利益而不必负担义务的民事行为，享有以自己的行为取得的荣誉权、发明权、著作权等民事权利的能力。但是，这些未成年人的智力发育毕竟没有完全成熟，认识能力有局限，因此，法律有必要对他们的行为能力进行适当的限制，一些重要的或复杂的事情需要其法定代理人代理或征得法定代理人同意。

此外，不能完全辨认自己行为的成年人，并未完全丧失思维能力的，依法可以实施与其智力相适应的民事活动，还可以接受奖励、赠与，以及从事纯获利益的行为（《民法典》第二十二条）。[①] 但对于重大或复杂事务不宜由其本人独立实施的情况，应由其代理人代理，或者征得他的法定代理人同意才能实施。

---

① 在德国民法上，纯获利益的行为也需要相应的行为能力，即受领行为应由代理人完成。这符合关于物权作为积极权利的性质。参见［德］迪特尔·梅迪库斯《德国民法总论》，邵建东译，法律出版社 2001 年版，第 426～428 页。

在我国，对于有认知障碍的成年人，应以医疗鉴定部门的鉴定为证据并由法院宣告为限制行为能力人。一经利害关系人申请并得以宣告，即使其间短暂获得清醒认识，也不能单独进行民事行为。

另外还有些情况，如醉酒、服药昏迷等，如果导致成年人暂时失去判断能力，可以认定其行为因意思表示能力的欠缺而不生效力。当然，法院也可以依照职权直接宣告行为能力受到限制甚至无行为能力。①

三、无民事行为能力

无民事行为能力，是指自然人不具备以自己的行为参与民事法律关系取得民事权利和承担民事义务的资格。根据《民法总则》与《民法典》的规定，不满8周岁的未成年人是无民事行为能力人，由他的法定代理人代为从事民事活动；不能辨认自己行为的成年人是无民事行为能力人，由他的法定代理人代为从事民事活动。

未满8周岁的自然人尚未发育成熟，而在精神上和认知上存在严重障碍的成年人，对事物缺乏基本的认识和判断能力，也不应独立参加民事活动。为了维护其合法权益，他们的民事活动应由其法定代理人代理。

四、无民事行为能力和限制民事行为能力的宣告

因年龄而决定的无民事行为能力人和限制行为能力人是可以凭其身份证明即可确定的，但是，对于那些不能正确辨认自己行为的成年人，如果不加说明，一般人很难分辨。因此，国家为保护利害关系人而设立了行为能力宣告制度。有些国家曾设立禁治产制度（如德国），但在1992年因《照管法》的颁布而取消了，改为照管制度。

目前在我国，对成年人的限制民事行为能力和无民事行为能力采取宣告制度。

宣告自然人为无民事行为能力人或限制民事行为能力人应具备以下三个要件：①被宣告人须有认知障碍，有医学证明。②须经利害关系人申请，没有利害关系人申请，人民法院不得主动宣告。利害关系人主要是指成年人的配偶、父母、成年子女及其他亲属等。③须经人民法院宣告或认定。除人民法院外，任何组织和个人都无权宣告自然人为无民事行为能力人或限制民事行为能力人，只有人民法院有权依照法定程序做出宣告或认定。

自然人被宣告认定为无民事行为能力人或限制民事行为能力人后，如果其认知障碍排除，具有认识能力，可以根据其健康恢复状况，经本人或者利害关系人申

---

① 参见［德］迪特尔·梅迪库斯《德国民法总论》，邵建东译，法律出版社2001年版，第412～414页。

请，由人民法院宣告其为限制民事行为能力人或完全民事行为能力人。

对于利害关系人的申请顺序，应加以明确，以免引起利益冲突或滥用权利。如果能够采用亲属会议的形式，并参考被申请人的利益则为最佳选择。如不能，则应按日常生活联系和法律关系最近者予以确定。

五、自然人民事行为能力的终止

自然人的民事行为能力不是自出生便享有的，也未必仅因死亡而终止。民事行为能力的终止，是指其民事行为能力暂时或永久消灭。

可以引起自然人民事行为能力消灭的首先是死亡，其次是各种导致丧失民事行为能力的情形，如发生认知障碍而导致不能正确辨认自己的行为。如果是前一种情形，必须提出相应的死亡证明；如果是后一种情形，则应按照无民事行为能力或限制民事行为能力的宣告或具体判断来进行，在使其丧失行为能力的情形消失后，亦通过宣告而回复行为能力。（《民法典》第二十四条）

六、诉讼能力

传统的自然人民事能力制度包括权利能力和行为能力，但诉讼能力也是一项法律能力，亦可分为当事人能力和诉讼能力两者。其中，当事人能力"指得于民事诉讼为保护私权的请求权人及其相对人的能力"，诉讼能力则"指当事人能单独进行诉讼的能力"。[①] 这两项能力的宗旨不同，前者在于使民事主体享有参与诉讼的能力，后者则意在使民事主体独立行使诉讼权利。德国民法上将当事人能力等同于诉讼能力，并对应于权利能力，指"合法地成为民事诉讼的原告或被告的能力"[②]。一般有权利能力者均有当事人能力，无权利能力者如无权利能力社团（无限公司、两合公司）也有诉讼能力。

思考题：
分析我国自然人的行为能力制度。

---

① 参见王泽鉴《民法总则》，北京大学出版社 2009 年版，第 98 页。
② ［德］迪特尔·梅迪库斯《德国民法总论》，邵建东译，法律出版社 2001 年版，第 783 页。

第四节 监护制度

一、监护制度概说

监护制度是指对无民事行为能力人和限制民事行为能力人的人身、财产权益进行监督和保护的民事法律制度。各国民法上的相关制度有监护制度、保佐制度、亲权制度和禁治产制度等。罗马法上设有保佐制度，现代欧洲国家大都继承了这一制度，如德国民法曾设有监护、保佐和禁治产制度。但自1992年1月1日起，通过《关于修订监护法和保佐法的法律》（《照管法》），德国已将上述制度统一改为"照管"制度，由照管人代替了监护人。① 另外，就父母子女关系的特殊性，德国民法专设了一节，即对"婚生子女的亲权照顾权"加以规定。

我国台湾地区的有关规定参考德国民法传统，也曾设有禁治产制度，但已于2008年5月23日废除，改为监护制度。② 履行监督保护职责的人，称为监护人；被监督、保护的人，称为被监护人。

监护是一项为无民事行为能力人和限制民事行为能力人利益设定的一种人身和财产照管制度，本意在于保护无民事行为能力人和限制民事行为能力人的人身权和财产权，监护人行使"权利"仅限于为被监护人权利和利益而进行。因此，对于监护（权），宜认定为一种为他人利益的民事法律制度。同样，即便监护人在监护中必须履行某项"义务"，也不是为自己而履行，宜认定为"职责"，我国台湾地区的有关规定则称为"职务"。

> 我国台湾地区的有关规定　监护人于执行有关受监护人之生活、护养治疗及财产管理之职务时，应尊重受监护人之意思，并考量其身心状态与生活状态。

但是，监护关系一旦形成，相对于第三人而言，监护权人仍应享有受法律保护的监护权，不受第三人非法侵害。

我国《民法典》总则中设有监护制度，主要目的是对未成年人以及其他限制行为能力人、无行为能力人进行监督和保护。

---

① 参见［德］迪特尔·梅迪库斯《德国民法总论》，邵建东译，法律出版社2001年版，第412页。
② 参见王泽鉴《民法总则》，北京大学出版社2009年版，第100页。

二、监护的要件

我国民法上关于监护的要件通常有以下四项：①被监护人必须是无民事行为能力人和限制民事行为能力人；②监护人须具有监护能力，即不仅具有完全民事行为能力，还要有管教和保护被监护人的能力；③监护人与被监护人之间应当具有亲属或朋友关系；④监护人与被监护人之间依法产生的关系不得自行改变。

不过，在日常生活中常会发生一些例外的情况。比如，经监护人授权，由未成年人对其他未成年人或无行为能力人和限制行为能力人实施照管。这样的授权从伦理角度讲没有太大的疑问，但是，从监护制度设立的目的和监护职责的性质来看，未成年人不适宜于担任监护人，因其本身尚处于需要照管的状态，无法承受超出其能力的职责，否则将会对其造成不当影响。

三、监护的设立类型

（一）法定监护

法定监护是指监护人由法律直接规定而自动设立的监护，我国《民法典》所规定的法定监护即为自动设立。但在设有监护法院或监护法庭的国家或地区，如果对监护的设立需要经过法定形式，则应依照法律规定由监护法院或监护法庭授予。

根据《民法典》的规定，我国的法定监护包括对未成年人的法定监护和对成年人的法定监护。其中，对未成年人的监护以其父母为第一顺序监护人，对成年人的监护以其配偶为第一顺序监护人。但在实践中，未成年人，或者虽为成年人但属于未婚的，仍应由其父母担任第一顺序监护人。①

---

① 《民法典》第二十七条　父母是未成年子女的监护人。
未成年人的父母已经死亡或者没有监护能力的，由下列有监护能力的人按顺序担任监护人：
（一）祖父母、外祖父母；
（二）兄、姐；
（三）其他愿意担任监护人的个人或者组织，但是须经未成年人住所地的居民委员会、村民委员会或者民政部门同意。
第二十八条　无民事行为能力或者限制民事行为能力的成年人，由下列有监护能力的人按顺序担任监护人：
（一）配偶；
（二）父母、子女；
（三）其他近亲属；
（四）其他愿意担任监护人的个人或者组织，但是须经被监护人住所地的居民委员会、村民委员会或者民政部门同意。

(二) 指定监护

指定监护是指没有法定监护人或者对担任监护人有争议的，由有关部门或人民法院指定而设置的监护。根据《民法典》第三十一条的规定，"对监护人的确定有争议的，由被监护人住所地的居民委员会、村民委员会或者民政部门指定监护人，有关当事人对指定不服的，可以向人民法院申请指定监护人；有关当事人也可以直接向人民法院申请指定监护人。居民委员会、村民委员会、民政部门或者人民法院应当尊重被监护人的真实意愿，按照最有利于被监护人的原则在依法具有监护资格的人中指定监护人。依照本条第一款规定指定监护人前，被监护人的人身权利、财产权利以及其他合法权益处于无人保护状态的，由被监护人住所地的居民委员会、村民委员会、法律规定的有关组织或者民政部门担任临时监护人。监护人被指定后，不得擅自变更；擅自变更的，不免除被指定的监护人的责任"。

《民法典》第三十二条规定，没有依法具有监护资格的人的，监护人由民政部门担任，也可以由具备履行监护职责条件的被监护人住所地的居民委员会、村民委员会担任。

(三) 遗嘱监护

遗嘱监护是指父母用遗嘱方式为其子女指定监护人。我国《民法典》对遗嘱监护进行了规定，即第二十九条：被监护人的父母担任监护人的，可以通过遗嘱指定监护人。

设立遗嘱监护人应符合以下三个条件：①被遗嘱指定的人同意担任监护人；②该指定对被监护人并无不利；③抚养子女的一方，不得以遗嘱方式取消生父或生母对该子女的监护，但被遗嘱取消监护的人对被监护人有犯罪行为，或者无监护能力者除外。

(四) 协议监护

在我国现行民法上，协议监护有双重含义。

第一，是在有多个监护人的情况下通过协议由某一人来履行监护职责，这是在监护制度中运用意思自治的结果。《民法典》第三十条规定，"依法具有监护资格的人之间可以协议确定监护人。协议确定监护人应当尊重被监护人的真实意愿"。

第二，《民法典》第三十三条规定："具有完全民事行为能力的成年人，可以与其近亲属、其他愿意担任监护人的个人或者组织事先协商，以书面形式确定自己的监护人，在自己丧失或者部分丧失民事行为能力时，由该监护人履行监护职责。"这一规定实际上是成年人对未来可能发生的对自己进行监护的预授权。

四、监护人的职责

监护人的职责是为被监护人的利益着想,对其人身和财产进行照顾、教育、保管和管理。《民法典》第三十四条和第三十五条对监护人的职责进行了较为详细的规定。①

具体来说,监护人的职责可以细分如下:

(1) 担任被监护人的法定代理人,代理被监护人进行民事活动,实施民事法律行为。

(2) 保护被监护人的人身、财产及其他合法权益,除为被监护人利益外,不得处理被监护人的财产。

(3) 承担被监护人致人损害的侵权责任。监护人尽了监护责任的,可以适当减轻其民事责任,赔偿金从被监护人的财产中支出,不足部分由监护人赔偿。

(4) 监护人不履行监护职责或侵害被监护人的合法权益,给被监护人造成财产损失的,应负赔偿责任,人民法院可根据有关人员或单位的申请,撤销监护人的监护资格。②

---

① 《民法典》三十四条 监护人的职责是代理被监护人实施民事法律行为,保护被监护人的人身权利、财产权利以及其他合法权益等。

监护人依法履行监护职责产生的权利,受法律保护。

监护人不履行监护职责或者侵害被监护人合法权益的,应当承担法律责任。

因发生突发事件等紧急情况,监护人暂时无法履行监护职责,被监护人的生活处于无人照料状态的,被监护人住所地的居民委员会、村民委员会或者民政部门应当为被监护人安排必要的临时生活照料措施。

第三十五条 监护人应当按照最有利于被监护人的原则履行监护职责。监护人除为维护被监护人利益外,不得处分被监护人的财产。

未成年人的监护人履行监护职责,在作出与被监护人利益有关的决定时,应当根据被监护人的年龄和智力状况,尊重被监护人的真实意愿。

成年人的监护人履行监护职责,应当最大程度地尊重被监护人的真实意愿,保障并协助被监护人实施与其智力、精神健康状况相适应的民事法律行为。对被监护人有能力独立处理的事务,监护人不得干涉。

② 《民法典》第三十六条 监护人有下列情形之一的,人民法院根据有关个人或者组织的申请,撤销其监护人资格,安排必要的临时监护措施,并按照最有利于被监护人的原则依法指定监护人:

(一) 实施严重损害被监护人身心健康的行为;

(二) 怠于履行监护职责,或者无法履行监护职责且拒绝将监护职责部分或者全部委托给他人,导致被监护人处于危困状态;

(三) 实施严重侵害被监护人合法权益的其他行为。

本条规定的有关个人、组织包括:其他依法具有监护资格的人、居民委员会、村民委员会、学校、医疗机构、妇女联合会、残疾人联合会、未成年人保护组织、依法设立的老年人组织、民政部门等。

前款规定的个人和民政部门以外的组织未及时向人民法院申请撤销监护人资格的,民政部门应当向人民法院申请。

五、监护的变更和终止

监护的变更是根据一定的原因和事实变更监护人的,包括:①监护人死亡、丧失了民事行为能力或被宣告为限制民事行为能力人,此时需变更监护人;②监护人不履行职责,给被监护人造成损害的,或者借监护之机侵犯、侵吞被监护人财产的,经有关人员或单位申请,人民法院变更监护人;③监护人之间也可依法签订变更协议,更换监护人。

《民法典》第三十九条规定了监护的终止,① 依照这一条的规定,监护终止的原因应有如下情形:①被监护人获得完全民事行为能力。未成年人因成年而具有完全民事行为能力,有认知障碍的成年人因康复而恢复了民事行为能力,均可使为其设置的监护自然终止。②监护人或被监护人一方死亡。监护人或被监护人死亡(包括宣告死亡)的,监护关系终止。③监护人丧失了行为能力。④监护人辞去监护。监护人有正当理由,如患病、迁居、服兵役等,法律应允许其辞去监护。但监护人辞去监护应该经过有指定权的机关同意。未成年人的父母不得辞去对未成年人的监护。⑤监护人被撤销监护资格。监护人不履行监护职责或利用监护之便侵害被监护人合法权益的,经利害关系人申请,人民法院可以撤销监护人的监护资格,并由此终止监护关系。

思考题:
1. 阐述监护的种类。
2. 阐述监护人的职责。

第五节 宣告失踪和宣告死亡制度

一、宣告失踪

宣告失踪是指自然人离开自己的住所,下落不明达到法定期限,经利害关系人

---

① 《民法典》第三十九条 有下列情形之一的,监护关系终止:
(一)被监护人取得或者恢复完全民事行为能力;
(二)监护人丧失监护能力;
(三)被监护人或者监护人死亡;
(四)人民法院认定监护关系终止的其他情形。
监护关系终止后,被监护人仍然需要监护的,应当依法另行确定监护人。

申请，由人民法院宣告其为失踪人的法律制度。宣告失踪是对当事人下落不明的事实状态的法律确认，目的在于结束失踪人财产关系的不确定状态，设立财产代管制度，保护失踪人及其利害关系人的利益。

1. **宣告失踪的条件**

根据《民法总则》与《民法典》第四十条的规定，自然人下落不明满2年的，利害关系人可以向人民法院申请宣告该自然人为失踪人。第四十一条规定，自然人下落不明的时间从其失去音讯之日起计算。战争期间下落不明的，下落不明的时间自战争结束之日或者有关机关确定的下落不明之日起计算。

具体来说，宣告失踪应具备以下条件：

（1）自然人下落不明的事实。自然人下落不明的事实是宣告失踪的前提条件，包含两个方面：其一是指自然人离开自己的住所或居所了无音讯，其二是指这种无音讯状态持续时间满2年。下落不明的时间应从该自然人离开最后居住地后音讯消失之次日开始计算，战争期间下落不明则应从战争结束之日起计算，因为战乱期间处于非正常的状态，很难确定一个人的行踪，只能等待战后再确定。

住所是指自然人生活和进行民事活动的主要基地和中心场所，也是用以确定属人法的根据。在我国，公民以户籍所在地为住所，户籍所在地不明的，应以经常居住地为住所。自然人的经常居住地，一般是指他最后连续居住1年以上的地方。

《民法总则》与《民法典》第二十五条规定，自然人以户籍登记或者其他有效身份登记记载的居所为住所；经常居所与住所不一致的，经常居所视为住所。

（2）利害关系人的申请。必须有利害关系人向人民法院申请，才能启动宣告失踪的程序。所谓利害关系人，是指下落不明的自然人的近亲属或对该自然人负有监护责任的人，以及该自然人的债权人和债务人。这些利害关系人必须具有完全民事行为能力。有权申请自然人为失踪人的近亲属包括配偶、父母、子女、兄弟姐妹、祖父母、孙子女、外孙子女，若没有利害关系人的申请，人民法院不能主动宣告自然人为失踪人。利害关系人的申请没有顺序，任何人都可以提起，其目的在于终结财产关系的不确定状态。

（3）人民法院的受理和宣告。宣告失踪只能由人民法院做出判决，其他任何机关和个人无权做出宣告失踪的决定。人民法院接到宣告失踪的申请后，应对下落不明的自然人发出公告寻找，其公告期为3个月。公告期满后，该自然人仍未出现的，人民法院可以宣告其为失踪人。

2. **宣告失踪的效力**

自然人被宣告失踪的效力是对其财产的管理和财产义务的履行。由于失踪人民事主体资格仍然存在，因而不产生其财产所有权转移的法律后果，也不改变与其人身有关的民事法律关系，而只是由财产代管人代为管理和清偿。

根据《民法总则》与《民法典》第四十二至四十四条的规定，宣告失踪将产生如下法律后果：

（1）失踪人的财产代管。宣告失踪的主要目的之一就是为失踪人的财产设置管理制度。《民法典》第四十二条规定，"失踪人的财产由其配偶、成年子女、父母或者其他愿意担任财产代管人的人代管。代管有争议，没有前款规定的人，或者前款规定的人无代管能力的，由人民法院指定的人代管"。也就是说，失踪人的财产一般应由其配偶、父母、成年子女或者关系密切的其他亲属、朋友代管。代管有争议的，或者没有以上规定的人或者以上规定的人无能力代管的，人民法院应从有利于保护失踪人及其利害关系人的合法权益、有利于财产管理的角度出发，为失踪人指定财产代管人。

（2）财产代管人的责任。根据《民法典》第四十三条的规定："财产代管人应当妥善管理失踪人的财产，维护其财产权益。失踪人所欠税款、债务和应付的其他费用，由财产代管人从失踪人的财产中支付。财产代管人因故意或者重大过失造成失踪人财产损失的，应当承担赔偿责任。"也就是说，失踪人的财产代管人在管理失踪人的财产时，应妥善管理，代管人在保管、维护、收益时，应与管理自己的财产尽同样的注意。代管人不得利用和擅自处分失踪人的财产。如果由于代管人的故意或重大过失给失踪人的财产造成损失，失踪人的利害关系人可以向人民法院请求代管人承担民事责任。

财产代管人有权清偿失踪人的债务并追索其债权，从失踪人的财产中支付失踪人所欠税款、债务及其他应付费用，以及履行失踪人被宣告失踪前签订的合同等。代管人追索失踪人的债权所取得的财产，应为失踪人所有，由代管人管理。代管人为失踪人清偿债务应以失踪人全部财产为限，代管人管理失踪人财产所需的费用，可以从失踪人的财产中支付。

（3）财产代管人的变更与撤销。《民法典》第四十四条规定："财产代管人不履行代管职责、侵害失踪人财产权益或者丧失代管能力的，失踪人的利害关系人可以向人民法院申请变更财产代管人。财产代管人有正当理由的，可以向人民法院申请变更财产代管人。人民法院变更财产代管人的，变更后的财产代管人有权请求原财产代管人及时移交有关财产并报告财产代管情况。"也就是说，无论是财产代管人还是失踪人的利害关系人，在发生上述重大情形时，可以申请变更财产代管人。变更后，原财产代管人应向新任财产代管人移交有关财产并报告代管情况。

3. 失踪宣告的撤销

《民法总则》与《民法典》第四十五条规定，"失踪人重新出现，经本人或者利害关系人申请，人民法院应当撤销失踪宣告。失踪人重新出现，有权要求财产代管人及时移交有关财产并报告财产代管情况"。

换言之，失踪宣告可以经本人或利害关系人申请而予以撤销。一经撤销，代管人的代管权随之终止，代管人应将其代管的财产交还给被撤销失踪宣告的人，并将代管期间对其财产管理和处置的详细情况告知该人。

二、宣告死亡

宣告死亡是指自然人下落不明达到法定期限，经利害关系人申请，人民法院宣告其死亡的法律制度。宣告死亡又称推定死亡，与生理死亡对应。生理死亡是自然事实，宣告死亡是一种法律推定，即从自然人下落不明达到法定期限的事实，推定他死亡的事实。既然是一种推定，自然人是否死亡的事实处在不确定状态，被宣告死亡的自然人可能仍然生存。因此，当被宣告死亡的人重新出现时，死亡宣告就可以被撤销。

现代国家一般都有宣告失踪和宣告死亡的法律制度，我国《民法总则》与《民法典》也设立了宣告失踪和宣告死亡制度。宣告失踪与宣告死亡两种制度设置的目的不同。宣告失踪解决的是失踪人财产管理问题，宣告死亡旨在解决因失踪人生死不明而引起的民事法律关系的确定问题。

《民法总则》与《民法典》第四十六条规定，"自然人有下列情形之一的，利害关系人可以向人民法院申请宣告该自然人死亡：（一）下落不明满四年；（二）因意外事件，下落不明满二年。因意外事件下落不明，经有关机关证明该自然人不可能生存的，申请宣告死亡不受二年时间的限制"。

1. 宣告死亡的条件

宣告自然人死亡须具备以下四个条件：

（1）自然人失踪的事实。自然人下落不明达到法定期间，是宣告死亡的实质条件。自然人下落不明满4年，从自然人下落不明事实发生的次日起算；战争期间下落不明，从战争结束之日起算；意外事故，自然人下落不明期限满2年，从事故发生之日起算。凡符合上述条件者，利害关系人可向人民法院申请对自然人的死亡宣告。另据《民事诉讼法》第一百六十七条规定，因意外事故下落不明，经有关机关证明该自然人不可能生存，利害关系人申请宣告其死亡的，不受2年时限的限制。

（2）利害关系人的申请。申请宣告死亡的利害关系人的顺序是：①配偶；②父母、子女；③兄弟姐妹、祖父母、外祖父母、孙子女、外孙子女；④其他有民事权利义务关系的人。申请撤销死亡宣告不受上述顺序限制。只有利害关系人提出宣告死亡的申请，人民法院才能依法做出死亡宣告。同时，在先顺序的利害关系人不提出申请的，后一顺序的利害关系人亦不得申请。

另外，在同一顺序的申请人意见不一致时，即一个要求宣告死亡，另一个要求宣告失踪，应宣告死亡。《民法典》第四十七条规定："对同一自然人，有的利害关系人申请宣告死亡，有的利害关系人申请宣告失踪，符合本法规定的宣告死亡条件的，人民法院应当宣告死亡。"

（3）人民法院的受理和宣告。人民法院受理利害关系人的书面申请后，应随即发出寻找失踪人的公告，普通失踪的公告期为1年，因意外事故失踪的公告期为3个月。公告期满，人民法院应当根据宣告死亡的事实是否得以确认，做出宣告死亡的判决或者驳回申请的判决。宣告死亡的判决应确定被宣告死亡人的死亡日期，判决中未确定死亡日期的，以判决宣告之日为被宣告死亡人的死亡日期。

（4）宣告失踪不是宣告死亡的必经程序。自然人下落不明满4年，但利害关系人只申请宣告失踪的，人民法院只能做出失踪宣告，而不能做出死亡宣告。反之，利害关系人也可不经宣告失踪程序而直接进入宣告死亡程序。这样做的目的在于明确区分宣告失踪与宣告死亡，即二者的法律意义是完全不同的，并不仅仅是一个时间问题。

2. 宣告死亡的效力

宣告死亡的效力相当于以被宣告死亡人为中心的民事法律关系的终结，具体来说包括以下三项内容：

（1）被宣告死亡的自然人与其他人之间的各种民事法律关系归于消灭。从这个意义上讲，自然人被宣告死亡会产生与生理死亡同样的法律后果，即所有的人身和财产关系都归于消灭，主要包括被宣告死亡的自然人与其配偶间婚姻关系消灭，其继承人可继承遗产，债权人有权向其继承人请求清偿债务。

（2）有民事行为能力的自然人在被宣告死亡期间实施的民事法律行为有效。宣告死亡只是依法对失踪人死亡的推定，事实上该失踪人的生命不一定完结。《民法典》第四十九条规定："宣告死亡但是并未死亡的，不影响该自然人在被宣告死亡期间实施的民事法律行为的效力。"

（3）被宣告死亡的人，宣告判决中所记载的日期或宣告之日为其死亡的日期。被宣告死亡日期与自然死亡的时间不一致的，被宣告死亡引起的法律后果仍然有效，其中自然死亡前实施的民事法律行为与被宣告死亡引起的法律后果相抵触的，则以实施的民事法律行为为准。

3. 死亡宣告的撤销

失踪人被宣告死亡只是法律上的推定，依照《民法典》第五十条的规定，当被宣告死亡的人重新出现，或者有人确知其下落，经本人或者利害关系人申请，人民法院应当撤销对他的死亡宣告。

根据《民法典》第五十一至五十三条规定，被撤销死亡宣告的人有权请求依照继承法取得其财产的民事主体返还财产。无法返还的，应当给予适当补偿。利害关系人隐瞒真实情况，致使他人被宣告死亡而取得其财产的，除应当返还财产外，还应当对由此造成的损失承担赔偿责任。在撤销死亡宣告后，原物已被第三人合法取得的，第三人可不予返还，而代之以适当赔偿。撤销死亡宣告后，可以恢复的身份关系应恢复，不能恢复的应采取相应措施解除身份关系。

4. 死亡宣告被驳回后的再次申请

我国现行民法没有规定死亡宣告被驳回后再申请的问题。但在现实中，如果确有证据表明被申请人不可能死亡，则法院可以驳回申请。《意大利民法典》第59条规定，在死亡宣告申请被驳回后，2年内不得再行申请。

思考题：
比较宣告失踪与宣告死亡的法律效果。

第六节 自然人的人格权

自然人的人格权是一项重要的民事权利，各国民法均对人格权有相应的规定。人格权与宪法上的公民权不同，与国际法上的人权也不同。宪法规定的公民的各种基本权利，包括人身自由和人格尊严等权利；国际法上的人权是通过国际人权公约定义的。我国《民法典》将人格权作为单独的一编，明确规定了民事主体在私法的范围内享有各种人格权。①

一、人格权概说

人格权是人身权的下位概念。人身权是与财产权相对的一种民事权利。财产权以财产利益为内容，人身权则是自然人基于其人格或身份而依法享有的人格权和身份权的总称，是自然人的伦理人格在法律上的延伸和强化。人身权是一种消极权利，其相对人（所有其他人）均承担相应的消极义务，即不得侵犯人身的义务。

我国《民法通则》《民法总则》和《侵权责任法》中均规定了公民的基本人格权，包括自然人的生命权、健康权、姓名权、名誉权、肖像权、隐私权等。《民法典》在"民事权利"一章和"人格权"编均对人格权的保护进行了规定。同时，《民法典》第一千零一条规定："对自然人因婚姻家庭关系等产生的身份权利的保护，适用本法第一编、第五编和其他法律的相关规定；没有规定的，可以根据其性质参照适用本编人格权保护的有关规定。"

---

① 《民法总则》第一百零九条 自然人的人身自由、人格尊严受法律保护。
第一百一十条 自然人享有生命权、身体权、健康权、姓名权、肖像权、名誉权、荣誉权、隐私权、婚姻自主权等权利。
法人、非法人组织享有名称权、名誉权、荣誉权等权利。
《民法典》第四编。

从权利功能上讲，人格权是一种绝对权和消极权利，其权利目的是保持人格完整、不受侵犯，而不在于积极行使和处分人格利益。人格与生俱来，不需要通过法律行为取得。人格权的保护有公法的范畴，也有私法的范畴。虽然人身自由和人格尊严在宪法和国际法上备受重视，但是，在国内法上，人格权的保护主要是通过民法实现的。

二、自然人人身权的类型化理论

自然人的人身权有人格权与身份权之分，人格权有一般人格权和具体（特别）人格权之分，一般人格权是人格自由和尊严的抽象权利，具体人格权是以具体的人身对象或精神利益为客体的，如生命权、健康权、肖像权、名誉权、隐私权等。

（一）一般人格权与具体人格权

人格权，即民事主体基于法律人格而依法享有的、为保持其法律上独立人格所必需的权利。其特点在于，人人得而享有直至终身。所谓一般人格权，指人格自由和尊严，源于自然法人人得生而平等和自由的思想，经宪法化后，在民法上表现为某种概括性规定（表述为"人身权利"或"其他权益"）；而具体人格权，或特别人格权，是民法所保护的各种具体人格利益，是随着人们的认识逐渐具体化的一些权利。特别人格权在立法史上的形成过程是断续性的，并在持续增加，目前一般包括生命权、身体权、健康权、姓名权、肖像权、自由权、名誉权、隐私权等。

就一般人格权和具体人格权的法律适用问题，通常是在具体人格权有规定的条件下直接适用具体规定，而在法律未规定又需要提供保护的情况下适用一般人格权。德国民法将一般人格权称为"框架权"，即任何侵犯人格的行为，只有在框架权的指导下，通过利益权衡，才能认定是否存在侵权行为。①

关于一般人格权与具体人格权的起源存在着从具体到一般和从一般到具体两种看法。王泽鉴先生认为，我国台湾地区的有关规定中的具体人格权是由"一般人格权经具体化而形成各种特别人格权"，凡侵害具体人格权的，都侵害一般人格权。② 但在其他大陆法系如德国民法上，一般人格权是后发的。

（二）人格权与身份权

人格权是人关于自身的权利，人格的完整和人格尊严是人格权保护的最高宗

---

① 参见［德］迪特尔·梅迪库斯《德国民法总论》，邵建东译，法律出版社2001年版，第107页。
② 王泽鉴先生认为，具体人格权是由一般人格权具体化而得来的。参见王泽鉴《民法总则》，北京大学出版社2009年版，第107页。

旨。人格权与一般权利的不同之处在于，一般权利注重权利之力，如物权具有支配力，债权具有请求力，而人格权并不赋予权利人以支配自己的力量。相反，人格权保护的是不受他人侵犯的权利。[1]

身份权是人身权在身份关系领域的延伸，是民事主体基于某种特定身份而依法享有的一种民事权利。身份权有以下五个特点：

（1）身份权以一定身份关系为基础，因此，只能由处在特定身份关系中的自然人享有，如处在监护关系、婚姻家庭关系中的人。

（2）身份权具有专属性。由于身份权建立在伦理人格的基础之上，因此，特定的人享有特定的身份权，不可以通过违背善良风俗的方式让与，否则即有害于伦理。

（3）身份权具有差异性。虽然身份权是以人格权为前提的，但是，人格权是一种抽象伦理人格的普遍赋予，因此人人得而有之，人人平等。但是，每一个人在现实的社会关系中所处的具体身份地位是不同的，其身份关系也不能强求一致。所以，身份权必然体现出一定的差异性。

（4）身份权与人格权始终具有关联性，如果身份权被侵害，那么其中的人格权也必然被侵害，特别是人格尊严。因此，在身份权受侵害的情况下会引起精神损害赔偿。

（5）根据具体的身份关系的不同，可将身份权分为婚姻家庭法上的身份权和其他身份权。与家庭有关的身份权包括婚姻自主权、监护（亲子）权等。

（三）我国法律框架内的人身权类型

《民法典》第九百九十条规定："人格权是民事主体享有的生命权、身体权、健康权、姓名权、名称权、肖像权、名誉权、荣誉权、隐私权等权利。除前款规定的人格权外，自然人享有基于人身自由、人格尊严产生的其他人格权益。"第一千零一条规定："对自然人因婚姻家庭关系等产生的身份权利的保护，适用本法第一编、第五编和其他法律的相关规定；没有规定的，可以根据其性质参照适用本编人格权保护的有关规定。"

以下将分别就各种具体人格权进行阐述。

---

[1] 参见［德］卡尔·拉伦茨《德国民法通论》（上册），王晓晔、邵建东、程建英等译，法律出版社2003年版，第278页。

三、生命权

（一）生命权概说

生命是人之所以为人的基本伦理条件，而生命权则是法律对生命价值的一种直接肯定。美国《独立宣言》、法国《人权宣言》、联合国《世界人权宣言》乃至《欧洲人权公约》等都将人的生命作为天赋权利予以规定，而各国民法典也都将生命权作为最重要的人格权予以确认和保护。①

自然人的生命是人维持其生存的基本的物质活动的能力，是人的最高人格利益，具有至高无上的人格价值。生命具有不可替代性，生命一旦丧失，就不可逆转地消灭，没有任何办法予以挽回。因此，生命对社会具有根本性的价值，人的一切活动都是以生命的存在为前提的。

生命不仅是人最根本的价值，同时，每一个人的生命都具有同样的价值。正如康德所说，世界上"没有类似生命的东西，也不能在生命之间进行比较"②。为此，在法律上承认人的生命受到保护是民法的第一要义，是建立法律人格的前提。例如，《法国民法典》规定如下：

《法国民法典》第 16 条　法律确保人的至上地位，禁止对人之尊严的任何侵犯，并且保证每一个人自生命开始即受到尊重。

由上述规定可见，人格尊严建立在对生命的尊重的基础之上。

我国《民法典》对生命权也有相应的明确规定。

（二）生命权的内容

生命权是以自然人的生命安全利益为内容的一种人格权，与身体权和健康权有密切的关系。首先，生命必须依赖于人的身体而存在，因此，《法国民法典》将生命权规定在"尊重人的身体"一章中（第二章）；其次，生命与健康密切相关，任何一个生命体都有其客观的健康状况，他（她）有权利保障其身体健康不受威胁。一个健康的机体之于生命是十分重要的，它直接决定人的生命质量和生命内容。

我国民法上所确认的生命权的内容应包括三个方面。

---

①　《德国民法典》第 823 条、《日本民法典》第 711 条等都以侵权行为法的方式规定了侵害生命权应当承担损害赔偿责任。

②　［德］康德：《法的形而上学原理》，沈叔平译，商务印书馆 2005 年版，第 165 页。

1. 生命保有权

人的生命是自然人的最高人格利益。生命保有权的实质，是禁止非法剥夺他人的生命，从而使人的生命按照客观规律得以延续。换言之，法律保护人的生命不因受外来非法侵害而丧失，当生命遭到不法侵害时，生命权人可以采取正当防卫、紧急避险以及向司法机关提出保护请求等措施，保护自己，排除来自外界的对于生命的危害。

2. 风险负担

人格权是不可以随意处分的，尤其不可以随意抛弃。生命属于每一个人只有一次，应当珍惜。但在现实生活中，有一些具体情况值得仔细探讨。

比较突出的一种情况是自担风险的行为，对此，法律的处理则较为柔和。所谓自担风险的行为，即在某些特殊场合例如像赛车、拳击、登山、漂流等危险极大的竞技活动中，参与人需要以事先放弃自己的生命为代价，这种情况便称为自担风险的行为。现代人的生活日益紧张，体育活动和户外探险活动可以大大丰富人们的日常生活，并带来一定的满足感。因此，就人的个性发展来说，不能一概禁止自担风险的行为。

我国《民法典》第一千一百七十六条规定："自愿参加具有一定风险的文体活动，因其他参加者的行为受到损害的，受害人不得请求其他参加者承担侵权责任；但是，其他参加者对损害的发生有故意或者重大过失的除外。活动组织者的责任适用本法第一千一百九十八条至第一千二百零一条的规定。"

3. 生命权是一个整体，应以生命保有权为核心

人之所以为人，是因为人作为一个生命体而存在，缺少了这一存在，其他都无从谈起。但生命利益的利用和支配，应以维持生命的个体尊严和自由为终极目的。

（三）对生命权的保护

生命权是最根本的人格权，因此，侵犯生命权必须承担相应的民事责任，各国侵权法对此都有规定。不过，对于侵犯生命权的损害赔偿数额问题，各国的法律规定有所不同。

我国侵权法上规定的死亡赔偿金的项目包括医疗费、丧葬费和死亡赔偿金。同一侵权行为造成多人死亡的，均按相同数额赔偿。另外，侵害他人人身权益，造成他人严重精神损害的，被侵权人可以请求精神损害赔偿。《民法典》第一千一百七十九条和一千一百八十三条对此做出了规定。

四、健康权

(一) 健康权概说

健康权是指自然人以其肌体生理机能的健全、正常运作和功能完善发挥,并以维持人体生命活动为内容的人格权。根据《世界卫生组织宪章》的规定,"健康不仅是免于疾病和衰弱,而且是保持体格方面、精神方面和社会方面的完美状态"。因此,健康既包括体格健康,也包括精神健康。维护公民的健康是每一个国家都应有的法律内容。正如1978年国际初级卫生保健大会《阿拉木图宣言》所宣称的:"健康是基本人权,达到尽可能的健康水平,是世界范围内的一项重要的社会性目标。"可见,健康权既是自然人的基本人格权,也是文明社会共同认可的人权,是全世界共同利益之所在。

我国《民法通则》规定了公民有生命健康权,《侵权责任法》也明确规定了健康权,这是与世界上其他国家的立法相通的。《德国民法典》第823条明确列举了健康权为基本人格权。健康权与生命权息息相关,有生命便有健康。需要注意的是,这里的健康一方面是指生命体的事实健康状态;另一方面,每一个生命体都有权追求理想的健康状态,如强健体魄、愉悦精神,对此,他人不得任意干涉。

(二) 健康权的内容

从我国国情以及世界发展趋势出发,我国民法上所确认的健康权的内容应包括三个方面。

1. 健康保有和维护权

健康保有和维护权的首要内容是自然人保持自己健康的权利。这不仅是自然人维护自身生命,提高其生活质量,追求体格、精神的完美状态的需要,同时也具有极大的社会意义,对人类长期发展有着重大的促进作用。保持自己的健康就是通过各种社会活动和心理调适,使自己的身心健康状况保持在完好的状态。在生理、心理机能出现不正常时,有请求医治的权利,使健康状况得到恢复。

健康维护权的行使不受任何人的干涉和强制。当自然人的健康权受到不法侵害时,受害人可以请求其承担侵权责任。健康权是绝对权,权利主体以外的任何人,都是义务主体,负有不得侵害他人健康的法定消极义务。违反这一义务侵害他人健康权,致他人健康状况受到损害,受害人有权依法请求加害人承担相应的民事责任。

2. 健康利用权

健康利用权是指自然人有权利用自己的健康利益。但是,对健康的利用必须符合伦理的要求。

3. 风险负担

在某些有益于人生发展和为鼓励人们征服自然而进行的活动中,可以允许参加人为自己的健康承担风险。比如,在各项竞技体育活动中,以及某些探险活动中,组织者要求从事登山、拳击、赛车、漂流等危险性很大的运动项目的人员事前必须做出承诺,即当主办单位、运动场馆等负责安全设施的部门依法实施了一定保护措施后,运动员的健康受损,不追究他人的责任。这种承诺实际上就是风险负担。

(三) 对健康权的保护

如上所述,健康权包括两部分,一部分是维持身体机能完好的身体健康权,另一部分是保持良好精神状态的精神健康权。每个人都有权利保持自己现有的身体机能良好运转的权利,有权利通过体育活动和其他社会活动提高自己的身体素质,达到理想的健康状态。

民法既保护身体健康,也保护精神健康,这两种保护并不是截然分开的。当公民的人身权受到损害时,也可能导致精神损害,法律对二者都给予赔偿。

精神健康权是健康权的一部分,损害精神健康的直接结果是精神痛苦。《法国民法典》将精神健康权作为人格权来保护,并将精神痛苦列为人格权保护的国家义务第一项(此处国家义务的根据是《欧洲人权公约》第3条)。[1] 我国《民法典》明确规定了精神损害赔偿,即第一千零四条:"自然人享有健康权。自然人的身心健康受法律保护。任何组织或者个人不得侵害他人的健康权。"

精神损害赔偿是法律维护精神健康权的重要方式,因此,对于精神损害,必须定义其内容,并明确损害情形;至于赔偿方式,应以实际需要为准。对于精神损害的定义,应采取直接损害和间接损害相结合的方式来定义。如果不承认直接的精神损害,就是没有直接确认精神健康权的存在,因而间接的精神损害也就无从谈起。而对于精神痛苦,应能为科学所认识。至于精神痛苦的轻重程度,则以其持续时间及是否需要就医为准。同时,如果因精神损害而引起受害人其他人身损害的,应以生命抚慰金和赔偿金来进行赔偿。如果精神损害还造成了其他的损害或其他人的损害,则应以实际损害为准要求加害人进行赔偿。

---

[1] 参见《法国民法典》(上册),罗结珍译,法律出版社2005年版,第72页。

五、身体权

(一) 身体权概说

身体权也可称为身体完整权,是自然人维护其身体完整并支配其肢体和其他组织的人格权。它是自然人的基本人格权,《法国民法典》第二章的标题明列为"尊重人之身体"(1994年7月29日第94-653号法律),充分说明人的身体具有重要的精神价值,而绝不仅仅是物质存在。

身体权的客体是自然人的身体。身体是人格的物质基础,但人的身体并不能等同于一般的物,它具有强烈的人格性特征。因此,身体权与所有权本质上是不同的。所有权支配的物通常指无生命的有体物,而身体权支配的则是有生命的肉体。由于人的身体所拥有的人格要素,身体权人不能像所有权人那样随心所欲地支配和处分自己的身体,而必须符合人格特征的要求,具有伦理性。

身体权与人格尊严密切相关。对身体权的侵犯可能并不会造成生命或健康的损害,但却可能会造成对人格尊严的损害。我国传统民法理论与实务一般不承认身体权为独立的人格权,而是将其置于生命权或健康权之中。事实上,对身体权的侵害有时的确可以通过保护生命权、健康权来救济。例如,对于侵害身体权的行为,如果造成了伤害后果,可以依照侵害健康权的行为处理;如果造成死亡后果,可以依照侵害生命权的行为处理。但是,对身体权的侵害并不当然侵害生命权和身体健康权。因此,我国《民法总则》与《民法典》明确规定了身体权。

法国民法上已经产生了一系列关于身体权的判例,将对人的任何身体伤害、接触、强制等都作为侵权行为来处理。① 此外,《德国民法典》在第823条中规定了身体权;《意大利民法典》第2045条关于紧急避险的定义是指"当损害是为保护自己或他人的人身免遭正在发生的严重危险而必须实施的行为所造成"时,可以推定为身体属于人身的范畴,应受法律保护;《日本民法典》第710条规定,"非财产损害的赔偿,不问是侵害他人身体、自由或名誉情形,还是侵害他人财产情形,依前条规定应负赔偿责任者,对财产以外的损害,亦应赔偿",明确承认了身体权受民法保护。总之,各国民法在有关人身权或侵权法的规定中大多直接或间接地承认了身体权,说明身体权作为人身权的一部分是一种共识。

(二) 身体权的内容

有关身体权的保护应包括三个方面。

---

① 参见《法国民法典》(上册),罗结珍译,法律出版社2005年版,第71~73页。

1. **身体完整保持权**

身体权以自然人的身体为客体，身体是自然人享有法律人格的物质基础。生命的物质载体是身体，离开了身体，生命就不存在，自然人的任何权利就无从谈起。因此，在身体权的权利内容中，最重要的就是保持其身体的自然完整性，任何破坏自然人身体完整性的行为，都构成对自然人身体权的侵害，权利主体有权获得法律保护。

身体完整与人格尊严和人身自由有着密切的联系。首先，身体完整是指其自然状态，同时也是指一种事实状态。任何人都必须尊重身体权人的身体状况，而不得以侮辱人格的形式侮辱他人的身体。其次，人的身体完整并不是指身体的理想状态，每一个人都有权追求身体的理想状态，但对身体权的保护仍应以身体的现状为基础，即每一个人的身体状况及其维持和保护都是当事人的自由，他人的干涉会侵害身体自由。

2. **医疗同意权**

身体完整保持权所产生的附带权利是同意权，即在医疗过程中对诊疗行为的同意权。《法国民法典》第16-3条明确规定，"损害人之身体的完整性，仅以对人有医疗（1999年7月26日第99-641号法律第70条）之必要的情形为限。损害人之身体的完整性，除因当事人健康状况，有进行手术治疗之必要并且本人不能表示同意意见之情形外，均应事先征得当事人本人的同意"。

我国医疗实践中普遍采用了医疗知情同意书制度。最早规定医疗知情权的行政法规为《医疗机构管理条例》（1994年）。该条例第三十三条规定，"医疗机构施行手术、特殊检查或者特殊治疗时，必须征得患者同意，并应当取得其家属或者关系人同意并签字；无法取得患者意见时，应当取得家属或者关系人同意并签字；无法取得患者意见又无家属或者关系人在场，或者遇到其他特殊情况时，经治医师应当提出医疗处置方案，在取得医疗机构负责人或者被授权负责人员的批准后实施"。

我国《侵权责任法》首次以民法特别法的形式规定了医疗知情同意权，该法第五十五条规定："医务人员在诊疗活动中应当向患者说明病情和医疗措施。需要实施手术、特殊检查、特殊治疗的，医务人员应当及时向患者说明医疗风险、替代医疗方案等情况，并取得其书面同意；不宜向患者说明的，应当向患者的近亲属说明，并取得其书面同意。医务人员未尽到前款义务，造成患者损害的，医疗机构应当承担赔偿责任。"《民法典》第一千二百一十九条做了同样规定。《侵权责任法》第五十六条还做了反向规定："因抢救生命垂危的患者等紧急情况，不能取得患者或者其近亲属意见的，经医疗机构负责人或者授权的负责人批准，可以立即实施相应的医疗措施。"这两条法律规定填补了我国民法上知情同意权的法律规制的空白。医务人员在诊疗活动中应当向患者说明病情和医疗措施。需要实施手术、特殊检查、特殊治疗的，医务人员应当及时向患者具体说明医疗风险、替代医疗方案等情况，并取得其明确同意；不能或者不宜向患者说明的，应当向患者的近亲属说明，并取得其明确同意。

3. 对自己身体组成部分的肢体、器官和其他组织的保有权

自然人的身体的完整性不得破坏，同时，其身体的各组成部分也不得被损害。随着科学技术和现代法律伦理的发展，允许自然人出于救助的目的将自己身体组成部分的血液、皮肤甚至个别器官移植给他人。这种移植似乎体现了自然人对其身体组成部分的处分权。但是，这种处分不同于物权中的处分权，不是绝对权，而必须符合法律规定的形式和公序良俗原则，通常不要求对价。

《法国民法典》将身体处分权作为医疗同意权加以规定。我国《民法典》第一千零六条至一千零九条规定了某些特殊医疗卫生行为（即涉及捐献人体组织和药品实验等行为）必须获取医疗行为接受者同意。根据我国现有器官移植法律的规定，即《人体器官移植条例》（2007年），无论是血液还是其他器官的移植都只能以捐赠为基础，而不能进行买卖。这表明，法律对于自然人的身体权是极其尊重的。如果有人违背自然人的意愿，强行索取，强行使用其身体组成部分，则构成对他人身体权的侵害。①

（三）死者的身体

人是一种物质存在，因此，人的身体在死后并不会立即消灭，而是会留存一段时间。但此时死者的权利能力已经消灭，不能够保持和处分自己的身体，于是，死者的身体如何管领就发生了疑问。另外，对于葬于墓地中的遗体应如何对待也是一个重要的问题。法国民法是将医院作为照管人的，即在住院病人死亡后，医院有照管其遗体的义务；另外，对于从墓地中挖掘出来的任何人之身体的一部分，都应当给予保护。人死之后提取其遗传材料供研究之用的，应依照有关特别法的规定特殊处理。②

我国《民法典》第九百九十四条规定：“死者的姓名、肖像、名誉、荣誉、隐

---

① 《人体器官移植条例》第七条 人体器官捐献应当遵循自愿、无偿的原则。
公民享有捐献或者不捐献其人体器官的权利；任何组织或者个人不得强迫、欺骗或者利诱他人捐献人体器官。
第八条 捐献人体器官的公民应当具有完全民事行为能力。公民捐献其人体器官应当有书面形式的捐献意愿，对已经表示捐献其人体器官的意愿，有权予以撤销。
公民生前表示不同意捐献其人体器官的，任何组织或者个人不得捐献、摘取该公民的人体器官；公民生前未表示不同意捐献其人体器官的，该公民死亡后，其配偶、成年子女、父母可以以书面形式共同表示同意捐献该公民人体器官的意愿。
第九条 任何组织或者个人不得摘取未满18周岁公民的活体器官用于移植。
② 参见《法国民法典》（上册），罗结珍译，法律出版社2005年版，第71页。

私、遗体等受到侵害的,其配偶、子女、父母有权依法请求行为人承担民事责任;死者没有配偶、子女且父母已经死亡的,其他近亲属有权依法请求行为人承担民事责任。"

六、姓名权

(一) 姓名权概说

姓名权是自然人决定、使用和依照规定改变自己姓名的权利。在德国民法上,最早、最完整、最明确的人格权就是姓名权。①

《德国民法典》第12条 【姓名权】
有权使用某一姓名的人,因另一方争夺该姓名的使用权,或者因无权使用同一姓名的人使用此姓名,以致其利益受到损害的,可以要求消除此侵害。如果有继续受到侵害之虞时,权利人可以提起停止侵害之诉。

德国民法对姓名权的特别保护在于其姓名制度发源较晚。同样的,在日本,人们普遍拥有现代意义上的姓名是100多年以前才发生的事,即在明治维新时期。1870年(明治三年),为了征兵、征税、制作户籍等的需要,明治天皇颁布了《平民苗字容许令》,容许包括以前不准拥有姓氏的平民在内的所有日本人拥有姓氏。但已习惯有名无姓的日本平民对此并不热心。因此,明治天皇于1875年(明治八年)又颁布了《平民苗字必称令》,规定所有日本人必须使用姓氏。随着日本的姓氏数量的增长,1898年,日本政府又制定了户籍法,每户的姓氏才固定下来。《日本民法》第750、767、790、791、810、816条规定了姓名的使用权,但是对姓名权的内容并没有加以详细规定。

与德国和日本对待姓氏的历史不同的是,中国从很早就开始强调姓名特别是姓氏对人的重要意义。据史料记载,从周朝起,姓氏和名字已经纳入礼法,形成了制度。姓名在中国早期有着明确家族传承、确立宗法体制的作用,其身份意义大于人格意义。

我国《民法通则》第九十九条规定了公民的姓名权,即"公民享有姓名权,有权决定、使用和依照规定改变自己的姓名,禁止他人干涉、盗用、假冒"。《民法总则》第一百一十条列举规定了各种人身权,其中包括姓名权。《民法典》第一

---

① 参见〔德〕卡尔·拉伦茨《德国民法通论》(上册),王晓晔、邵建东、程建英等译,法律出版社2003年版,第166页。

千零一十二条规定："自然人享有姓名权,有权依法决定、使用、变更或者许可他人使用自己的姓名,但是不得违背公序良俗。"

与其他国家的民法相比较,我国民法对姓名权的保护遵循着男女平等原则,这在《婚姻法》中有明确体现,即第十四条:"夫妻双方都有各用自己姓名的权利。"第二十二条:"子女可以随父姓,可以随母姓。"这两项规定使人格平等在姓名权的法制中得到了充分的贯彻和体现。《民法典》延续了这一规定,并加以扩展。

《民法典》第一千零一十五条规定:"自然人应当随父姓或者母姓,但是有下列情形之一的,可以在父姓和母姓之外选取姓氏:(一)选取其他直系长辈血亲的姓氏;(二)因由法定扶养人以外的人扶养而选取扶养人姓氏;(三)有不违背公序良俗的其他正当理由。少数民族自然人的姓氏可以遵从本民族的文化传统和风俗习惯。"

尽管姓名的发展在各国历史上有过不同的发展轨迹,并满足不同国情和历史的需要,但在当代现实生活中,姓名的作用主要在于区别彼此,使免于混淆,并使人人拥有各自独立的主体地位和人格尊严。

(二)姓名权的内容

我国姓名权保护的内容应包括四个方面。

1. 姓名决定权

姓名决定权又称命名权,是指自然人决定自己姓名的权利。为自己命名,是自然人享有的基本人格权利。人不仅有权决定随父姓、母姓或采用他姓,有权决定自己的名字,而且还可以决定自己的别名、艺名、笔名、化名、字、号等,并在相关的环境中使用。随着网络的普及,人们在网络上活动时还有网名,也应在这样的虚拟空间得到尊重和保护。《民法典》第一千零一十七条规定:"具有一定社会知名度,被他人使用足以造成公众混淆的笔名、艺名、网名、译名、字号、姓名和名称的简称等,参照适用姓名权和名称权保护的有关规定。"

2. 姓名使用权

自然人使用自己姓名或不使用自己姓名均不受他人非法干涉。自然人对自己的姓名享有专用权,任何人无权加以阻止。同时,自然人也有权要求他人正确使用自己的姓名。自然人使用姓名的权利也有一定的限制,凡具有法律意义的证件、契据、文件及向司法机关作证等场合,必须使用自己的正式姓名。

3. 姓名变更权

自然人依法可以改变自己的姓名。自然人无论出于何种原因而改变姓名,只要是在法律允许的范围内,就应当允许。但是,由于自然人是社会生活的主体,他可能是众多的法律关系中的当事人,姓名的改变,不仅关系到该自然人本人的利益,也关系到他人或社会的利益。因此,自然人变更姓名时,应遵守法律的相关规定。

例如,《户口登记条例》第十八条规定:未满18周岁的公民要由本人或者父母、收养人向户口登记机关申请变更登记,18周岁以上的公民要由本人向户口登记相关申请变更登记。

我国《民法典》第一千零一十六条规定:"自然人决定、变更姓名,或者法人、非法人组织决定、变更、转让名称的,应当依法向有关机关办理登记手续,但是法律另有规定的除外。民事主体变更姓名、名称的,变更前实施的民事法律行为对其具有法律约束力。"

4. 姓名的商业利用权

自然人的姓名如果具有某种特殊的价值,如某些公众人物或知名演艺人员,由于其名字为大众所知悉,可以利用自己的姓名从事商业活动,如注册商标,拍摄冠名广告等。但是,一旦进入商业化利用的渠道,就必须同时遵守其他有关法律法规的要求。

国际知识产权组织(WIPO)于1993年11月的一份报告中承认了虚构人物的姓名和形象的商品化权的存在。但是,这样的商品化权究竟是人格权还是虚拟财产权,值得讨论。

姓名与人类生活息息相关,与个人人格独立、人格尊严密切相关,因此,法律必须对此进行全面的规制,并在姓名权受侵害时提供应有的保护。侵害姓名权的形态包括干涉他人的姓名决定权,盗用或冒用他人姓名、非法利用他人的姓名谋取不正当利益等,对于这些侵权行为,应要求其停止侵害、消除影响,并进行损害赔偿。

七、肖像权

(一)肖像权概说

肖像权是自然人对自己的肖像享有利益并排斥他人干涉的权利。肖像是自然人通过摄影、绘画、雕刻、雕塑、录像、数字技术等造型艺术对其肖像在客观上的再现,它反映肖像者的真实形象和特征。作为自然人身体容貌的有形识别标志,肖像权直接关系到自然人的人格尊严及其形象的社会评价。因此,肖像权保护的客体就是肖像上所体现的人格利益。

各国民法上关于肖像权的法律规定各不相同,其中,法国、德国、日本等国并没有在民法典中直接规定肖像权,但是,《意大利民法典》在第10条明确规定了肖像权,即"如果自然人本人或其父母、配偶、子女的肖像未被按照法律规定的方式陈列或发表,或者肖像的陈列或发表对该人或其亲属的名誉构成了损害,则司法机关可以根据利害关系人的请求做出停止侵害的决定。当事人请求赔偿的权利不受影响"。这一规定说明，意大利对肖像权的保护是分为两个层次的，第一个层次是自然人的肖像必须按照法定方式发表，第二个层次是这种发表不得损害自然人的名誉。对于前者，当事人可以请求赔偿；对于后者，则可以同时请求停止侵害。

我国关于肖像权的保护在《民法通则》《民法总则》和《侵权责任法》中都有体现，其中《民法通则》第一百条规定，"公民享有肖像权，未经本人同意，不得以营利为目的使用公民的肖像"。这一规定明确了公民的肖像必须在本人同意的情况下才能为营利性目的而使用，但为公益或其他目的（如新闻或知情权）的可以不经本人同意。同时，《民法通则意见（修改稿）》第159条规定，"以侮辱或者恶意丑化的形式使用他人肖像的，可以认定为侵犯名誉权的行为"。此条规定将肖像的使用与公民的名誉权联系起来，是十分必要的。《民法总则》和《侵权责任法》均对肖像权进行了列举性规定。

我国《民法典》对肖像权的保护是在人格权编中单设一章，共计5条。依照其中的规定，自然人有权依法制作、使用、公开或者许可他人使用自己的肖像，任何人或者组织不得丑化、伪造、污损他人的肖像，不得未经肖像权人同意便制作、使用、公开肖像权人的肖像。但是，有些情况下可以合理制作和使用、公开肖像权人的肖像，此即第一千零二十条的规定：

> 合理实施下列行为的，可以不经肖像权人同意：
> （一）为个人学习、艺术欣赏、课堂教学或者科学研究，在必要范围内使用肖像权人已经公开的肖像；
> （二）为实施新闻报道，不可避免地制作、使用、公开肖像权人的肖像；
> （三）为依法履行职责，国家机关在必要范围内制作、使用、公开肖像权人的肖像；
> （四）为展示特定公共环境，不可避免地制作、使用、公开肖像权人的肖像；
> （五）为维护公共利益或者肖像权人合法权益，制作、使用、公开肖像权人的肖像的其他行为。

（二）肖像权的内容

肖像权保护的内容包括四个方面。

1. 肖像制作和保有权

肖像的制作，是指借助一定的造型艺术和技术手段将人的形象表现出来，并固定在某种物质载体上。肖像制作权就是自然人决定是否制作，以及以何种手段制作自己肖像的权利，也即同意权。肖像权人可以自己制作肖像（如自拍、自画），也可以委托他人制作肖像。他人为肖像权人制作肖像可以取得著作权，但不能取得肖像权。未经肖像权人的同意，他人不得擅自制作肖像。但是，某些具有特定身份的公民，在特定场合下，为公共利益的需要，其肖像制作同意权受到限制，如政治人物在公开的政治活动中，不得拒绝拍照或其他肖像制作行为，而在一些具有历史意义的活动中，参加人也不得拒绝肖像制作。[①]

肖像权并不随着自然人的死亡而消灭，即便是在肖像人死亡后，其肖像权也应予以保留，并由其亲属行使。德国《艺术家和摄影家作品著作权法》规定，摄影作品中的肖像权在死者死后10年内归其家属。[②] 我国民法并未做这样的规定。

2. 肖像使用权

自然人对自己的肖像有权决定是否使用、如何使用、由何人使用、为何使用等问题。未经肖像权人同意，其他人或组织不得使用其肖像。在艺术活动中使用他人肖像须经过肖像权人同意，涉及艺术保护等关乎社会公益的情况除外。对于新闻事件的纪实性创作，应注意公益与私权保护的界限。

3. 维护肖像完整权

肖像权人有权禁止他人非法毁损、恶意玷污或歪曲丑化自己的肖像。维护肖像完整权的要求是真实，即符合本人的真实状态，不允许他人在已经制作完成的肖像上进行玷污或任意修改、歪曲，否则即可作为侵犯肖像权而要求其承担相关的侵权责任。

4. 肖像的商品化权

肖像是一种特别容易商品化的人格特征，法律一般允许肖像权人利用自己的肖像通过商品化的方式获取利益。但是，肖像权的商品化利用一般通过合同进行，因此，应适用合同法的有关规定。《民法典》对肖像许可使用合同做了两条特别规定，即第一千零二十一条："当事人对肖像许可使用合同中关于肖像使用条款的理解有争议的，应当作出有利于肖像权人的解释。"第一千零二十二条："当事人对肖像许可使用期限没有约定或者约定不明确的，任何一方当事人可以随时解除肖像许可使用合同，但是应当在合理期限之前通知对方。当事人对肖像许可使用期限有明确约定，肖像权人有正当理由的，可以解除肖像许可使用合同，但是应当在合理期限之前通知对方。因解除合同造成对方损失的，除不可归责于肖像权人的事由外，应当赔偿损失。"

---

① 参见［德］卡尔·拉伦茨《德国民法通论》（下册），王晓晔、邵建东、程建英等译，法律出版社2003年版，第169页。

② 参见［德］卡尔·拉伦茨《德国民法通论》（下册），王晓晔、邵建东、程建英等译，法律出版社2003年版，第276页。

八、名誉权与荣誉权

(一) 名誉权概说

名誉权是自然人对其名誉所享有的不受非法侵害的权利。自然人的名誉是指社会对特定自然人的人格、品德、才能及其他素质的综合评价，具有公开性、客观性等特征。各国民法均将名誉作为自然人的重要人格权加以保护。

《法国民法典》与《德国民法典》采取同样的做法，即将名誉权保护纳入人格尊严保护的范畴。与这两部法典不同的是，《日本民法典》对名誉权进行了单独规定，即第710条："侵害他人的身体权、自由权或名誉权，以及侵害他人的财产权等，依前条规定应负赔偿责任的，对于财产以外的损害也应予以赔偿。"

我国台湾地区的有关规定也对名誉权做了规定，包括姓名、生命、健康、名誉、自由、信用、隐私、贞操及其他人格法益。

英美法对于名誉权向来是大力保护的，表现在民事侵权中规定的名誉毁损（刑法上称为诽谤）。根据英国《名誉毁损法》（*Defamation Act*, 1891）的规定，名誉毁损可以是口头的诋毁，也可以是书面的文字诽谤。

在美国，《第二次侵权法重述》对于诽谤的构成要件做了相关规定，即第558节："（a）一项涉及他人的虚假的和诽谤性的言论；（b）在没有特权下向第三人公开；（c）公布者须有过错，这种过错至少是过失；（d）该言论存在无需考虑是否造成特别损害即可起诉的情形，或者存在因该言论公开而产生的特别损害。"其中的公开未必是指向不特定的多数人公开，只要有非当事人以外的第三人知晓就够了。

我国早在1986年的《民法通则》中就对名誉权进行了确认，《侵权责任法》第二条对名誉权进行了列举性规定。《民法总则》也对自然人的名誉权进行了列举式规定。

《民法典》将名誉权与荣誉权作为一章进行规定，显然将二者作为并列的人格权看待。其中第一千零二十四条规定："民事主体享有名誉权。任何组织或者个人不得以侮辱、诽谤等方式侵害他人的名誉权。名誉是对民事主体的品德、声望、才能、信用等的社会评价。"第一千零二十五条规定：

> 行为人为公共利益实施新闻报道、舆论监督等行为，影响他人名誉的，不承担民事责任，但是有下列情形之一的除外：
> （一）捏造、歪曲事实；
> （二）对他人提供的严重失实内容未尽到合理核实义务；

（三）使用侮辱性言辞等贬损他人名誉。

（二）侵害自然人名誉权的事实构成

侵害自然人名誉权的事实构成应包括三项。

1. 权利被侵害的事实

即名誉权受侵害的事实。这一要件以法律上规定了人格尊严和名誉权受保护为必要，并应符合两个要求：其一是有名誉权被侵害的事实，以客观判断和一般感受为判断标准；其二是侵权行为人必须有侵害名誉权的行为，包括以暴力侮辱的方式，以及以言语、文字侮辱或诽谤的方式等实际侵害了他人的名誉权，即实施了侮辱或诽谤行为。

2. 损害后果

侵害人格尊严和名誉权所造成的后果包括物质损害和精神损害。英美法上强调口头诽谤必须造成特定损失才可以成立。所谓特定损失即实际损失或物质损失。但英美法上对于物质损失的认定较为宽泛。①

3. 因果关系

对于因果关系，一般来说，诽谤言论的内容应直接损害了受害人的名誉权，即使当事人的社会评价降低。

（三）名誉权保护与言论自由的关系

从各国立法来看，言论自由首先是受宪法保护的权利，其次才是民法上的权利。在民法上，言论自由是自由权的一种表现形态，以不侵害他人的正当权利为界限。

而就言论自由与名誉权保护之间的关系来说，英国的做法是更加注重保护个人名誉，而美国的做法则更加注重保护言论自由。根据美国的《联邦宪法名誉损害法》（Federal Constitutional Law of Defamation），无论是个人还是机构对公职行为进行评价或报道，只要是没有明显的恶意就不能认定为诽谤；并且，必须有实际损害才能进行赔偿。②

我国《民法典》第一千零二十五条对新闻报道等侵犯他人名誉权的责任做了规定，即除故意和重大过失以外的新闻报道、舆论监督等行为，影响他人名誉的，不承担民事责任。另外还规定，新闻机构报道严重失实的内容只有在尽到合理核实义务的情况下才可以免责，具体判断标准规定在第一千零二十六条："认定行为人

---

① 参见［日］望月礼二郎《英美法》，郭建、王仲涛译，商务印书馆2005年版，第204页。
② 参见［日］望月礼二郎《英美法》，郭建、王仲涛译，商务印书馆2005年版，第216页。

是否尽到前条第二项规定的合理核实义务，应当考虑下列因素：（一）内容来源的可信度；（二）对明显可能引发争议的内容是否进行了必要的调查；（三）内容的时限性；（四）内容与公序良俗的关联性；（五）受害人名誉受贬损的可能性；（六）核实能力和核实成本。"

（四）文艺作品与名誉权保护问题

我国《民法典》对文艺作品中涉及名誉权保护的问题做了规定，即第一千零二十七条："行为人发表的文学、艺术作品以真人真事或者特定人为描述对象，含有侮辱、诽谤内容，侵害他人名誉权的，受害人有权依法请求该行为人承担民事责任。行为人发表的文学、艺术作品不以特定人为描述对象，仅其中的情节与该特定人的情况相似的，不承担民事责任。"

（五）征信与名誉权保护问题

我国《民法典》第一千零二十九条规定："民事主体可以依法查询自己的信用评价；发现信用评价不当的，有权提出异议并请求采取更正、删除等必要措施。信用评价人应当及时核查，经核查属实的，应当及时采取必要措施。"

第一千零三十条规定："民事主体与征信机构等信用信息处理者之间的关系，适用本编有关个人信息保护的规定和其他法律、行政法规的有关规定。"

（六）死者名誉权问题

关于死者是否应享有名誉权的问题，不同国家和地区的立法不同，不同学者也有不同的见解。如据澳门特别行政区《民法典》第六十八条第一项的规定，"人格权在权利人死亡后亦受保护"。而德国司法实务亦不认为人死后丧失一切权利，非财产权利可以保留。①

我国《民法典》承认死者人格权，在第九百九十四条规定："死者的姓名、肖像、名誉、荣誉、隐私、遗体等受到侵害的，其配偶、子女、父母有权依法请求行为人承担民事责任；死者没有配偶、子女且父母已经死亡的，其他近亲属有权依法请求行为人承担民事责任。"

人作为生命固然有物质性，但是，人作为一种精神存在则是永恒的。从伦理人格主义的立场出发，人的名誉（及其他人格权）并不会在人死后立即消失，有时反而是在死后才获得一定的名誉或荣誉。因此，保护死者的名誉不受损害在法律上并无不妥之处。但应当注意的是，死者名誉权的保护应当以公序良俗为限，即死者的后人维护死者的名誉权应不违反社会公益（公共秩序）或善良风俗（社会公

---

① 参见［德］迪特尔·梅迪库斯《德国民法总论》，邵建东译，法律出版社2001年版，第788页。

德)。

我国也有学者指出,不法侵害死者名誉的行为,以及不法侵害死者人格的行为,不仅死者的亲属可以请求法律保护,而且,在危害社会整体利益的情况下,社会其他人也可以主张法律追究。[①]

(七) 荣誉权

我国《民法典》将荣誉权与名誉权并列进行规定,都作为人格权来看待。具体规定见《民法典》人格权编第一千零三十一条规定:"民事主体享有荣誉权。任何组织或者个人不得非法剥夺他人的荣誉称号,不得诋毁、贬损他人的荣誉。获得的荣誉称号应当记载而没有记载的,民事主体可以请求记载;获得的荣誉称号记载错误的,民事主体可以请求更正。"

九、人身自由权

(一) 人身自由权概说

自由是在现代广泛使用的一个字眼,通常意义的自由包括政治自由和经济自由。民法上的人身自由权属于私法上的权利,指的是在民法规定的范围内,自然人有依照自己的意志进行民事活动,不受非法的约束、限制和妨碍的权利。民法上的自由是宪法上的抽象自由的具体化。

《德国民法典》在第823条明确规定了公民的自由权;《日本民法典》在第709、710条规定,侵害他人自由,应负赔偿责任;《奥地利民法典》第1239条规定:"任何人通过劫持、禁闭、故意非法逮捕他人等手段,剥夺他人自由者,不仅要释放受害者,而且要全部赔偿受害者的损失。"

我国《民法典》将人身自由权作为一项概括性的权利进行了规定,即第九百九十条:"人格权是民事主体享有的生命权、身体权、健康权、姓名权、名称权、肖像权、名誉权、荣誉权、隐私权等权利。除前款规定的人格权外,自然人享有基于人身自由、人格尊严产生的其他人格权益。"据此,人身自由与人格尊严一样,在我国民法上属于一般人格权的范畴。

(二) 人身自由权的内容

人身自由指的是人在私法范畴内的行动自由,包括意志自由(契约自由)和行为自由。

[①] 参见魏振瀛《民法》,北京大学出版社、高等教育出版社2000年版,第54页。

1. 意志自由权或契约自由

意志自由是指自然人享有依照其自由意志支配自己内在精神活动、形成私法上的目的，并排除他人非法干涉的权利。

应当说，近代民法所经历的从身份到契约①的飞跃，其关键的因素就在于民法保证了人格独立和意志自由，使人能够按照自己的独立、自由的意志建立和发展民事法律关系，缔结各种契约，从而打破身份对人的羁绊。也只有享有了这种意志自由权，自然人作为民事主体的地位和尊严才能得到真正的保障，各项民事活动才能有效地进行。

意志自由是哲学上的概念，在法律上不能具有完全对等的价值。法律所规范的是行为，而意志自由是人的思想意识活动。在法律行为构成上，意志自由首先表现为意思自由，即在意思的形成过程中，当事人应当是自由的；其次是表达自由，即当意思形成之后，意思表示行为必须是自由自愿的（见下文"行为自由权"）。法律通常规定，经由误解、欺诈或胁迫而签订的契约因意思表示不自由可以被撤销，② 这就体现了意志自由在法律上的价值。

2. 行为自由权

自然人享有可以依照其自由意志支配自己的行为并排除他人非法干涉的权利，即行为自由。行为自由的内容很广泛，凡一国宪法上规定的权利，在民法上都可得到具体体现。例如，按照我国《宪法》规定，公民有结社权。因此，自然人有权按照民事法定条件和程序成立法人或非法人社团。另外，公民还可以自由行使其他的自由权，如自由缔结契约、进行单方意思表示等。《法国人权宣言》第4条声明，"自由即有权做一切无害于他人的任何事情"。

当然，民事行为有自己的制度规则，自然人在进行相关的民事行为的时候，必须遵循这些规则和民法的基本原则，如诚实信用原则、公序良俗原则和公平原则等。

---

① 参见［英］梅因《古代法》，沈景一译，商务印书馆1983年版，第97页。
② 《合同法》第五十四条　下列合同，当事人一方有权请求人民法院或者仲裁机构变更或者撤销：
（一）因重大误解订立的；
（二）在订立合同时显失公平的。
一方以欺诈、胁迫的手段或者乘人之危，使对方在违背真实意思的情况下订立的合同，受损害方有权请求人民法院或者仲裁机构变更或者撤销。
当事人请求变更的，人民法院或者仲裁机构不得撤销。

十、隐私权与个人信息

（一）隐私权概说

隐私权是指自然人享有的对自己的个人秘密和个人私生活领域内的情事不为他人知悉和禁止他人干涉的权利。

隐私权的客体是隐私。隐私，亦称生活安静权和生活秘密保有权。隐私权成为一种现代社会的人格权利是经历了一个过程的。"隐私权"这一概念在1890年由美国人沃伦（Samuel D. Warren, 1852—1910）和布兰戴斯（Louis D. Brandeis, 1856—1941）正式提出。[①] 之后，隐私权理论逐渐受到世界各国的重视。1974年，美国《隐私权法》（*Privacy Act of 1974*）颁布，此后加拿大、澳大利亚、新西兰等国家都颁布了自己的隐私权法。在国际法上，隐私权也是受到承认的一项权利。[②]

---

① Samuel Warren, Louis Brandeis. The Right to Privacy. Harvard L. R. 1890 (Dec. 15), pp. 193 – 220.

② Article 8-Right to respect for private and family life

1. Everyone has the right to respect for his private and family life, his home and his correspondence.

2. There shall be no interference by a public authority with the exercise of this right except such as is in accordance with the law and is necessary in a democratic society in the interests of national security, public safety or the economic well-being of the country, for the prevention of disorder or crime, for the protection of health or morals, or for the protection of the rights and freedoms of others.

Sensitive personal data

In this Act "sensitive personal data" means personal data consisting of information as to—

(a) the racial or ethnic origin of the data subject

(b) his political opinions

(c) his religious beliefs or other beliefs of a similar nature

(d) whether he is a member of a trade union [within the meaning of the M1Trade Union and Labour Relations (Consolidation) Act 1992]

(e) his physical or mental health or condition

(f) his sexual life

(g) the commission or alleged commission by him of any offence, or

(h) any proceedings for any offence committed or alleged to have been committed by him, the disposal of such proceedings or the sentence of any court in such proceedings.

《世界人权宣言》（UDHR）第12条规定："任何人的私生活、家庭、住宅和通信不得任意干涉，他的荣誉和名誉不得加以攻击。人人有权享受法律保护，以免受这种干涉或攻击。"该条被认为是在世界范围内保护个人隐私的直接依据。《公民权利和政治权利国际公约》（ICCPR）的第17条规定重复了这一内容，1969年《美洲人权公约》（*American Convention of Human Rights*）第11条规定了"享有私生活的权利"，1990年《儿童权利公约》（*Convention on the Rights of the Child*）第16条规定的"儿童隐私权"也复制了UDHR中的规定。与此相比较，《欧洲人权公约》（*European Convention on Human Rights*）对这一规定做了一定的改进，并在第8条规定了"尊重私生活和家庭生活的权利"。英国《人权法案》（*Human Rights Act*）重复了《欧洲人权公约》的这一规定，并在其《信息保护法》（*Data Protection Act 1998*）中明确列举了受保护的个人信息。

《瑞士债法》第49条明确规定："人身权包括生命、健康、自由、名誉、商业信用、婚姻关系、个人秘密、私生活以及商业和专业习惯。"从这一规定可见，瑞士对个人隐私的保护分为个人秘密和私生活两部分。

我国《侵权责任法》《民法总则》均对隐私权进行了明确规定，《民法典》也明确规定了隐私权，即第一千零三十二条："自然人享有隐私权。任何组织或者个人不得以刺探、侵扰、泄露、公开等方式侵害他人的隐私权。隐私是自然人的私人生活安宁和不愿为他人知晓的私密空间、私密活动、私密信息。"

（二）隐私权的内容

保护隐私权或私人生活安宁是个人人格独立、自由的基本要求，其实质是将公共生活与私人生活合理地分开，在不妨碍公共利益和善良风俗的前提下保证自然人私生活的自由与安宁。《民法典》第一千零三十三条规定："除法律另有规定或者权利人明确同意外，任何组织或者个人不得实施下列行为：（一）以电话、短信、即时通讯工具、电子邮件、传单等方式侵扰他人的私人生活安宁；（二）进入、拍摄、窥视他人的住宅、宾馆房间等私密空间；（三）拍摄、窥视、窃听、公开他人的私密活动；（四）拍摄、窥视他人身体的私密部位；（五）处理他人的私密信息；（六）以其他方式侵害他人的隐私权。"

隐私权保护所涉及的范围应包括六个方面。

1. 个人生活安宁

个人生活安宁权即自然人能够按照自己的意志、在自己的个人生活空间和时间内支配个人生活、不受他人干涉和破坏的权利。现代民法的首要任务是保护私人权利不受公权力的非法干预，也不受他人的非法干预，因此，保障自然人个人生活的安宁是维护自然人的人格权和人格尊严最重要的内容之一，也是隐私权制度的重要组成部分。

事实上，《联合国人权公约》和《欧洲人权公约》等国际公约均将个人私生活作为保护对象，就是因为个人生活安宁权是隐私权最基本的内容。而在美国及其他有隐私权法的国家，隐私权保护的目的就在于将个人私生活与公共生活分开，让人们在不妨碍公共秩序与安全、不影响善良风俗的前提下享受私人生活的安宁快乐。美国《第二次侵权法重述》将侵犯个人的独居、自处或私人事务作为侵权行为处理。

2. 个人生活信息

个人生活信息即与自然人的生活密切相关的各种信息，根据隐私权保护原则，自然人有权禁止他人非法调查、公布和使用其个人生活信息。

我国关于个人信息的保护始于《民法总则》，即第一百一十一条的规定："自然人的个人信息受法律保护。任何组织和个人需要获取他人个人信息的，应当依法取得并确保信息安全,不得非法收集、使用、加工、传输他人个人信息,不得非法买卖、提供或者公开他人个人信息。"

《民法典》第一千零三十四条规定:"自然人的个人信息受法律保护。个人信息是以电子或者其他方式记录的能够单独或者与其他信息结合识别特定自然人的各种信息,包括自然人的姓名、出生日期、身份证件号码、生物识别信息、住址、电话号码、电子邮箱、健康信息、行踪信息等。个人信息中的私密信息,适用有关隐私权的规定;没有规定的,适用有关个人信息保护的规定。"

3. 个人通信秘密

个人通信秘密即自然人在与他人通信时的各种信息,包括通话对象、时间和内容,通信时间、地址和内容,等等。自然人有权对个人信件、电报、电话、传真及谈话内容加以保密,禁止他人擅自查看、刺探和非法公开。

我国《宪法》第四十条规定了公民的通信自由和通信秘密受法律保护,这就为民法保护提供了直接的依据。另外,《邮政法》第三条也规定了通信秘密受法律保护。现代信息技术的发展使得个人通信的方式和内容更为多样化,同时也产生了更易被窃听或窃取的风险,因此,保障个人通信秘密不受侵犯也就成了隐私权保护的重要内容。

4. 网络隐私

在网络科技高度发达的今天,很多人都要利用网络服务从事各种生活和工作活动。对于与私人生活相关的网络信息,应当作为个人隐私的一部分予以保护。其范围包括账号、网名、网络财产和网络活动内容等。

国际上对互联网环境下个人隐私的保护一向持肯定态度,美国商务部制定了《公平信息实践法》(*Fair Information Practice Principles*),欧洲共同体则制定了《保护与自动处理系统有关的个人信息的公约》(*The Convention for the Protection of Individuals with regard to Automatic Processing of Personal Data*),其中都对互联网上的个人信息安全保护进行了规定。

我国《计算机信息网络国际联网管理暂行规定实施办法》和《互联网电子邮件服务管理办法》中都规定了服务商应对客户的域名、地址、信件内容等负担保护和保密义务。2012年,全国人大常委会通过了《关于加强网络信息保护的决定》,其中第一条规定:"国家保护能够识别公民个人身份和涉及公民个人隐私的电子信息。任何组织和个人不得窃取或者以其他非法方式获取公民个人电子信息,不得出售或者非法向他人提供公民个人电子信息。"

《民法典》明确了网络侵权责任,在第一千一百九十四条规定:"网络用户、网络服务提供者利用网络侵害他人民事权益的,应当承担侵权责任。法律另有规定的,依照其规定。"

5. 个人医疗信息

我国《传染病防治法》第六十八条规定了医院应对病人的医疗信息保密。我国《精神卫生法》第二十三条规定，心理咨询人员应当尊重接受咨询人员的隐私，并为其保守秘密。

《民法典》第一千二百二十六条规定："医疗机构及其医务人员应当对患者的隐私和个人信息保密。泄露患者的隐私和个人信息，或者未经患者同意公开其病历资料的，应当承担侵权责任。"

6. 个人信用信息

我国《商业银行法》第二十九条规定："对个人储蓄存款，商业银行有权拒绝任何单位或者个人查询……"《个人存款账户实名制规定》第八条规定："金融机构及其工作人员负有为个人存款账户的情况保守秘密的责任。金融机构不得向任何单位或者个人提供有关个人存款账户的情况，并有权拒绝任何单位或者个人查询、冻结、扣划个人在金融机构的款项；但是，法律另有规定的除外。"这些规定都说明了我国对个人信用信息的保护是持肯定态度的。

（三）个人信息的保护

对于个人信息，与隐私权相关的可以按照隐私权保护处理。在其他情况下，征集个人信息必须符合社会公益和法定程序。《民法典》第一千零三十五条规定：

> 处理个人信息的，应当遵循合法、正当、必要原则，不得过度处理，并符合下列条件：
> （一）征得该自然人或者其监护人同意，但是法律、行政法规另有规定的除外；
> （二）公开处理信息的规则；
> （三）明示处理信息的目的、方式和范围；
> （四）不违反法律、行政法规的规定和双方的约定。
> 个人信息的处理包括个人信息的收集、存储、使用、加工、传输、提供、公开等。

如果违反上述规定，使信息权利人遭受损害，应当承担侵权责任。但是，《民法典》第一千零三十六条规定：

> 处理个人信息，有下列情形之一的，行为人不承担民事责任：
> （一）在该自然人或者其监护人同意的范围内合理实施的行为；
> （二）合理处理该自然人自行公开的或者其他已经合法公开的信息，但是

该自然人明确拒绝或者处理该信息侵害其重大利益的除外；

（三）为维护公共利益或者该自然人合法权益，合理实施的其他行为。

个人信息权归属于自然人本人，因此自然人可以依法向信息处理者查阅或者复制其个人信息；发现信息有错误的，有权提出异议并请求及时采取更正等必要措施；发现信息处理者违反法律、行政法规的规定或者双方的约定处理其个人信息的，有权请求信息处理者及时删除。(《民法典》第一千零三十七条)。

信息处理者不得泄露或者篡改其收集、存储的个人信息；未经自然人同意，不得向他人非法提供其个人信息，但是经过加工无法识别特定个人且不能复原的除外。

信息处理者应当采取技术措施和其他必要措施，确保其收集、存储的个人信息安全，防止信息泄露、篡改、丢失；发生或者可能发生个人信息泄露、篡改、丢失的，应当及时采取补救措施，按照规定告知自然人并向有关主管部门报告。(《民法典》第一千零三十八条)

国家机关、承担行政职能的法定机构及其工作人员对于履行职责过程中知悉的自然人的隐私和个人信息，应当予以保密，不得泄露或者向他人非法提供。(《民法典》第一千零三十九条)

思考题：
1. 试论述一般人格权的意义。
2. 试论具体人格权的类型。

第四章 民事主体制度之二：法人制度

法人制度作为一种民事法律制度，其源头可追溯至欧洲中世纪。我国《民法通则》确认了法人制度，此后又通过企业法、公司法等立法确立了商事法人制度，《民法总则》与《民法典》均明确了法人的组织制度，从而使法人作为我国市场经济重要主体的法制结构得到了完善。

第一节 法人制度概说

一、法人的产生

法人是与自然人相对应的民事主体。法人一词首先为1896年公布的《德国民法典》所采用，但法人的实际形式却早已存在。法人制度与城市发展密切相关，中世纪欧洲城市就是法人。

法人的本质在20世纪以前一直是法学家们最为关注的问题之一。这是因为，法人的本质涉及法人的民事权利能力和行为能力的问题。尽管关于法人本质的学说分歧较大，但概括起来，主要有拟制说、目的财产说和实在说三种理论。[①]

（一）法人拟制说

法人拟制说源于欧洲中世纪的罗马注释法学派，后为德国历史法学家萨维尼所倡导。[②] 该说认为，权利主体仅限于具有自由意志的自然人，法人之所以成为权利主体，完全是由于依赖法律将其拟制为自然人的结果。学者们认为，这一学说承认了法人的拟制民事主体资格，并将团体的利益与其成员的利益予以区别，这是对法人制度的确立做出的积极贡献。

法人拟制说以罗马法的法人观念为基础，认为自然人是自然的权利主体，法人

---

① 参见王泽鉴《民法总则》，北京大学出版社2009年版，第123页。
② 参见［德］迪特尔·梅迪库斯《德国民法总论》，邵建东译，法律出版社2001年版，第823页。

是拟制的权利主体。法人拟制说在近代的兴盛有两个重要的背景：一是表现国家权力绝对权威，反映在18、19世纪政治的绝对主义上。在绝对主义下组织团体并无自由，只有那些基于君主特许成立的团体才能得到承认。所以，在人们观念中，法人的基础不在于组织与功能，而在于君主的特许。二是拟制说观念中的法人，实际上只是财产交易中的主体，以法人的外部关系为重心，而对于法人的内部关系较少说明。

在现代，学者们大多认为："从现代民法观念来看，法人拟制说已经过时。"①"该说是特定历史背景的产物，反映了19世纪的个人主义和个人本位的法律思想的影响，现代很多国家和地区的立法不再采此说。"②

（二）目的财产说

目的财产说是从实证的角度不承认法人存在的一种学说。该说不承认法人有独立存在的人格，认为法人仅是假设的主体，是多数人的集合或财产的集合。该学说认为，凡财产都是有归属的，有的财产归属于特定的自然人，这种财产是有主体的；而有的财产属于特定的目的，这种财产便是无主体的，法人的本质不过是为了达到特定目的，而由大多数自然人的财产集合而成的财产已经不属于这个自然人所有了，所以法律便创制出一个权利主体。法人本身不具有独立的人格，不过是为了一个目的而存在的无主财产，或者说法人是为达到特定目的由多数人财产集合而成的财产。

目的财产说将财产与有意志的主体混同起来，在立法和司法实践中有一定影响。一些没有组织成员只有联合财产的团体被认为是法人，就是以目的财产说为理论基础的产物。

（三）法人实在说

法人实在说与法人拟制说、法人否认说有着本质的区别。这一学说认为，法人不是法律拟制出来的主体，更不是法律的虚构，而是一种实实在在的客观存在的实体（entity）。它和自然人一样，有自己的意思表示能力，也可以依法独立享有民事权利和承担民事义务，故法人又可以称为团体人，是超出自然人生命之外的一个统一体，是一种独立的民事权利主体。法人实在说又可分为法人有机体说和法人组织体说。

1. 法人有机体说

法人有机体说又称"团体人格说"或"意思实在说"。其代表人物是德国学者基尔克（Otto Friedrich von Gierke，1841—1921）。该说认为，民事主体资格与意思

---

① 魏振瀛：《民法》，北京大学出版社、高等教育出版社2000年版，第71页。
② 王利明：《民法》，中国人民大学出版社2000年版，第77页。

能力是联系在一起的，法人和自然人一样都有自己特殊的机体和意思表示能力，这主要表现在法人不仅有自己的意思表示机关，还有自己的名称和住所。因此，法律对这种实际存在的社会有机体，赋予其独立的人格，使之成为法人。

2. 法人组织体说

这一学说的主要代表人物是法国学者米香（Michoud）和萨莱斯（Saleilles）。该说认为，法人的本质不在于作为社会的有机体，而在于具有权利主体的组织。法人具有团体利益，具有表达和实现自己意志的组织机构，所以，法律赋予法人这种社会组织以法律人格，并承认其为独立的民事主体。

法人实在说与法人拟制说相比具有明显的进步，它对许多国家法人制度的影响很大。拟制人格说和目的财产说是法人制度历史发展过程中所出现的过渡学说，与当时人们对法人制度的认识相适应。

今天，法人制度已经成为一种常态的民事法律制度，在各国立法上都已得到了承认。

我国《民法通则》首先确立了法人制度，在第三十六条规定："法人是具有民事权利能力和民事行为能力，依法独立享有民事权利和承担民事义务的组织。"依照这一规定，我国民法上的法人是一个组织体，具有与自然人一样的独立人格，有权利能力、行为能力和责任能力，可以独立进行民事活动，享有相应的民事权利和民事义务。《民法典》延续了这一规定，将上述定义规定在第五十七条。

根据法律规定，我国的法人组织具有如下三个特征：

第一，法人是一种独立的社会组织，拥有独立的财产。这是法人最为基本的特征。所谓社会组织，是指按照一定的宗旨和条件建立起来的具有明确的活动目的、有一定组织机构的实体。作为民事主体的法人，或者是由多个自然人集合组成的社会集合体（社团），或者是以一定数量的财产集合为基础组成的组织体（财团）。这里，我国的法人制度吸收了目的财产说的精华，将组织体与一定的财产结合起来，从而使法人权利义务和责任的承担有了物质基础。

第二，法人具有民事权利能力和民事行为能力。社会组织之所以能够取得法律上的地位，在于其具有独立的法人人格。法人的组织须符合法律规定的条件，由法律赋予其民事权利能力和民事行为能力才能成立。一旦组织体成立，就可以独立享有民事权利能力和民事行为能力，以法人的名义参与民事活动，享受民事权利，承担民事义务，乃至于责任。

第三，法人独立承担民事责任。设计法人制度时往往有一个重要的考虑，那就是将个人与法人组织分开，这是法人与自然人和非法人组织的根本区别。非法人组织表面上也是一个组织，但不能独立承担民事责任，须追究到设立人的个人责任。正是基于这一根本区别，法人独立承担民事责任作为法人组织体的重要特征，而与成立法人的成员或财产捐助人的人格和财产完全区别开来。

二、法人的类型

由于各国的法律传统和社会制度的不同,法人的具体类型也有所不同。

(一) 西方民法对法人的分类

西方民法对法人的分类是本着公法与私法分立的原则,以及法人的目的和组织方式来进行的,主要有三种。

1. 公法人与私法人

公法人与私法人是西方民法对法人的基本分类,是历史形成的。所有的法人都可以根据这种分类方法而归入公法人或私法人的范畴。其中,公法人是指以国家管理和社会公益为目的,由国家、团体或其他人依公法(公权力)设立的行使或分担国家权力或政府职能、进行公益事业的法人;所谓私法人,是指以私人利益为目的,由私人依私法(设立合同和捐助行为)设立的营利性法人。

区分公法人与私法人的主要意义在于贯彻公、私法的分离,使公益事业和国家行政管理事业与私人营利性事业有严格的界限,并分别在不同的法律框架内运行。具体来说,两者分别依照不同的法律规范设立、运行、解散,并处理相关的法律事务。公法人须依照行政法等公法设立并运行,私法人则依照民法及其特别法商法(公司法)独立经营。

公法人的表现形态可以是各级政府机关、团体、机构和财团,① 私法人则以有限公司和股份有限公司为核心。

我国民法上的公法人也是包括政府、公益法人和社团,其中,政府机关是根据公法设立的,与民法无关,只是在从事私法上的行为时才进入民法的领域,受民法的调整。

各国一般都承认公法人与私法人的分类是法人最基本的分类,其目的是区分为公益服务以及为私益服务的法人的不同成立方式和管理方法。这一分类明确了公法人与私法人的设立方式和目的的不同,仅在涉及民事活动(如与私法人或私人进行合同的行为或由职务行为引发的侵权行为)时二者才同时适用民法。当然,私法人只能适用民法,民法关于法人制度上的许多规则都是为私法人设计的。

2. 社团法人和财团法人

这是以法人的成立基础为标准对法人所做的划分。社团法人是以人的集合为基础而成立的法人,也称为人的联合体。例如,公司、合作社、各种协会与学会等。

---

① 参见 [德] 卡尔·拉伦茨《德国民法通论》(上册),王晓晔、邵建东、程建英等译,法律出版社2003年版,第178页。

财团法人则是以捐赠财产为基础并为一定目的而设立的组织体,例如,各种基金会、寺院、慈善组织等。①

区分社团法人与财团法人的意义在于明确其不同的设立基础、目的与要求,具体来说就是:①成立的基础不同。社团法人以人的组合为基础,有自己的组织成员或社员,如公司法人。财团法人以独立的财产(捐助财产)为基础,因而没有成员,仅有管理者,如西方的私立大学通常是由一笔私人捐助的基金设立的,因而为财团法人。②设立人的地位不同。社团法人的设立人在法人成立时当然地取得法人成员的资格,并享有社员权。财团法人的设立人(财产捐赠人)在法人成立时即与法人相脱离,所以不为法人成员。③设立行为不同。社团法人的设立行为是两人以上共同的民事法律行为,而且是生前行为。成员之间的关系是平行的,通过发起人协议来规定发起人之间的权利义务关系。财团法人的设立行为是一种单方行为,有的为死因行为,如遗赠。④有无意思机关不同。社团法人有自己的意思机关,故又称自律法人。财团法人没有自己的意思机关,只有管理机关,故又称他律法人。⑤目的不同。社团法人设立的目的可以是为了营利,也可以是公益,故社团法人可分为营利法人、公益法人和中间法人。财团法人设立的目的只能是公益,有时还有受益人,因此财团法人只能是公益法人。

社团法人与财团法人的分类是被广为认同的,这种分类有助于了解法人设立的目的和法人构成,从而明确其不同的法律规制方法。

3. 营利法人、公益法人与中间法人

这是以法人成立或活动的目的为标准对法人所做的划分。营利法人是指以从事商业活动、取得利润并将利润分配给其成员为活动目的的法人,如公司;公益法人是指以公益活动为目的、为不特定的多数人利益服务的法人,如大学、工会、研究院、养老院等,这些公益法人不以营利为目的;中间法人是指介于二者之间,既非以营利为目的又非以公益为目的的法人,如同学会、同乡会等,目的在于联谊和谋求共同利益的发展。三者之中,中间法人的存在颇有争议,但通说认为,中间法人

---

① 《德国民法典》第21条 【非经营性社团】
不以经营为目的的社团,通过在主管初级法院的社团登记簿上登记而取得权利能力。
第22条 【经营性社团】
以经营为目的的社团,在帝国法律无特别规定时,因邦的许可而取得权利能力。许可权属于社团住所所在地的邦。
第23条 【外国社团】
在帝国法律无特别规定时,在任何一个邦内都没有住所的社团,因联邦参议院决议许可而取得权利能力。
第80条 【设立】
设立有权利能力的基金会,除捐赠行为外,需得到基金会住所所在地的邦的许可。如果基金会不在任何一个邦内有住所,则需得到联邦参议院的许可。除另有其他规定外,基金会行政管理部门所在地视为住所。

是为实现民法上的意思自治而不必经过许可即成立的法人。①

关于营利法人和非营利法人，德国民法上有明确规定：

《德国民法典》第21条　【非营利社团】
非以营利为目的的社团，因登记于有管辖权的区法院的社团登记簿而取得权利能力。
第22条　【营利社团】
以营利为目的的社团，无特别的帝国法律规定时，因国家的授予而取得权利能力。社团所在地的邦有授予的权利。

区分营利法人与公益法人的意义在于通过设立目的来明确不同法人的法律适用，即营利法人所适用的法律与公益法人（非营利法人）所适用的法律有所不同。其一，营利法人的设立和运营均依照民法及其特别法（如公司法）的规定；而公益法人的设立通常依照公法，其运营涉及私域的，一般应依照民法的规定。其二，营利法人的设立，除法律有特别规定外，一般无须得到主管机关的许可；公益法人则必须得到主管机关的许可后才能设立。其三，二者所采取的法律形式也有所不同。营利法人只能采取社团法人的形式，公益法人既可采取社团法人形式又可采取财团法人形式。其四，二者的行为能力不同。营利法人可以从事各种营利性事业，公益法人不能从事以向其成员分配营利为目的营利性事业，否则构成违法。

（二）我国《民法通则》对法人的分类

我们与西方国家的历史发展差别甚巨，在中华人民共和国成立后相当长的一段时间内，实行的是计划经济。而在改革开放以后至今，经济飞速发展，但由于我国的具体国情，民法上关于法人的分类是较为独特的，既不单纯区分公法人或私法人，也不简单区分社团法人和财团法人，而是采取一种具有从计划经济向市场经济过渡的性质的独特分类方法。我国民法上对法人的分类包括企业法人、机关法人、事业单位法人、社会团体法人等。

1. 企业法人

企业法人是指以营利为目的，独立从事商品生产和经营活动的法人。西方民法上一般归类为私法人、社团法人、营利法人。

我国企业法人的基本特征是：①企业法人是以营利为目的的法人。所谓营利法人，即通过合法经营的方式获取利润，一般是指从事工商业经营的法人组织。企业法人与非企业法人的区别在于，尽管非企业法人也可以适当进行非营利性质的民事

---

① 参见王泽鉴《民法总则》，北京大学出版社2009年版，第127页。

活动，例如，一个慈善性质的基金会，在将基金用于其目的之前，可以将基金存入银行获取利息，还可用于证券投资以期望拥有较高的收益，但这些活动的目的是为了增加法人的财产，而不是分配给其捐赠人，利润的最终归宿只能是用于章程规定的慈善目的。②企业法人具有归自己所有或经营的独立财产。任何法人都应有一定的财产，而企业法人的财产是用以从事经营活动的，即作为投资。企业法人的财产与其投资人的财产是彼此分离的，企业法人的独立财产是其独立进行生产经营和独立承担民事责任的基础。

《民法通则》规定了企业法人的资格和类型，而各种企业法则专门规定了特定企业法人的事项。例如，《全民所有制工业企业法》专门用以规范全民所有制企业。另外，还有《公司法》《合伙企业法》等。企业法相对于公司法而言是一般法，当企业符合公司成立条件时，可以按照公司法的规定成立公司。在我国，公司法人是企业法人。[①]

应当说，我国的企业法人是在经济改革和对外开放过程中出现的一种法人类型，与其他国家的法人传统类型有所不同。其中，全民所有制企业是根据所有权和经营权相分离的原则成立的，集体所有制企业则仍以集体为法人成员。独资企业（根据《个人独资企业法》）是一个例外，即不具有法人资格。而在外商投资企业中，中外合资企业是独立法人，外商独资企业、中外合作企业符合法人要求的可以成立法人，否则为非法人组织。

[①] 《民法通则》第四十一条　全民所有制企业、集体所有制企业有符合国家规定的资金数额，有组织章程、组织机构和场所，能够独立承担民事责任，经主管机关核准登记，取得法人资格。

在中华人民共和国领域内设立的中外合资经营企业、中外合作经营企业和外资企业，具备法人条件的，依法经工商行政管理机关核准登记，取得中国法人资格。

《全民所有制工业企业法》第二条　全民所有制工业企业（以下简称企业）是依法自主经营、自负盈亏、独立核算的社会主义商品生产和经营单位。

企业的财产属于全民所有，国家依照所有权和经营权分离的原则授予企业经营管理。企业对国家授予其经营管理的财产享有占有、使用和依法处分的权利。企业依法取得法人资格，以国家授予其经营管理的财产承担民事责任。

《公司法》第三条　公司是企业法人，有独立的法人财产，享有法人财产权。公司以其全部财产对公司的债务承担责任。

有限责任公司的股东以其认缴的出资额为限对公司承担责任；股份有限公司的股东以其认购的股份为限对公司承担责任。

第五十七条　一人有限责任公司的设立和组织机构，适用本节规定；本节没有规定的，适用本章第一节、第二节的规定。

本法所称一人有限责任公司，是指只有一个自然人股东或者一个法人股东的有限责任公司。

第六十四条　国有独资公司的设立和组织机构，适用本节规定；本节没有规定的，适用本章第一节、第二节的规定。

本法所称国有独资公司，是指国家单独出资、由国务院或者地方人民政府授权本级人民政府国有资产监督管理机构履行出资人职责的有限责任公司。

另外,在《公司法》颁布实施后,企业法人符合公司设立条件的,经过重新登记注册可以转变为公司法人。在我国,企业法人为公司法人的上位概念,公司法人均为企业法人,而企业则不必然是企业法人。这一特点是其他国家都没有的,是我国渐进式改革特有的现象。就当前企业法人的法律适用而言,仍应依照特别法优于普通法的顺序来适用,即公司法优先于企业法,能够成立公司的,不必遵循企业法;只有在公司法无可循规则的情况下,才适用企业法。

最后,根据我国2008年颁布实施的《企业国有资产法》,我国的各种国有企业资产目前均纳入国务院领导下的各级政府设立的国有资产管理机关进行管理,这一方面强调了企业中的国家投资财产的国有性质,另一方面使国有企业资产管理带有较为强烈的公法性质。①

2. 机关法人

机关法人是指依法享有国家赋予的行政权力,并因行使职权需要而享有相应的民事权利能力和民事行为能力的国家机关。包括立法(权力)机关法人、行政机关法人、司法机关法人和军事机关法人。行政机关法人转化成西方民法上的法人类型,实际上就是公法人当中的一种形式。

我国机关法人的基本特征是:①机关代表国家从事各种行政管理工作时是公法上的机关法人,以特定国家管理机关(如市政府)的名义出现,它与有关社会组织或自然人之间是领导与被领导或监管与被监管的关系。机关法人在职权范围内的一切公法上的行为及其后果,都应归属国家。②机关法人因行使职权的需要从事民事活动时,如购置办公用品、租用房屋或交通工具等,便是在私法规范的范围内进行活动,这时,它与其他当事人处于平等的法律地位。机关法人不得从事与行使职权无关的营利活动,否则应视为超越法人的权利能力,为违法行为。③机关法人的独立经费是由中央或地方财政拨款而来,它主要用于维持自身的运行及参加必要的

---

① 《企业国有资产法》第二条 本法所称企业国有资产(以下称国有资产),是指国家对企业各种形式的出资所形成的权益。

第三条 国有资产属于国家所有即全民所有。国务院代表国家行使国有资产所有权。

第四条 国务院和地方人民政府依照法律、行政法规的规定,分别代表国家对国家出资企业履行出资人职责,享有出资人权益。(下略)

第五条 本法所称国家出资企业,是指国家出资的国有独资企业、国有独资公司,以及国有资本控股公司、国有资本参股公司。

第六条 国务院和地方人民政府应当按照政企分开、社会公共管理职能与国有资产出资人职能分开、不干预企业依法自主经营的原则,依法履行出资人职责。

第十六条 国家出资企业对其动产、不动产和其他财产依照法律、行政法规以及企业章程享有占有、使用、收益和处分的权利。

国家出资企业依法享有的经营自主权和其他合法权益受法律保护。

第六十八条 履行出资人职责的机构有下列行为之一的,对其直接负责的主管人员和其他直接责任人员依法给予处分:(下略)。

民事活动。④国家机关依照法律或行政命令成立，不需要进行核准登记程序即可直接取得法人资格。

对于机关法人，我国与其他国家采取相同的法律规制方法，即一方面采用《宪法》及各级行政组织法来规范；另一方面，在涉及公法人的私法行为时，适用民法等民事法律来规制。

3. 事业单位法人

事业单位法人是指从事非营利性的、社会各项公益事业的法人，包括从事文化教育、卫生、体育、新闻等事业的单位。事业法人可以为社团法人（如各种学会），也可以为财团法人（如各种基金会）。

但是，我国的各种事业法人形态并不都是标准意义上的公益事业法人，有几个问题需要说明：一是企业化管理或企业化经营的事业单位，即在经费上实行自收自支的单位，根据《企业法人登记管理条例》第二十七条规定，具备企业法人登记条件的，由该单位到工商行政管理部门进行登记，领取企业法人营业执照。这类事业单位法人应视为企业法人。二是领取企业法人营业执照的事业单位，如根据《出版管理条例》《电影管理条例》规定，各出版社、电影制片、电影发行、电影放映单位均须向工商行政管理部门领取营业执照，这类事业单位传统上都是典型的事业单位法人，但由于其越来越具有营利性的特点，将其视为企业法人更合理。三是民办非企业单位，具备法人条件的应视为事业单位法人。根据《民办非企业单位登记管理暂行条例》第二条规定，民办非企业单位是指企业事业单位、社会团体和其他社会力量以及公民个人利用非国有资产举办的，从事非营利性社会服务活动的社会组织。这类组织主要分布在教育、科研、文化、卫生、体育、交通、信息咨询、知识产权、法律服务、社会福利事业及经济监督事业等领域，如民办大学、民办图书馆、民办康复中心、民办研究所、民办体育场等。

对于我国目前事业法人的权能状况，应当进一步明确区分营利性法人和非营利性法人。属于营利性法人的，如电影公司，应适用《公司法》确认为公司法人，即为营利性法人；属于非营利性法人的，如公立学校、研究所，则应适用相关的设立法规（行政法）和民法上关于法人的规定。

4. 社会团体法人

我国的社会团体法人是指由自然人或法人自愿组成，为实现会员共同意愿，按照其章程开展活动的非营利性社会组织。

社会团体法人的基本特征是：①社会团体由自然人或法人自愿结合而成。根据《社会团体登记管理条例》的规定，社会团体必须有50个以上的个人会员；或者30个以上的单位会员；或者在既有个人会员又有单位会员时，会员总数有50个以上。②社会团体不得从事营利性经营活动。社会团体虽然可以收费（如会费）或从事一些有收益的活动（有偿服务），但各种活动所取得的财产只能用于其目的事业，不能分配给会员。① ③社会团体的财产和活动基金是由其参加会员出资或由国家资助的办法建立的，这些财产和基金属于社会团体所有，除依法规定的特别基金外，应以此担负其债务。④社会团体法人均须制定章程，并经国家主管部门审核批准予以登记后，才能在其核准登记的业务范围及活动地区进行活动。

在我国，基金会法人是一种特殊的社会团体法人。基金会是指对国内外社会团体和其他组织以及个人自愿捐赠的资金进行管理，以资助推进科学研究、文化教育、社会福利和其他公益事业发展为宗旨的民间非营利性组织。其基本特征是：①基金会的财产来源于社会捐赠。由国家拨款建立的资助科学研究的基金会和其他各种专项基金管理组织，如国家自然科学基金委员会，不属于基金会范畴，其性质为事业单位法人，不为基金会法人。②基金会法人没有会员。基金会的设立人将财产转移给基金会后，并不成为基金会的成员；基金会成立后，为基金会捐赠财产的人，也非基金会的会员。基金会的设立人可以是一人，也可以是多人。

综上所述，我国在法人分类问题上与大陆法系国家立法存在明显的不同。尽管这一不同是由我国特殊的经济改革渐进性过程造成的，但是这种划分已经呈现出很明显的缺陷，即由于这种分类拘泥于所有制性质或资本来源，并且因法律颁布的时间顺序造成法律适用的困难，因而使每种分类内部的具体类型之间不具有共同的成立基础。例如，企业法人纯粹是按照资本的来源进行的分类，而无视其共同的独立法人资格；事业单位法人包含类型过宽，其中既有国家拨款成立的兼有部分行政职能的准公法人，又有依国家行政命令组建的公益法人，还有基于自然人、法人自愿组建并办理登记的法人等；社会团体法人则与社团法人的定义重复。这样多种体系并存、多个概念有重合的法人分类状况应当予以改进。

根据《民法通则》，我国的法人类型如图 4-1：

（三）我国《民法总则》对法人的分类

《民法总则》对法人的类型进行了规定，即统一划分为营利法人、非营利法人和特别法人。其中第七十六条规定："以取得利润并分配给股东等出资人为目的成立的法人，为营利法人。营利法人包括有限责任公司、股份有限公司和其他企业法人等。"第八十七条规定："为公益目的或者其他非营利目的成立，不向出资人、设立人或者会员分配所取得利润的法人，为非营利法人。非营利法人包括事业单

---

① 德国民法上对社团法人的一般分类区别为经济性社团和非经济性社团，其中经济性社团应首先适用商法（公司法），然后适用民法（第 22 条特许制度）；非经济性社团则只要在初级法院登记簿上登记即可成立。经济性社团是从事长期的、有计划的营利事业的，而非经济性社团只是将经济活动视为次要活动（次要目的特权），如足球协会、汽车俱乐部和慈善机构等。但目前德国的趋势是限制非经济性社团的次要特权，以避免其引起较大的责任。参见［德］卡尔·拉伦茨《德国民法通论》（上册），王晓晔、邵建东、程建英等译，法律出版社 2003 年版，第 203～205 页。

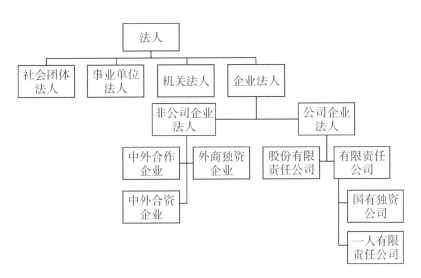

图 4-1 法人类型

位、社会团体、基金会、社会服务机构等。"第九十六条规定:"本节规定的机关法人、农村集体经济组织法人、城镇农村的合作经济组织法人、基层群众性自治组织法人,为特别法人。"

1. **营利法人**

营利法人的判断标准是法人是否以营利为目的并将营利分配给出资人。营利法人包括有限责任公司、股份有限公司和其他企业法人等。

《公司法》第三条规定,公司是企业法人,有独立的法人财产,享有法人财产权。公司以其全部财产对公司的债务承担责任。有限责任公司的股东以其认缴的出资额为限对公司承担责任,股份有限公司的股东以其认购的股份为限对公司承担责任。

2. **非营利法人**

非营利法人不以营利为目的,是从事公益事业或其他非营利事业的组织。非营利法人包括事业单位、社会团体、基金会和社会服务机构等。

3. **特别法人**

特别法人是从事公共行政服务的组织,就是传统民法上所说的公法人。这些特别法人包括机关法人、农村集体经济组织法人、城镇农村的合作经济组织法人、基层群众性自治组织法人等。其中,机关法人指国家各级工作机关,农村集体经济组织指村集体组织,城镇农村合作经济组织法人指合作社组织,基层群众性自治组织指居委会、村委会等。

此外,《民法总则》第九十二条规定:"具备法人条件,为公益目的以捐助财产设立的基金会、社会服务机构等,经依法登记成立,取得捐助法人资格。依法设立的宗教活动场所，具备法人条件的，可以申请法人登记，取得捐助法人资格。法律、行政法规对宗教活动场所有规定的，依照其规定。"

（四）我国《民法典》对法人的分类

我国《民法典》延续了《民法总则》的规定，将法人分为营利法人、非营利法人和特别法人三种。

其中，营利法人规定在第七十六条："以取得利润并分配给股东等出资人为目的成立的法人，为营利法人。营利法人包括有限责任公司、股份有限公司和其他企业法人等。"非营利法人规定在第八十七条："为公益目的或者其他非营利目的成立，不向出资人、设立人或者会员分配所取得利润的法人，为非营利法人。非营利法人包括事业单位、社会团体、基金会、社会服务机构等。"特别法人规定在第九十六条："本节规定的机关法人、农村集体经济组织法人、城镇农村的合作经济组织法人、基层群众性自治组织法人，为特别法人。"

思考题：
分析我国的法人类型。

第二节 法人的能力

法人与自然人一样，享有民事权利能力和行为能力，可以独立承担民事责任。根据《民法典》的规定，法人的权利能力和行为能力从成立时开始，到法人终止时消灭；法人以其全部财产承担民事责任。①

一、法人的民事权利能力

法人的民事权利能力是指法人依法享有民事权利和承担民事义务的资格。根据《民法通则》第三十六条和《民法总则》第五十九条的规定，法人的民事权利能力和民事行为能力，从法人成立时产生，到法人终止时消灭。《民法典》延续了这一规定。

尽管法人和自然人一样具有民事权利能力，但法人毕竟不同于自然人，作为社

---

① 《民法典》第五十九条 法人的民事权利能力和民事行为能力，从法人成立时产生，到法人终止时消灭。
第六十条 法人以其全部财产独立承担民事责任。

会组织体,是按照其所担负的社会职能成立的,其活动范围和方式有所不同。因此,法人的民事权利能力具有特殊性。与自然人相比较,法人在其所能享有的权利和权利能力范围上还有其他一些重要的差别。

1. **法人不得享有与自然人的人身不可分离的权利**

法人是一个社会组织体,不是生命体,因此,法人不能享有与生命密切相关的一些人身权内容。具体而言,以自然人的人格为前提的生命权、健康权、身体权、肖像权等,以自然人的身份为基础的与婚姻家庭有关的身份权,法人均不得享有。反之,不以自然人人格和身份为前提的名称权、名誉权、荣誉权等,有学者主张法人也可以享有。①

2. **法人的民事权利能力具有差异性**

自然人的民事权利能力一律平等,不因自然人的性别、年龄、智力、健康状况等的不同而有所区别,这是平等和人权的要求。法人是组织,因此,不同法人的民事权利能力则具有差异性,不同类型的法人,其民事权利能力的范围是不同的。在我国,各类依法登记的法人必须在核准登记的范围内从事活动,享有相应的民事权利能力。依法不需要办理法人登记的法人,则应按照法人成立的宗旨、活动范围等享有相应的民事权利能力,如社会团体法人不能以营利为目的为社会提供服务活动。法人的民事权利能力的差异性,并不影响不同法人在民事活动中的法律地位,各类法人在民事活动中的法律地位仍然是平等的。

3. **法人的民事权利能力受法人目的的限制**

尽管营利性法人如公司的权利能力差别会逐步减少,但非营利性法人和特别法人还是不能任意决定自己的活动范围,这是由法人的设立目的决定的。法人的目的决定着法人的性质,也决定着法人享有民事权利和承担民事义务的范围。这是法人理论中的"目的财产说"的现代应用。

我国法人登记不登记法人的目的,而登记法人的经营范围。为此,有些学者认为,法人受经营范围的限制就是对法人民事权利能力的限制。但近几年来,多数学者认为,从保护交易安全的角度出发,对法人经营范围的限制就是对法人目的的限制,而非对法人权利能力的限制。②

4. **法人的民事权利能力依法受法律和行政命令的限制**

按照国家行政法律设立的政府机关法人只能在法律或行政命令的范围内活动,其所享有的民事权利和承担民事义务的能力也受相应的法律法规的限制。

---

① 将姓名权的保护扩大到法人名称权是德国民法的一个创造,根据德国民法学者的观点,集合在某一法人名称下的一群人因该名称享有共同的荣辱感,因此,司法实践上对其名称权也是有一定保护的。此一保护还可以扩大到政党。参见〔德〕卡尔·拉伦茨《德国民法通论》(上册),王晓晔、邵建东、程建英等译,法律出版社2003年版,第125~126页。

② 参见梁慧星《民法总论(第四版)》,法律出版社2011年版,第127页。

二、法人的民事行为能力

法人的民事行为能力是指法人以自己的行为取得民事权利和承担民事义务的资格,是法人组织独立进行民事活动的能力或资格。与自然人相比,法人的民事行为能力有三个特点。

1. **法人的民事行为能力和民事权利能力同时产生、同时消灭**

这是因为,法人成立后便具有独立的人格、独立的能力。法人的民事行为能力始于法人成立,终于法人消灭,在法人存续期间始终存在。所以对于法人来说,有民事权利能力就必然有民事行为能力,二者是同步的、同时产生、同时消灭。而自然人的民事行为能力受其年龄、健康状况等因素的影响,有民事权利能力的人不一定有民事行为能力,民事权利能力和民事行为能力的产生在时间上有一定的异步性。

2. **法人的民事行为能力和民事权利能力的范围相同**

法人民事行为能力的范围和民事权利能力的范围是一致的,法人民事行为能力的范围,通常不能超出法人民事权利能力所限定的范围。

3. **自然人的民事行为能力和权利能力集于一身,而法人的民事行为能力必须由法人的机关或代表来实现**

法人机关或代表以自己的意思表示,代表着法人的团体意志,他们根据法律、章程、条例而实施的民事行为应认为是法人的行为,其法律后果由法人承担。

法人是一种社会组织,其民事行为能力不受年龄、智力状况的限制,但应受法人经营范围的限制。其理由是:①保护发起人和投资者的利益。设立特定法人的宗旨,体现了发起人和投资者的意志和目的。②维护正常的社会、经济程序。各类法人设立的目的不同,其所担负的社会功能也不同。法人超出其经营范围,不利于经济生活的稳定。③确保交易安全。法人的独立财产制是实现法人责任的前提,而法人独立财产的数额是与法人民事行为能力的范围相适应的。法人在其经营范围内进行民事活动,有利于保护与法人进行民事活动的当事人的利益,确保交易安全。

三、法人的民事责任能力

法人的民事责任能力是指法人对自己的经营活动和侵权行为承担民事责任的能力或资格。关于法人有无民事责任能力的问题,在西方民法中主要有两种观点:一是持法人拟制说和法人否认说的学者,认为法人无民事责任能力;二是持法人实在说的学者认为法人有民事责任能力。我国《民法通则》第三十七条规定,法人应能"独立承担民事责任";第四十三条规定,企业法人对它的法定代表人和其他工作人员的经营活动承担民事责任；第一百二十一条规定，国家机关及其工作人员在执行职务中，侵犯公民、法人合法权益造成损害的，应当承担民事责任。这些规定表明我国民法肯定了法人的民事责任能力。《民法总则》与《民法典》也做了同样的规定。

法人拥有独立的民事责任能力是法人作为独立人格体的标志，非法人组织则通常不具备独立的责任能力。人合组织的责任并非一定要由行为人或者组织的全体成员承担，而是可以集中于法人，由法人来承担。正是这种通过使财产独立化而产生的限制责任效果，构成了设立法人的本质动机。

法人的民事责任能力主要具有两个特点：①法人的民事责任能力和民事权利能力同时产生、同时消灭。二者是互相不可分割的统一体，共同存在于法人的存续期间。任何一个法人，有权利能力才能进行各项民事活动，有责任能力才能承担民事责任，保证民事活动的正常进行。②法人民事责任能力的范围和民事权利能力的范围是一致的。从法人的民事责任能力和民事权利能力所涉及的内容看，其责任能力和权利能力是一致的，即法人有什么样的权利能力，就应有相应的责任能力。

法人具有民事责任能力，但法人并非对其法定代表人和其他工作人员的一切行为都应承担民事责任。这就牵涉法人民事责任能力的确定标准问题。根据我国现有的民事立法，① 对法人民事责任能力的确定标准，有经营活动、法人名义和职务行为三种标准，学理上称为经营活动说、法人名义说和执行职务说。

1. **经营活动说**

《民法通则》第四十三条规定："企业法人对它的法定代表人和其他工作人员的经营活动，承担民事责任。"这一规定明确了企业法人的责任应以经营活动为限，如果法人的法定代表人或其他工作人员纯粹基于个人意志和个人身份从事经营活动，就应属个人行为，应由个人承担民事责任，而不能由法人承担民事责任。

2. **法人名义说**

所谓法人名义说，即确定责任以是否以法人的名义进行民事活动为标准。能够以法人名义活动的通常包括法人代表、法人工作人员以及法人的代理人。所谓法定代表人，是指民法上规定的可以对外代表法人的自然人。我国《民法通则》第三十八条规定："依照法律或者法人组织章程规定，代表法人行使职权的负责人，是法人的法定代表人。"《民法典》规定在第六十一条。

---

① 《民法典》第六十一条 依照法律或者法人章程的规定，代表法人从事民事活动的负责人，为法人的法定代表人。法定代表人以法人名义从事的民事活动，其法律后果由法人承受。

法人章程或者法人权力机构对法定代表人代表权的限制，不得对抗善意相对人。

第六十二条 法定代表人因执行职务造成他人损害的，由法人承担民事责任。

法人承担民事责任后，依照法律或者法人章程的规定，可以向有过错的法定代表人追偿。

3. 执行职务说

《民法典》对法定代表人进行了规定，并强调法定代表人从事职务行为时，法人才会承担相关民事责任。所谓职务行为，就是指以公司的名义为公司服务的日常工作行为或授权行为。

思考题：
比较关于法人责任的三种学说。

第三节　法 人 机 关

我国《民法通则》第三十七条规定："法人应当具备下列条件：（一）依法成立；（二）有必要的财产或者经费；（三）有自己的名称、组织机构和场所；（四）能够独立承担民事责任。"其中，法人机关是必不可少的要件。

所谓法人机关，是指根据法律、章程或条例的规定，不需要特别委托授权就能够以法人的名义进行民事活动的集体或个人。

根据《民法总则》的规定，营利法人应设立权力机构（第八十条）、执行机构（第八十一条）和监事机构（第八十二条）；事业单位可设理事会（第八十九条），社会团体可以设会员大会、会员代表大会和理事会（第九十一条），捐助法人可设理事会和民主管理组织（第九十三条）。至于特别法人的机关，由设立该法人的法人和行政法规确定。《民法典》延续了这一规定。

法人机关包括意思机关、决策执行机关和监督机关。其中，意思机关是形成法人意思的机关，也就是权力机关，如股份有限公司的股东大会；而决策执行机关是代表法人进行日常事务、执行意思机关决定的机关，如股份有限公司的董事会；监督机关则是依法为投资人和意思机关监督决策执行机关的情况的机关，如股份有限公司的监事会。

《公司法》第九十八条　股份有限公司股东大会由全体股东组成。股东大会是公司的权力机构，依照本法行使职权。

第一百零八条　股份有限公司设董事会，其成员为五人至十九人。（下略）

第一百一十七条　股份有限公司设监事会，其成员不得少于三人。（下略）

总的来看，我国的法人机关制度具有五个特点。

1. **法人机关是根据法律、章程或条例的规定设立的**

我国企业法人、事业单位法人、机关法人的机关是依照法律或条例的规定而设立的,社会团体法人的机关主要依照章程而设立。

2. **法人机关是形成、表示和实现法人意志的机构**

法人是依法拥有独立意志的民事主体,但作为一种社会组织,其意志的形成、表示或实现要通过机关来完成。因此,法人机关的意志就是法人的意志,法人机关所为的民事行为就是法人的民事行为,其法律后果由法人承担。德国民法称这种通过机关表达出来的意思为"总意思",代表法人这个整体。[①]

3. **法人机关是法人的有机组成部分**

法人机关并不是独立主体,它不能独立于法人之外单独存在,而是依附于法人,并且作为法人组织机构的一个重要组成部分而存在。法人的机关于法人成立时产生,否则,法人就无法实现其民事权利能力和民事行为能力,无法成为独立的民事主体。

4. **法人的机关由单个的个人或集体组成**

由单个的个人形成的法人机关称为独立机关,如法人代表人;由集体组成的法人机关称为合议制机关,是自然人和法人的集合,如股份有限公司的股东大会、董事会和监事会等。

法人机关一般由权力机关、执行机关和监督机关三部分构成。德国民法上则规定任何一个有权利能力的社团,必须有两个必要的机关,即社员大会和董事会,监事会可以另外设立,也可以由社员大会来完成其功能。[②]

法人的权力机关又称决策机关,它是法人自身意思的形成机关,有权决定法人的生产经营或业务管理的重大问题,如股份有限公司的股东大会。法人的执行机关,是指法人权力机关的执行机关,有权执行法人章程、条例或设立命令所规定的事项,以及法人权力机关所决定的事项。其主要负责人是法人的法定代表人,有权代表法人对外进行民事活动,如股份有限公司的董事会与董事长。法人的监督机关,是指对法人执行机关的行为进行监督检查的机关,如股份有限公司的监事会。

法定代表人是指依照法律或法人章程的规定,代表法人行使职权的负责人。我国《公司法》第十三条规定:"公司法定代表人依照公司章程的规定,由董事长、执行董事或者经理担任,并依法登记。公司法定代表人变更,应当办理变更登记。"

[①] 参见[德]卡尔·拉伦茨《德国民法通论》(上册),王晓晔、邵建东、程建英等译,法律出版社2003年版,第209页。

[②] 参见[德]卡尔·拉伦茨《德国民法通论》(上册),王晓晔、邵建东、程建英等译,法律出版社2003年版,第209页。

法定代表人具有三个特点：①法定代表人的资格是法定的。如我国《公司法》规定董事长、执行董事或经理可以担任公司法人的法定代表人，其他人不得担任。②法定代表人是代表法人从事业务活动的自然人。法定代表人只能是自然人，而且该自然人只有代表法人从事民事活动和民事诉讼活动时才具有这种身份。当自然人以法定代表人的身份从事法人的业务活动时，并不是独立的民事主体，而是法人这一民事主体的代表。③法定代表人是代表法人行使职权的负责人。法定代表人一般是执行机关的负责人。他可以依照法律或章程的规定，无须法人机关的专门授权，就能以法人的名义代表法人对外进行民事活动。

5. 法人机关是法人的代表机关

法人机关对内负责法人的生产经营或业务管理，对外代表法人进行民事活动。法人机关对法人的代表权与代理不同，代理需要有本人的授权，而代表则直接由法律和法人章程规定，在具体法定事务上仅需要内部授权即可。

关于法人机关与法人的关系，在西方民法上主要有两种学说，一种是代表说，另一种是代理说。代表说认为，法人是社会组织体，具有民事权利能力和民事行为能力，法人机关是法人的代表者，是法人意志的形成者和执行者，法人机关与法人的关系是代表关系，法人机关在其权限范围内的活动为法人本身的活动。与此不同的是，代理说认为法人是拟制人，其本身没有意思能力和行为能力，作为一个民事主体进行民事活动，只能由自然人进行代理。法人机关是法人的代理人，法人机关与法人的关系是代理关系。法人对法人机关的活动承担责任是基于代理规则。

通说认为，法人机关不是独立的权利主体，而是法人的有机组成部分。这种关系不同于代理关系，而只能被确认为代表关系，理由如下：①在代理关系中，代理人与被代理人是二元对立关系，即代理人与被代理人是两个独立的民事主体；而法人与法人机关的关系是一元关系，法人机关不是独立的民事主体，不能相对于法人而存在。②在代理关系中，存在两个意思，即代理人的意思和被代理人的意思；在法人机关与法人的关系中，只有一个意思，即法人的意思。法人的股东大会决议就是法人的意思，而不是授权意思。③在代理关系中，代理行为是代理人的行为，不是被代理人的行为，只不过这种行为的后果依照代理规则直接由被代理人承担；而法人机关的行为，就是法人的行为，其行为后果自然归属于法人。

在现代法人制度和公司法上，有关法人机关设置的理论被称为"法人治理结构"，而由于公司是法人的典型表现，故各国常称之为"公司治理结构"。公司制度在现代市场经济中的运行，除了股东有限责任、公司独立人格之外，其中最为重要的就是公司治理结构中的分权和制衡机制的制度设计。而这种分权与制衡模式的设计，是社会分工专业化的直接要求。

从各国公司法的规定可以看出，公司法人治理结构由意思机关或权力机关（股东大会）、决策执行机关（董事会及经理）、监督机关（监事会）组成。所谓分权，是将出资人所有权转换为股权后，将其权力划分为意思决定权、决策权、执行权、监督权，由股东会、董事会、监事会分别行使。三个机构按照公司法规定的法律地位、职权及权力规则各自独立行使职权，互不干预；所谓制衡，是指法律对三个机构的设置、职权的运用采取互相制约、互相监督的模式进行设计，使三者之间的权力达到平衡。

在分权制衡的框架内，各个机关内部意思的形成则是按照"多数决"的原则。股东大会形成对外意思是按照资本多数决，董事会和监事会做出决议是按照多数票，但董事会代表公司对外进行具体的意思表示时则可以由董事会全体（按照多数票决议做出）或董事个人（按授权，包括董事长）做出。[①] 不过，为了防止大股东操纵公司、保护小股东利益，各国公司法近年来开始适用"累积投票制"，我国现行《公司法》就做了此种规定。[②] 另外，为了防止关联交易和内幕交易，我国《公司法》对于有关联关系的股东投票权也进行了限制。法律规定，上市公司董事与董事会会议决议事项所涉及的企业有关联关系的，不得对该项决议行使表决权，也不得代理其他董事行使表决权。该董事会会议由过半数的无关联关系董事出席即可举行，董事会会议所做决议须经无关联关系董事过半数通过。出席董事会的无关联关系董事人数不足3人的，应将该事项提交上市公司股东大会审议。

思考题：
论公司治理结构的必要性。

第四节 法人的成立

一、概说

（一）法人的设立与成立

对于法人产生的描述常常使用"设立"和"成立"两个词，但两者并非同一概念。法人的成立是法人取得民事权利能力和民事行为能力的法律事实；法人的设

---

① 参见［德］卡尔·拉伦茨《德国民法通论》（上册），王晓晔、邵建东、程建英等译，法律出版社2003年版，第209～217页。
② 《公司法》第一百零五条 股东大会选举董事、监事，可以依照公司章程的规定或者股东大会的决议，实行累积投票制。
本法所称累积投票制，是指股东大会选举董事或者监事时，每一股份拥有与应选董事或者监事人数相同的表决权，股东拥有的表决权可以集中使用。

立是为创办法人组织，使其具有民事权利主体资格而进行的多种准备行为，它是法人成立的前置阶段，是一个动态的过程。法人的成立与设立是两个既有联系又有区别的概念。没有法人的设立便没有法人的成立，法人成立必须经法人设立。

法人的设立和成立主要有以下区别：①两者的性质不同。法人的设立是一种准备行为，是动态的，如法人创立人在银行开户、筹集法人财产等行为，以及法人创办人之间进行各种协商、创办筹备组织等行为。法人的成立属于法人设立阶段的终点，通常以登记为公示。在设立阶段所为的各种行为如法人的成立申请、法人登记的有关文件的递交、法人正式登记领取法人资格证书和营业执照等，都是为达成法人成立而进行的设立行为。②两者的效力不同。法人在设立阶段，不具有法人资格，也不享有法律规定的法人组织的权利或承担有关的义务。其所发生的债权债务，由设立后的法人享有和承担。如果法人不能成立，则由设立人承担设立行为所产生的债务。法人成立后即享有民事主体资格，所发生的债权和债务，由法人享有和承担。③两者的要件不同。法人的设立一般要具备有合法的设立人、存在设立基础和设立行为本身合法等要件。而法人的成立一般应具备依法成立、有必要的财产或经费、有自己的名称、有组织机构和场所等要件。因此，法人的设立并不当然导致法人的成立，当设立无效时，法人就不能成立。

我国《民法典》第七十五条规定："设立人为设立法人从事的民事活动，其法律后果由法人承受；法人未成立的，其法律后果由设立人承受，设立人为二人以上的，享有连带债权，承担连带债务。设立人为设立法人以自己的名义从事民事活动产生的民事责任，第三人有权选择请求法人或者设立人承担。"

(二) 法人设立原则

法人依据一定原则而设立。世界各国主要的法人设立原则有五种。

1. **自由设立主义**

自由设立主义也称放任主义，即国家对于法人的设立完全听凭当事人自由，不加以任何干涉和限制。这种方法盛行于欧洲中世纪商事公司发展时期。自近代以来，除瑞士民法对于非营利法人仍采取此方法外，各国立法已鲜有采用。

自由设立主义的特点是没有实质上的设立要求，由设立人任意凭自己的意志来设立。显然，在现代市场经济的条件下，如果听凭当事人任意设立法人，会平添交易双方互相识别的困难，增加交易成本。因此，现代各国都不采用此法。

2. **特许设立主义**

特许设立主义即法人的设立须经特别立法或国家元首的许可。这种方法盛行于17—19 世纪的欧洲，如德国直到修订 1870 年《普通德意志商法典》为止，采用的都是特许设立主义。① 现代立法已很少采用。

这种设立方法是皇权的延续。在航海大发现以后，欧洲和英国的经济发展迅速，各国君主都不肯丧失对经济组织的支持和控制，于是采取特许的方式，使新经济仍然掌握在皇室的手中。在现代民主政治条件下，这种方法也过时了。

3. 核准主义

核准主义也称行政许可主义，即法人的设立须经行政机关许可。德国民法对财团法人的设立采取此种方法，日本民法对公益法人的设立亦采取此种方法。

核准制比特许制要前进了一步，即改变了皇权对经济组织的控制，而将法人组织成立批准的权限交给了行政机关。这样的设立方式在我国也一定程度地存在。

4. 准则主义

准则主义也称登记注册主义，即法律对法人的设立预先规定一定的条件，设立人可遵照这些条件经过准备工作而设立，无须先经行政机关许可。依照法定条件设立后，仅需向登记机关办理登记，法人即可成立。德国民法对社团法人的设立采取此种方法，此法也称为"规范制"。②

准则主义是现代市场经济中最常用的法人设立方法，依照此种方法，设立人只需要按照法定要件自我审查、提供材料，再到登记机关注册即可。

5. 强制设立主义

强制设立主义即国家对于法人的设立实行强制设立。这种方法适用于特殊产业或特殊团体法人的设立。

强制设立是一种国家政策的体现，因此，其设立是自上而下的，没有可复制性。如国外的宗教社团都是强制设立的。在现代社会，有一些重要的产业必须由国家进行投资和经营，因而有相应的国有公司被强制设立。

我国现行法律对于营利性法人和非营利性法人采用不同的设立原则：①营利性法人的设立原则。营利性法人可以分为公司企业法人和非公司企业法人。公司企业法人又可分为有限责任公司和股份有限公司。设立有限责任公司，采取准则设立主义，即除法律和法规规定须经有关部门审批的以外，仅需向公司登记机关申请设立登记；设立股份有限公司，须经国务院授权的部门或省级人民政府批准。这显然属于行政许可主义。对于非公司企业法人的设立，首先须经主管部门或有关审批机关批准，然后才向登记机关申请登记，也属于行政许可主义。②非营利性法人的设立原则。非营利性法人包括机关法人、事业单位法人和社会团体法人。机关法人的设立，取决于宪法和国家机关组织法的规定，相当于特许设立主义。事业单位法人和社会团体法人的设立分为两类：一类是依法不需要办理法人登记的，从成立之日

---

① 参见［德］迪特尔·梅迪库斯《德国民法总论》，邵建东译，法律出版社2001年版，第816页。
② 参见［德］迪特尔·梅迪库斯《德国民法总论》，邵建东译，法律出版社2001年版，第816页。

起，即具有法人资格，如中国科学院、中华全国总工会等，其设立原则应属于特许设立主义；另一类是依法需要办理法人登记的，如各种协会、学会、行业团体、基金会等，应当经过业务主管部门的审查同意，向登记机关申请登记，其设立原则属于行政许可主义。

二、我国法人的设立

（一）我国法人的设立方式

1. 法人设立的主要方式

（1）发起设立，即由发起人一次性认足法人成立所需资金而设立法人。这种方式主要适用于集体所有制企业法人、私营企业法人、股份合作企业法人、有限责任公司和一些股份公司等。

（2）募集设立，即法人组织所需的资金，在发起人未认定之时，向社会公开募集的一种法人设立方式。这种方式主要适用于股份有限公司。

（3）命令设立，即政府以命令的方式设立法人。这种方式主要适用于国家机关和全民所有制企业法人。

（4）捐助设立。即由法人或自然人募足法人所需资金的一种法人设立方式。这种方式主要适用于基金会法人。

2. 根据我国现行法，法人的设立需具备的条件

（1）法人的设立需要有设立人或发起人。设立人或发起人除必须具备民事权利能力和民事行为能力外，还需具备法律所规定的资格。如机关法人的设立只能是国家；企业法人的设立人可以是自然人、法人，也可以是国家。

（2）设立行为本身合法。设立人设立法人所实施的行为应符合法律规定，不得实施法律所禁止的行为或利用不正当手段谋求资格要件的实现。

（3）设立某种类型的法人，必须是现行法律加以确认的。如果现行法律尚未确认，设立人不得自行创立一种法人类型加以设立。

法人设立后取得法人资格，即为法人成立。机关法人于设立时取得法人资格，不需要登记；营利（企业）法人均须办理法人登记，自领取企业法人营业执照之日起取得法人资格。非营利（事业单位法人或社会团体）法人依法不需要办理法人登记的，从设立时起取得法人资格；依法需要办理法人登记的，经核准登记领取法人营业执照之日起取得法人资格。特别法人的设立须遵守国家命令和决定。

（二）法人成立的条件

法人是一种社会组织，但并非任何社会组织都是法人，只有那些符合法定条件的社会组织才能成为法人。法人成立的要件包括实体要件和程序要件。

根据我国现行民法的有关规定，法人成立的实体条件有四个。

1. 依法成立

依法成立是指依照法律规定而成立。依法成立包括两方面的内容：一是法人组织的设立合法，即法人设立的目的、宗旨要符合国家和社会公共利益的要求，其组织机构、经营范围、设立方式、经营方式等要符合国家法律的要求。二是法人成立的程序须符合法律、法规的要求。

2. 有必要的财产和经费

法人拥有必要的财产或者经费，是其生存和发展的基础，也是其独立承担民事责任的财产保障。如果法人没有必要的财产或经费，债权人就会面临无法预见的风险。故法律规定，法人要有必要的财产或经费，其目的主要是为了保护债权人的利益。所谓必要，是指法人的财产或经费与法人的性质相适应。

关于法人财产的立法方法主要有两种。一种是授权资本制，即将法人资本载于法人章程，不需要在成立时达到法定的资本，而是在成立后由法人逐步达到法定资本。另一种是法定资本制，即由法律来规定法人成立时的最低资本，不符合最低资本的要求的，法人就不能成立。

3. 有自己的名称、组织机构和场所

（1）法人的名称。法人作为特定的民事主体，必须要有自己的名称。法人的名称是法人区别于其他民事主体的标志，是法人商誉的组成部分。法人对自己经核准登记的名称享有专用权，企业法人还能依法转让自己的名称。

世界各国对法人名称的要求采取的措施主要概括为两种。一种是真实主义，即拟成立法人选定的名称必须与该拟成立法人的真实情况相符，如德国就采取此种办法；另一种是自由主义，即拟成立法人选定什么名称，原则上毫无限制，如日本就采取此立法主义。我国有关法律对法人名称的确定有一定的限制，并不能完全由法人自由选定。例如，《企业名称登记管理规定》（2020年修订版）第六条规定："企业名称由行政区划名称、字号、行业或者经营特点、组织形式组成。跨省、自治区、直辖市经营的企业，其名称可以不含行政区划名称；跨行业综合经营的企业，其名称可以不含行业或者经营特点。"第七条规定："企业名称中的行政区划名称应当是企业所在地的县级以上地方行政区划名称。市辖区名称在企业名称中使用时应当同时冠以其所属的设区的市的行政区划名称。开发区、垦区等区域名称在企业名称中使用时应当与行政区划名称连用，不得单独使用。"

（2）法人的组织机构。法人的组织机构是对内管理法人事务，对外代表法人进行活动的机构。每一个法人都应该有自己的组织机构，即法人治理机构。因此，法人注册登记时应明确记载其组织机构。

（3）法人的场所。法人的场所就是法人从事业务活动或生产经营活动的处所。

它可以是法人自己所有的，也可以是租赁他人的。法人必须要有自己的场所。这对于法人开展业务活动、履行债务以及进行诉讼活动具有重要意义。

法人的场所与住所是两个既有联系又有区别的概念。法人的场所可以是一个，也可以是多个，而法人的住所只有一个。《民法通则》第三十九条规定："法人以它的主要办事机构所在地为住所。"《民法总则》与《民法典》第六十三条规定："法人以其主要办事机构所在地为住所。依法需要办理法人登记的，应当将主要办事机构所在地登记为住所。"

当法人只有一个办事机构时，该办事机构所在地即为法人的住所。当一个法人有若干个办事机构，如有营业机构、管理机构、分支机构等时，并且分别位于不同的地方，则应以法人的中心管理机构所在地为其住所。在实际生活中，企业法人应以其在工商行政管理部门核准登记的法定地址所在地为其住所，机关法人、事业单位法人和社会团体法人则应以批准成立时的常设中心办公机构所在地为其住所。

4. 能够独立承担民事责任

法人独立承担民事责任，是法人作为独立民事主体的直接体现。独立承担民事责任是指法人以其经营管理或所有的财产对法人的债务承担责任，而不是由其他组织、个人代替，或由设立人连带承担责任。

思考题：
论述法人设立原则的变迁。

第五节 法人的变更和终止

一、法人的变更

法人的变更，是指法人在组织上分立、合并以及在活动宗旨、业务范围上的变化。法人的变更，或者是出于行政需要，或者是营利法人为了适应复杂的市场形势而追求自身利益的需要。企业法人变更自身形式的自由，是企业自由的重要内容。

（一）法人变更的类型

1. 特别法人的分立与合并

特别法人即行政法人，是按照国家行政命令和行政法规设立的，因此，其分立与合并也应依照同样的法律进行。

2. 企业法人的分立

法人的分立是指一个法人分成两个或两个以上的法人。法人分立有两种情况，一种是新设分立,即一个法人分成两个或两个以上的新法人,原法人资格消灭。另一种是派生分立,即一个法人分出一个或几个法人之后,新法人的资格确立,而原法人资格继续存在。企业法人的分立应经债权人同意或向债权人提供担保,债权人反对的不得分立。

3. 企业法人的合并

法人的合并是指两个或两个以上的法人合并为一个法人。法人合并有两种形式。一种是新设合并,即两个或两个以上的法人归并为一个新的法人,原来的法人消灭,新的法人产生。另一种是吸收合并,即一个或多个法人归并到一个现存的法人中去,被合并的法人消灭,而存续法人的资格仍然保留。企业法人兼并或事业单位法人合并多属后一种形式。

企业法人的分立与合并见图4-2。

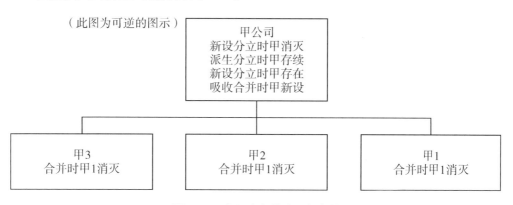

图4-2 企业法人的分立与合并

4. 组织形式的变更

法人成立后,它的组织形式也可能发生变更。组织形式的变更是实质性变更,如有限责任公司在符合法定条件的前提下,经全体股东一致同意,可以变更为股份有限公司。但这种公司组织形式的变更,应重新进行设立登记程序。

5. 法人其他重要事项的变更

法人其他重要事项的变更是指除组织形式以外的法人活动宗旨和业务范围等事项的变更。如企业法人改变名称、住所、经营场所、法定代表人、经济性质、经营范围、经营方式、注册资金、经营期限以及增设或撤销分支机构,这些都属于重要事项的变更。所有重要事项的变更均应进行变更登记。

(二) 法人变更的法律后果

法人的变更直接影响到法人权利的行使和义务的履行,关系到他人和社会利益。法人分立合并后,它的所有权、其他物权及各项债权等均由变更后的法人享有，它的各项债务和有关的民事赔偿责任由变更后的法人承担。法人组织形式变更也是如此。至于法人其他事项的变更，则经过登记发生公示效果，并且产生相应组织机构的变更。

《民法总则》与《民法典》就法人变更后的债权债务关系做出了规定，即第六十七条："法人合并的，其权利和义务由合并后的法人享有和承担。法人分立的，其权利和义务由分立后的法人享有连带债权，承担连带债务，但是债权人和债务人另有约定的除外。"

（三）法人的终止

法人的终止，又称法人的解散，是指法人丧失民事主体资格，其民事权利能力和民事行为能力消灭。法人终止后，便不能再以法人的名义对外进行民事活动，已登记的应注销登记。

根据《民法通则》第四十五条、《民法总则》与《民法典》第六十八至六十九条的规定，① 法人终止的原因主要有四种。

1. 依法被撤销

法人依法被撤销包括两种情形：一是法律、行政命令直接规定撤销其法人资格，二是法人因违反法律的规定而被撤销。如企业法人从事违法经营活动，给国家、社会或他人的利益造成严重损害，主管机关可依法撤销该法人。

2. 自行解散

法人解散的原因主要有：①因法人的目的事业完成或无法完成而解散。如为举办某些大型基建项目而成立的项目公司在项目完成后，因其任务完成而解散。②因法人章程所规定的存续期限届满或解散事由出现而解散。③因法人的成员会议决议而解散。

3. 依法被宣告破产

法人在其全部资产不足清偿到期债务时，人民法院可根据债权人或债务人的申

---

① 《民法典》第六十八条　有下列原因之一并依法完成清算、注销登记的，法人终止：
（一）法人解散；
（二）法人被宣告破产；
（三）法律规定的其他原因。
法人终止，法律、行政法规规定须经有关机关批准的，依照其规定。
第六十九条　有下列情形之一的，法人解散：
（一）法人章程规定的存续期间届满或者法人章程规定的其他解散事由出现；
（二）法人的权力机构决议解散；
（三）因法人合并或者分立需要解散；
（四）法人依法被吊销营业执照、登记证书，被责令关闭或者被撤销；
（五）法律规定的其他情形。

请，依法宣告其破产。

4. 其他原因

除上述一至三项的原因外，法人也可因其他原因而终止，如国家经济政策的调整、发生不可抗力（如战争）等。特别法人依照国家的法律法规终止。

企业法人终止时应进行清算，结束一切债权债务关系。行政法人依照法律法规的规定终止。

（四）法人的清算

法人清算，是指清理即将终止的法人的财产，了结其作为当事人的法律关系，从而使该法人归于事实上和法律上消灭的必经程序。

法人清算可分为破产清算和非破产清算两种。破产清算是指依照破产法规定的清算程序进行清算。《民法典》第七十三条规定："法人被宣告破产的，依法进行破产清算并完成法人注销登记时，法人终止。"非破产清算是指不依破产法规定的程序进行的清算。任何情况下法人终止都应先进行清算，见《民法典》第七十条："法人解散的，除合并或者分立的情形外，清算义务人应当及时组成清算组进行清算。法人的董事、理事等执行机构或者决策机构的成员为清算义务人。法律、行政法规另有规定的，依照其规定。清算义务人未及时履行清算义务，造成损害的，应当承担民事责任；主管机关或者利害关系人可以申请人民法院指定有关人员组成清算组进行清算。"但是，如果在清算时发现其具有破产原因时，即可转为按破产程序处理。

关于法人在清算期间的性质，法学界多有争论。归纳起来主要有三种观点：①清算法人说。该说认为法人一经解散，即为法人的终止，因此，法人的民事主体资格消灭，其民事权利能力和民事行为能力丧失。但是为了便于清算，应在清算时把原法人视为一个以清算为目的的"清算法人"。②同一法人说。该说认为法人的解散并不意味着法人的消灭，只有在清算终结时，法人资格才归于消灭。虽然法人在清算期间，已经不能进行各种积极的民事活动，但它还必须以原法人的名义，对外享有债权和负担债务。所以，在法人清算期间，法人资格仍然存在。③拟制法人说。该说认为法人解散即为法人消灭，只是为了清算的目的才在法律上拟制它为法人的存续，拟制法人在清算目的的范围内享有民事权利能力。

根据我国《民法通则》第四十条、第四十七条，《民法总则》第七十条和《民法典》第七十三条的规定，清算是法人终止的必要程序，清算中的法人与清算前的法人具有同一人格，只是其民事权利能力与民事行为能力受清算目的的限制而已。

清算组织是指负责进行结算的组织或个人，又称清算人。他们对内执行清算义务，对外代表清算法人。清算组织的职责是：清查法人财产；了结未了事务，即对于法人在解散前已着手实施但未完成的事务，清算组织应予以了结；收取债权，清偿债务。对属于法人的债权，清算组织应予以收取。债权尚未到期或所附条件尚未成就的，应以转让或折价方法收取。法人对他人所负债务，应由清算组织予以清偿。债务未到期的，应提前清偿；移交剩余财产。清偿债务后剩余的财产，应由清算人负责移交给对财产享有权利的人；已登记的还应申办法人注销登记。

思考题：
举例说明公司法人分立与合并的类型。

第六节　法人的登记

法人登记制度，是把关于法人成立、存续、变更和消灭的法律事实，由主管机关登记在案，以为公示的制度。它是法人取得民事权利能力和民事行为能力、变更民事权利能力和民事行为能力，以及消灭民事权利能力和民事行为能力的要件。《公司登记管理条例》第二条规定："有限责任公司和股份有限公司（以下统称公司）设立、变更、终止，应当依照本条例办理公司登记……"我国《民法典》也规定，企业法人的成立、变更和终止必须进行登记。

法人登记与学理上的公示主义有关。所谓公示主义，是指法律规定的某些法律事实须经公开表示，以使利害关系人知晓，才能引起相应的法律效果。公示主义的制度价值，在于保护法律事实的利害关系人的了解利益。例如，对于企业法人而言，它的资信状况、负责人、民事能力等事实状态，是交易对手决定是否与之交易以及对于未来交易如何处置的前提信息。而这些信息资料的获取非常困难，这就决定了法律有必要规定专门制度，以保护利益关系人的信赖利益。

除依法不需要进行登记的法人以外，法人登记通常包括设立登记、变更登记和注销登记。

1. 法人设立登记

法人设立登记是法人依法成立，取得民事权利能力和民事行为能力的要件。根据我国有关法律的规定，企业法人、部分事业单位法人和社会团体法人，应依法进行设立登记。

法人的成立必须采用公示的方法。登记即为公示的方法。法人登记的效力，或为生效效力，或为对抗效力。依照《民法通则》第四十一条的规定，企业法人的成立，只有经过成立登记才能取得法人资格，即登记是法人成立的生效要件。依照《社会团体登记管理条例》第三条的规定，除了参加中国人民政治协商会议的人民团体，由国务院机构编制管理机关核定、并经国务院批准免于登记的团体，机关、团体、企事业单位内部经本单位批准成立并在本单位内部活动的团体外，其他的社会团体均须经过登记，才能取得法人资格。如未登记，则不能取得社会团体法人资格。法人的其他登记仅具有对抗效力，如变更法定代表人的登记。

2. 法人变更登记

法人变更登记是指法人就有关法人的变化情况向登记机关办理变更手续。法人变更是否一律应当登记，根据我国现行法律，应区别对待。对于非因登记而取得法人资格的机关法人及部分社会团体法人、事业单位法人，其变更不须登记。对于因登记而取得法人资格的企业法人及部分社会团体法人、事业单位法人，其变更应予以登记。其登记机关为原登记机关。法人变更登记的目的在于保护相对人的利益，维护交易安全。特别是企业法人，其变更登记对于相对人的利益尤显重要。此外，法人变更登记还有利于国家职能部门掌握情况，实现宏观调控。

企业法人变更登记的事项一般包括：分立与合并、变更组织形式、增设或撤销分支机构，以及变动法人经营范围、注册资本、住所、法定代表人、经营方式等。社会团体法人和事业单位法人变更登记属于登记事项，对于非登记事项的变动一般不需办理变更登记。

3. 法人注销登记

法人注销登记是法人依法终止，其民事权利能力和民事行为能力消灭的要件。依登记而成立的企业法人、事业单位法人和社会团体法人，其终止亦应办理注销登记。法人注销登记与设立登记机关相同。注销登记应预先在清算程序中扣取费用，并且可授权清算人代为办理，或者直接由法院以公告方式办理。①

思考题：

简述法人登记事项。

---

① 《德国民法典》第64条 【登记的内容】

登记时，应在社团登记簿上载明社团的名称及其住所，订立章程的日期，以及董事会成员。有关董事会代表权范围的限制，或者偏离第28条第1款的规定而另定董事会决议事项的规定，应同样进行登记。

第65条 【附加"注册社团"的字样】

社团一经登记，即在其名称前附加"注册社团"字样。

第66条 【公告】

（1）初级法院应将登记公布于其指定为公告用的报纸上。

（2）章程的正本应附具登记证明并予以发还。章程的副本由初级法院加以认证，并连同其他文件由初级法院保存。

第七节 公司法人人格否认法理

公司法人人格否认法理,又被称为"刺破公司的面纱"理论,是关于在适当条件下将公司法人的责任追及至设立人(股东)个人资产的一种理论。

1897年,在"所罗门诉所罗门有限公司"(Solomon v. Solomon & Co. Ltd)[①]一案中,所罗门是一位个体商人,他成立了一家公司,几乎拥有公司全部股份。该公司最终进入了清算程序。所罗门声称自己是公司的债权人,有权要求公司偿还他借给公司的钱。其他债权人则称,既然公司成立后的业务与成立前完全一样,故在效果上,所罗门就是公司,所罗门与公司之间没有债权债务关系。法院最后判决:公司是一个独立于其成员的法人,因而所罗门持有的公司债券合法有效,故所罗门可以向公司追讨欠款。

该判决的根据是1862年的英国《公司法》,其中明确规定建立在股东有限责任基础上的公司具有独立的法律人格,法官并不过问公司成员对公司债务的个人责任。因此,股东有限责任和公司独立人格"就像罩在公司头上的一层面纱",它把股东与公司隔开,保护股东免受债权人追索。应当说,这也是人们之所以选择成立公司的缘由。

但是,一旦公司被控制和操纵,"公司面纱"便会成为行为人损害他人利益或者公共利益的工具,因此,随着社会的发展,公司经营活动越来越丰富,新的情况便发生了。

1962年,在英国的"琼斯诉李普曼"(Jones v. Lipman)[②]一案中,原告琼斯与被告李普曼签订了一份房屋买卖合同。为了逃避交付房屋的义务,被告成立了一个公司,并将房屋转让给了该公司,企图以财产已经为公司所有,而公司独立于被告本人为借口逃避债务。为此,原告向法院起诉,认为被告是公司的主要股东,因而要求强制执行该合同。法院经过调查,发现被告是公司的主要股东和唯一董事,公司不过是一个空壳,是被告设立的面纱,是假公司,被告企图以此阻碍衡平法院发现真实、正义。所以,法院最终否认了公司的独立人格,判令被告必须将房屋交付给原告。

法人是有别于自然人的一个法律实体,可以独立承担责任。但是,如果这一原理被人用来逃避责任,则是对该制度的法律目的的歪曲。为此,现代各国都承认了法人人格否认法理,如美国、德国等,德国民法将此种责任称为"穿越责任"。

---

① House of Lords, [1897] AC22.
② High Court, [1962] 1 WLR 832.

我国《公司法》也承认了这一理论：

《公司法》第二十条　公司股东应当遵守法律、行政法规和公司章程，依法行使股东权利，不得滥用股东权利损害公司或者其他股东的利益；不得滥用公司法人独立地位和股东有限责任损害公司债权人的利益。

公司股东滥用股东权利给公司或者其他股东造成损失的，应当依法承担赔偿责任。

公司股东滥用公司法人独立地位和股东有限责任，逃避债务，严重损害公司债权人利益的，应当对公司债务承担连带责任。

但应当注意的是，"刺破公司的面纱"理论只能在必要的时候适用，不能滥用，更不能以此为由彻底否认法人的独立人格，将其变成一种可以普遍适用的制度。根据该原理来源国的经验，一般来说，该法理应适用于小型有限责任公司，特别是一人公司。因为小型公司中的股东人数少，股东权容易被滥用，责任也因此更容易确定。而对于人数众多的大公司，如股份有限公司，由于其股东人数太多且不确定，并且有复杂的公司治理结构，不宜适用。同时，对于那些需要追究股东滥用权利的情况，也必须有直接的法理依据（如超越代理权限）。

我国《公司法》第六十三条规定了一人公司的债务承担，即"一人有限责任公司的股东不能证明公司财产独立于股东自己的财产的，应当对公司债务承担连带责任"。这就正面承认了公司法人人格否认法理在我国的适用。

《民法典》第八十三条规定："营利法人的出资人不得滥用出资人权利损害法人或者其他出资人的利益；滥用出资人权利造成法人或者其他出资人损失的，应当依法承担民事责任。营利法人的出资人不得滥用法人独立地位和出资人有限责任损害法人债权人的利益；滥用法人独立地位和出资人有限责任，逃避债务，严重损害法人债权人的利益的，应当对法人债务承担连带责任。"

虽然"刺破公司面纱"的原理是在英美法上首先发展起来的，但该原理的适用在这些国家和地区也并不多见，通常只在债务人有明显的欺诈意图时，才可以适用该原理。另外，在涉及母子公司的关系时，可能会适用该原理。① 美国在这方面的标准较为混乱，有所谓三重标准说（所有权与利益一体化、不法行为、因果关系），也有综合事实说，等等。

德国民法认为，须满足一定的要件才能适用该原理。第一种看法是，只有在法人背后的人具有损害的故意时才能适用；第二种看法认为，对于某些资本不足的类

---

① Woolfson v. Strathclyde regional Council, [1978] SLT 159, 38 P&CR 521.

型可以直接适用；第三种看法是，应从相反的方向来要求股东对法人配备足额资本金。①

总之，公司法人人格否认法理是为了防止那些利用公司独立人格形态逃避债务的投资人而出现的，其适用的范围一般比较狭窄。为了不使该理论从根本上损害公司法人制度，各国法院在实际运用中都极为审慎。

思考题：

简述公司法人人格否认法理的内容。

---

① 参见［德］迪特尔·梅迪库斯《德国民法总论》，邵建东译，法律出版社2001年版，第824页。

第五章　民事主体制度之三：非法人组织制度

非法人组织是相对于法人组织而言的，立法中也称为"其他组织"或"非法人团体"。在我国民法上，非法人组织制度是在自然人和法人制度之外的一种重要的主体制度。

第一节　非法人组织制度概说

非法人组织，是指不具有法人资格但可以以自己的名义进行民事活动并承担相应责任的组织。现代各国立法大多承认在自然人和法人之外有非法人组织的存在，但是，对非法人组织的称谓及类型却规定不同，如德国就根据非法人组织没有独立法人格而称其为无权利能力社团。①《日本民法典》和我国台湾地区的有关规定均没有明文对"非法人团体"做出正面规定，只是承认其作为团体所享有的财产权，并且规定合伙可以作为组织从事民事活动，在决定合伙事项时采用多数决的方式进行。②

我国《民法总则》与《民法典》第一百零二条规定："非法人组织是不具有法人资格，但是能够依法以自己的名义从事民事活动的组织。非法人组织包括个人独资企业、合伙企业、不具有法人资格的专业服务机构等。"

应当说，无论法律上有无关于"非法人团体"的明文规定，类似的组织形式在民事活动中都是一种事实存在。常见的非法人团体就是合伙。非法人组织在现代社会中的作用有时可能会被忽视，特别是在英美法系国家中，关于法人类型的规定使成立法人变得较为容易，如一人公司就是英美法上长期存在的法人形式，而我国

---

① 《德国民法典》第54条 【无权利能力的社团】
对于无权利能力的社团，适用关于合伙的规定。以这种社团的名义向第三人采取的法律行为，由行为人负个人责任；行为人为数人时，全体行为人作为连带债务人负其责任。
有学者指《德国民法典》"在规定无权利能力社团时是极其吝啬的"，参见［德］迪特尔·梅迪库斯《德国民法总论》，邵建东译，法律出版社2001年版，第852页。

② 参见王泽鉴《民法总则》，北京大学出版社2009年版，第121页。

仅仅是在2005年修订《公司法》时才出现相关规定。[①] 在此之前，我国的市场经济活动中存在着大量的非法人组织，包括个体工商户、农村承包经营户、合伙、个人独资企业、法人分支机构和筹备中的法人等，它们都是市场主体结构中不可缺少的组成部分。

一、非法人组织的共同法律要件

1. 有自己独立的组织形式及名称，并以组织的名义进行民事活动

这是非法人组织区别于自然人与契约关系或一般松散集合的标志。如果不以非法人组织的名义对外进行民事活动，而以个人的名义对外进行活动，其行为就不是非法人组织的行为。

对于非法人组织来说，以组织名义进行活动是至关重要的。根据法人名义说的推衍，组织与个人的区别就在于是否以组织的名义进行活动。而这一要求实际上是自然人人格理论的普遍适用。对自然人来说，其行为必须由自然人本人进行，即使委任代理人进行，代理人也必须以委托人的名义进行活动，否则行为的法律后果就不能直接由委托人本人承担。作为非法人组织，虽然其组织形式没有法人那样紧密，但只要在活动时以组织的名义进行，就可以使其所有成员或控制人来承担法律后果。

2. 可设有代表人或管理人

非法人组织为实现自己的目的，应设立代表人或管理人，对外代表非法人组织，进行民事法律行为。如合伙组织可以委托一人从事经营管理活动，对外代表合伙。如果没有这样的约定，则每个成员都可以对外代表合伙。

法人设代表人有法律明文规定，因为法人的组织结构复杂，有的还相当庞大，因此，必须有一个自然人对外代表公司的实体。非法人组织虽然没有那么复杂的结构，有的只是以家庭或个人为单位经营，如个体工商户、个人独资企业等，但是，这些组织毕竟已经与自然人本身相区别，需要登记成为一个事实存在的组织体。因此，法律规定某些组织可以设立代表人或事务管理人，对外统一代表组织。

3. 有自己能支配的财产或经费

这是非法人组织进行民事活动、承担民事责任的物质基础。非法人组织虽然是人合组织体，但要实现其团体目的、从事经济的或非经济的活动，就必须有一定的财产或经费。

法人的成立要件之一是必须有一定的财产，这是因为法人必须独立承担责任。

---

① 参见《公司法》第五十七条第二款："本法所称一人有限责任公司，是指只有一个自然人股东或者一个法人股东的有限责任公司。"

与法人组织不同，非法人组织并不要求该财产或经费由自己独立享有，因为最终的民事责任是要求每一个成员都要承担的（有限合伙人除外）。但是，非法人组织必须独立进行活动，因此也就必须有一定的独立财产。这些财产只要求可以由组织独立支配即可。例如，公司的分支机构，虽然该分支机构可以独立购置房产作为办公处所，但其对该项财产并不能独立享有。另外，非法人组织的财产也不要求必须与其成员的财产截然分开，因为非法人组织的责任是不完全的，其财产不足以清偿债务时，由成员以个人财产清偿。

二、非法人组织的主要法律特征

1. 非法人组织是人合组织体

非法人组织是由一个以上的自然人组成的组织体，而且这个组织体不是临时的、松散的，通常应设有代表人或管理人，有自己的名称或组织机构、组织规则，有进行业务活动的场所。总之，非法人组织是具有相当稳定性的组织体。

非法人组织不同于法人。法人是具备法律要求条件的与自然人的法律地位完全相当的组织体，其设立程序、财产数额、机构设置、议事规则等均有法律明确规定，法人章程只能在法律规定的范围内进行具体规定，法人与法人机构之间的关系是代表关系。而非法人组织虽然也存在设立程序、机构设置、议事规则等事项，但其结构和组织更加松散，在没有法律禁止性规定的情况下，组织成员对外均可代表非法人组织。

2. 非法人组织是有自己目的的社会组织体

这里的目的通常是营利性目的，即以获取经济利益为目的。合伙、个人独资企业、不具有法人资格的专业服务机构如诊所等，都是以营利为目的的。

3. 非法人组织是具有民事行为能力的组织体

非法人组织作为民事主体与自然人、法人不同，不具有民事权利能力，但具有民事行为能力。非法人组织设立时所依据的法律本身会设定其目的。非法人组织的行为应在目的范围或法人授权范围内进行，如企业法人的分支机构未经上级授权不得为他人担保。

4. 非法人组织是不能完全独立承担民事责任的组织体

非法人组织与法人组织的根本区别是非法人组织不能独立承担民事责任。在法人制度上，法人的责任与法人出资人的责任、法人成员的责任要严格区分。法人出资人的责任是有限责任，以其出资财产为限承担民事责任。而非法人组织的民事责任能力是不完全的，即当非法人组织不清偿到期债务时，应由该非法人组织的出资人或开办人以个人财产承担连带责任，以弥补非法人组织责任能力的不足。

思考题：
比较不同国家和地区关于非法人组织的立法。

第二节 合 伙

一、合伙的概念和特征

关于合伙的定义，各国法律的规定不尽相同。多数大陆法系国家强调合伙是基于契约关系而成立的组织。最早在罗马法上，合伙是指两人以上互约合资经营共同事业，共同分配损益的契约。《法国民法典》第 1832 条和《意大利民法典》第 2247 条沿袭了罗马法的规定，认为合伙必须基于契约而产生。《德国民法典》第 705 条规定，根据合伙契约，各合伙人互相负有义务，以由契约规定的方式促进达成共同事业的目的，尤其是提供约定的出资。《日本民法典》第 676 条规定，合伙契约由各当事人约定出资经营共同事业。[①]

基于上述规定，大陆法系各国一方面承认合伙的民事主体地位，同时强调合伙必须建立在契约基础上。

与此相反，英国、美国则比较重视合伙的实体性质。《英国合伙法》（Partnership Act，1892）第 1 条规定，合伙"是为了营利而从事业务活动的个人之间所建立的关系"[②]；《美国统一合伙法》（Uniform Partnership Act，1914，Revised 1997）第 101－（6）条也规定，"合伙是两个或两个以上的人共同经营以获取利润的组织"[③]。因此，英国和美国首先强调的是合伙的主体地位，合伙一般应用商号的名

[①] 《法国民法典》第 1832 条 合伙为二人或数人同意将若干财产共集一处，而以分配其经营所得利益为目的的契约。

《意大利民法典》第 2247 条 【合伙契约】

合伙契约是以分享利润为目的（参阅略）、二人或数人按照约定为共同从事经营活动而提供财产或劳务的契约。

《德国民法典》第 705 条 【合伙合同的内容】

根据合伙合同，各合伙人互相负有以合同规定的方式促进达到共同目的，特别是提供约定的出资的义务。

《日本民法典》第 676 条 合伙契约

（一）合伙契约，因各当事人约定依经营共同事业而发生效力。（下略）

[②] 原文为："Division 1—Nature of Partnership 1. Definition of Partnership（1）Partnership is the relation which exists between persons carrying on a business in common with a view of profit and includes an uncorporated limited partnership."。

[③] 原文为："101－（6）"Partnership" means an association of two or more persons to carry on as co-owner's a business for profit formed under section 202, predecessor law, or comparable law of another jurisdiction."。

第五章 民事主体制度之三：非法人组织制度

义从事经营活动。

我国《民法通则》第三十条、《合伙企业法》第二条都对合伙的相关概念做了规定。① 从这两条规定来看，我国民法对于合伙的规定既包括了契约的性质，又强调了合伙各方共同经营的组织体行为，即合伙是指两个以上的人（包括自然人和法人）根据协议，共同出资、共同经营、共享收益、共担风险，对合伙债务承担无限连带责任的营利性组织。因此，合伙首先是不同于个人或法人的非法人组织。《民法典》对合伙合同进行了专章规定。

应当说，我国现有的合伙法律制度强调了合伙的组织体地位，与其他国家的差别已经不大。根据这些规定，我国合伙组织的法律特征有三点。

1. 合伙是基于合伙协议，并依法经核准登记后成立的

这与法人组织的成立不同，法人组织的成立须有章程。我国《合伙企业法》第四条明确规定，设立合伙企业必须有书面合伙协议，同时第十八条规定了合伙协议的内容。《民法典》第九百六十七条规定："合伙合同是两个以上合伙人为了共同的事业目的，订立的共享利益、共担风险的协议。"

2. 合伙是一种联合组织

合伙既是人的联合，也是财产的联合。合伙对外是作为一个组织存在，享有法律赋予的一定的独立性。但同时，合伙不是法人，而是一种相对松散的联合，每一个合伙人都可以在不违反约定的情况下以合伙名义进行民事活动。

3. 合伙是一种共同出资、共同经营、共享收益、共担风险的关系

合伙组织体的形成基于合伙人相互间的信任和共同出资。合伙人在共同出资的基础上，为了共同的经济目的，各合伙人应进行共同的经营活动。各合伙人对合伙经营的收益、风险依照合伙协议约定的比例分配和分担，合伙协议未约定的，由各合伙人平均分配和分担。而且，合伙人对合伙债务的承担并不以出资额为限，当一个或数个合伙人无力清偿合伙债务时，其他合伙人有代替清偿的责任。

总之，合伙与法人不同，合伙人可以直接代表合伙（《合伙企业法》第二十六条、《意大利民法典》第 2266 条），而公司法人的股东在出资后便往往与公司经营脱离关系，对外不能代表公司。这样的区别使合伙作为一种人合组织体有一种相对

---

① 《民法通则》第三十条　个人合伙是指两个以上公民按照协议，各自提供资金、实物、技术等，合伙经营、共同劳动。

《合伙企业法》第二条　本法所称合伙企业，是指自然人、法人和其他组织依照本法在中国境内设立的普通合伙企业和有限合伙企业。

普通合伙企业由普通合伙人组成，合伙人对合伙企业债务承担无限连带责任。本法对普通合伙人承担责任的形式有特别规定的，从其规定。

有限合伙企业由普通合伙人和有限合伙人组成，普通合伙人对合伙企业债务承担无限连带责任，有限合伙人以其认缴的出资额为限对合伙企业债务承担责任。

紧密的信赖关系,在一些特殊领域如专业领域(专业合伙组织)特别值得推崇。

二、合伙的分类

各国对合伙的分类不完全相同,而且,随着合伙实践和法律制度的发展,合伙也不断衍生出新的类型。对此,我国《合伙企业法》也有明确规定。

(一)民事合伙与商事合伙

民事合伙与商事合伙主要是大陆法系国家对合伙的分类,它以合伙是否从事商事活动为标准,对合伙进行区分。

> 《法国民法典》第 1845 条第 2 款 任何公司(合伙),凡法律未因其形式、性质或标的而赋予其另一种性质者,均具民事性质。
> 第 1871-1 条 除规定另一种组织形式外,如合伙具有民事性质,各合伙人之间的关系受适用于民事公司(合伙)的规定的约束;如合伙具有商事性质,受适用于合名公司之规定的约束。

就我国《民法通则》中规定的个人合伙和《合伙企业法》中规定的合伙企业来看,包括普通合伙和特殊的普通合伙等都是企业,从事经营性活动,并都以营利为目的,因而都是商事合伙。

> 《合伙企业法》第五十五条 以专业知识和专门技能为客户提供有偿服务的专业服务机构,可以设立为特殊的普通合伙企业。
> 特殊的普通合伙企业是指合伙人依照本法第五十七条的规定承担责任的普通合伙企业。
> 特殊的普通合伙企业适用本节规定;本节未作规定的,适用本章第一节至第五节的规定。

(二)显名合伙与隐名合伙

这是以合伙中是否存在不公开合伙人姓名且不参与合伙经营活动的合伙人为标准对合伙所做的划分。显名合伙是指所有的合伙人都公开合伙人身份和姓名,并且参与合伙事业的经营管理活动。隐名合伙是指一合伙中存在一个或部分不公开合伙人姓名,并且不参与合伙经营活动的合伙人。与显名合伙相比,隐名合伙是只出资而由其他合伙人经营的合伙。在隐名合伙中,只有出名营业人才是权利主体,隐名合伙人不出名，不是权利主体，所以隐名合伙人死亡不会影响合伙营业的存续。隐名合伙人一般不得执行合伙业务，没有表决权，不能作为合伙的当然代理人，无权干涉合伙的终止等事项。在隐名合伙中，出名合伙人对合伙债务负无限责任，隐名合伙人仅以自己的出资对合伙债务负有限责任。

我国目前的《合伙企业法》中未规定隐名合伙。

（三）普通合伙与有限合伙

这是以合伙中是否有负有限责任的合伙人为标准对合伙所做的划分。普通合伙是所有合伙人都负无限连带责任的合伙。有限合伙是由至少一名普通合伙人和一名负有限责任的合伙人组成的合伙。在有限合伙中，普通合伙人负责合伙业务的经营，并且对合伙债务负无限责任；有限合伙人则不参加合伙业务的经营，也不能以其行为约束商号或撤回其所出资本，对合伙债务仅以出资为限负有限责任。如果有限合伙人一旦参与了合伙的经营，就应在此期间对合伙的一切债务承担责任；有限合伙人即使不参与合伙的经营，也有权审查合伙的账目，有限合伙人的死亡、破产不影响合伙的存续；有限合伙人也不得发出通知终止合伙。而普通合伙人死亡或退出，除合伙协议、章程另有规定外，合伙即告终止。

我国《合伙企业法》规定了有限合伙，[①] 根据该法，我国的有限合伙包括两种情况。其中第一种是特殊的普通合伙，这种合伙在组织形式上与普通合伙没有区别，但其业务范围为专业服务，因此其承担责任以过错为原则，即由犯有故意或重大过失的合伙人承担无限责任或无限连带责任，而其他合伙人仅以出资额为限承担有限责任。第二种是真正意义上的有限合伙，即从组织形式上即为有限合伙，其中有限合伙人对合伙债务只承担有限责任。普通合伙与有限合伙的区别在于有无合伙人承担有限责任。从对合伙债务的承担仅以出资额为限这一点看，有限合伙类似于公司的股东；但从有限合伙人承担有限责任是以其放弃在合伙营业中的经营管理权为条件这一点看，有限合伙又类似于隐名合伙。

---

① 《合伙企业法》第五十五条 以专业知识和专门技能为客户提供有偿服务的专业服务机构，可以设立为特殊的普通合伙企业。

特殊的普通合伙企业是指合伙人依照本法第五十七条的规定承担责任的普通合伙企业。

特殊的普通合伙企业适用本节规定；本节未作规定的，适用本章第一节至第五节的规定。

第五十六条 特殊的普通合伙企业名称中应当标明"特殊普通合伙"字样。

第五十七条 一个合伙人或者数个合伙人在执业活动中因故意或者重大过失造成合伙企业债务的，应当承担无限责任或者无限连带责任，其他合伙人以其在合伙企业中的财产份额为限承担责任。

合伙人在执业活动中非因故意或者重大过失造成的合伙企业债务以及合伙企业的其他债务，由全体合伙人承担无限连带责任。

第六十一条 有限合伙企业由二个以上五十个以下合伙人设立；但是，法律另有规定的除外。

有限合伙企业至少应当有一个普通合伙人。

有限合伙制度的建立是我国合伙制度的重大发展，它一方面使合伙的实体性更加丰富，更加适合从事商业活动；另一方面也使合伙人可以更加自由地选择自己的投资方式，并选择自己的责任形式。

（四）个人合伙与法人合伙

这是以合伙人的主体性质为标准对合伙所做的划分，是我国《民法通则》规定的一种独特的分类。① 个人合伙是指两个以上的自然人订立合伙协议，共同经营、共享收益、共担风险，并且对合伙企业债务承担无限连带责任的营利性组织。法人合伙是指企业之间或企业、事业单位之间依照约定共同出资、共同经营、共负盈亏而设立的经济联合形式。无论是个人合伙还是法人合伙，都具有合伙的一般法律特征，并按合伙的一般规则开展经营活动。

关于法人能否参加合伙的问题，学理上有许可主义和禁止主义两种不同的主张，反映在立法上也有两种截然相反的规定。例如，美国、法国、德国的立法确认法人具有作为合伙人的权利能力，而瑞士、日本的立法就明文规定法人不得成为合伙人。

根据我国有关法律规定，法人在我国是可以通过联营的方式组成合伙的。《民法通则》第五十二条规定："企业之间或者企业、事业单位之间联营，共同经营、不具备法人条件的，由联营各方按照出资比例或者协议的约定，以各自所有的或者经营管理的财产承担民事责任。依照法律的规定或者协议的约定负连带责任的，承担连带责任。"

我国《民法通则》虽然没有将法人纳入合伙人的概念中，但是，在《合伙企业法》第十四条规定中并没有排除法人作为合伙人，即："设立合伙企业，应当具备下列条件：（一）有二个以上合伙人。合伙人为自然人的，应当具有完全民事行为能力；……"

综上所述，我国的合伙类型如图 5-1：

三、合伙的成立

根据《民法通则》《合伙企业法》及《民法典》的规定，合伙的成立应具备一系列的法定条件。

---

① 《民法通则》第三十条　个人合伙是指两个以上公民按照协议，各自提供资金、实物、技术等，合伙经营、共同劳动。

第五十二条　企业之间或者企业、事业单位之间联营，共同经营、不具备法人条件的，由联营各方按照出资比例或者协议的约定，以各自所有的或者经营管理的财产承担民事责任。依照法律的规定或者协议的约定负连带责任的，承担连带责任。

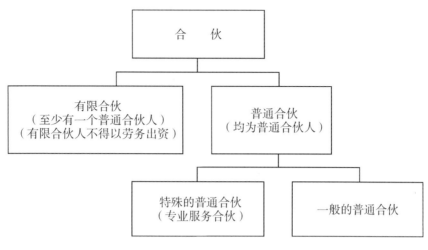

图 5-1 我国的合伙类型

（一）合伙人必须符合法律规定的条件

我国法律对合伙人的人数、性质和资格都做了限制。合伙是一种组织，该组织须由两个以上具有完全民事行为能力的自然人组成。合伙人还必须都是依法对合伙债务承担无限连带责任者，为此，不允许有限合伙人加入普通合伙。此外，法律、行政法规禁止从事营利性活动的人，不得成为合伙组织的合伙人。

（二）必须有书面协议

合伙协议是合伙各方为了设立合伙组织、实现共同的经济目的而达成的协议。它是合伙的基础。《民法通则》第三十一条明确规定，合伙人应当订立书面协议。而根据《合伙企业法》第四条和第十八条规定，合伙协议应以书面形式订立，并应载明重要事项。①《民法典》没有规定合伙合同必须具备书面形式。

---

① 《合伙企业法》第十八条　合伙协议应当载明下列事项：
（一）合伙企业的名称和主要经营场所的地点；
（二）合伙目的和合伙经营范围；
（三）合伙人的姓名或者名称、住所；
（四）合伙人的出资方式、数额和缴付期限；
（五）利润分配、亏损分担方式；
（六）合伙事务的执行；
（七）入伙与退伙；
（八）争议解决办法；
（九）合伙企业的解散与清算；
（十）违约责任。

在历史上，合伙就被作为契约的一种，不少国家至今仍明文规定合伙是一种契约。虽然我国《合同法》和其他国家的合同法都已经明确承认合同可以采取任何形式缔结，如口头形式和电子数据交换的形式，但是，合伙合同是一种较为复杂的合同，其目的是成立一个组织体，并确定各方在组织中的地位，以及组织的活动范围、方式、代表人或管理人、债务的清偿、责任的分担、财产的分割等重要事项，相当于公司设立中的公司章程，为此，不允许合伙人以口头方式或其他非书面的形式设立合伙。

（三）必须合伙人共同出资、共同经营

合伙是以营利为目的的组织体，合伙须以一定的财产作为其经营活动的基础。因此，要求合伙人共同出资、共同经营，否则就不能成立合伙关系。合伙人的出资形式可以是货币、资金、实物、工业产权及土地使用权等，也可以是劳务。以劳务形式出资的应在合伙协议中明确约定，有限合伙人不能以劳务出资。

合伙人一般应参与合伙经营。《民法典》第九百七十条规定："……合伙事务由全体合伙人共同执行。按照合伙合同的约定或者全体合伙人的决定，可以委托一个或者数个合伙人执行合伙事务；其他合伙人不再执行合伙事务，但是有权监督执行情况。合伙人分别执行合伙事务的，执行事务合伙人可以对其他合伙人执行的事务提出异议；提出异议后，其他合伙人应当暂停该项事务的执行。"

（四）合伙必须进行登记

合伙固然是以契约为基础的组织，但是，作为一个相对独立的民事（同时也是商事）主体，合伙必须进行登记。《合伙企业登记管理办法》第二条规定："合伙企业的设立、变更、注销，应当依照合伙企业法和本办法的规定办理企业登记……"

四、合伙的法律地位

合伙是最为古老的商业经济组织。由于成立合伙的方式简单，仅以契约为基础，早在法人制度形成以前，合伙是自然人在商品经济关系中唯一的联合形式，并被纳入民法调整范围。到了近代，西方的合伙制度又有了进一步发展。目前，虽然法人制度得到了充分发展，但合伙也并未走向衰落，在各国仍然是相当普遍的一种经营方式。

关于合伙的法律地位，即合伙的民事主体地位，学者争议颇多。最初，学者大都认为合伙是一种契约关系，不能成为法律上的独立主体，即主体是每一个合伙人，而不是合伙组织本身。传统大陆法系国家的民法也将合伙作为契约的一种列入

债编。英美法系国家虽然有成文的合伙法，但合伙法对合伙关系并没有直接的、当然的拘束力，合伙协议仍然优先于合伙法适用。但是，近年来，大陆法系和英美法系对合伙的法律地位都有了新的规定。如法国根据1978年第9号法令重新修订的《法国民法典》规定，合伙自登记之日起具有法人资格。《美国统一合伙法》和各州法均规定，合伙可以像法人一样以商号的名义拥有动产和不动产；由合伙行为产生的法律责任首先涉及合伙和合伙财产，其次才涉及合伙人及其个人财产，合伙可以像法人一样被宣告破产，还可以作为诉讼当事人起诉和应诉。而在德国，合伙是无权利能力社团，但具有应诉能力，适用合伙法（无限公司法）。

一般说来，能够成为民法上的主体的，最终的要求是能够独立承担民事责任。以法人为例，法人之所以能够成为独立的民事主体，是因为其设立人（股东）与法人（公司）的人格相互区别、相互独立，法人（公司）对其所从事的民事行为负完全责任（美国法上的无限责任公司除外），而其设立人或成员（社员）仅以其出资为限承担责任。在我国，根据《合伙企业法》的明确规定，无论是在有限合伙还是普通合伙（包括特殊的普通合伙）中，都必须有合伙人对合伙债务承担无限连带责任。因此，从这个角度出发，合伙与法人有着明显的差异，合伙与其合伙人不能截然分开。

但是，即便如此，合伙也仍然具有相对独立的民事主体地位。

（一）合伙的人格具有相对独立性

民事主体是能够参与民事法律关系、享有民事权利和承担民事义务的人，成为民事主体的前提是具有独立的人格，自然人、法人都可以成为民事主体。但是，近代以来，各国民法普遍允许合伙拥有自己的字号，并且以字号名义独立参与民事活动和诉讼活动。合伙的经营活动，应由全体合伙人共同决定。合伙的重大经营事务的决策权属于全体合伙人，单个人的意志不能左右合伙的重大事务，只有全体合伙人的共同意志才能对合伙事务发生效力。对外，由全体合伙人推举的负责人或接受授权的合伙人以合伙字号的名义在经营范围内从事民事活动。某一合伙人的死亡、丧失行为能力或退伙并不必然引起合伙的解散。因此，合伙具有相对的独立性。

（二）合伙的财产具有相对独立性

现代多数国家的民法规定，合伙财产为合伙人共同共有。我国《合伙企业法》也规定合伙财产由合伙人共同管理和使用，某一合伙人未经其他合伙人同意，无权基于其个人目的占有、使用其出资的财产。在合伙关系存续期间，不符合协议约定的条件或不经全体合伙人同意，合伙人不得将其出资转让给第三人；合伙人退出时，对于该合伙人的份额，其他合伙人享有优先购买权。在合伙关系结束、合伙进行清算前，任何合伙人不得请求合伙财产的分割。由于合伙财产与合伙人个人的其他财产应区别开来，合伙财产具有相对的独立性，因而，合伙可以在一定程度上负担独立的民事责任。

（三）合伙的民事责任具有相对独立性

《合伙企业法》第三十八、三十九条规定，合伙企业对其债务，应先以其全部财产进行清偿；合伙企业财产不足清偿到期债务的，各合伙人应当承担无限连带清偿责任。这一规定采取的是补充连带责任的形式。此外，《合伙企业法》第四十一条将合伙企业债务与合伙人个人债务分开，合伙人个人债务的债权人不得以该债权抵销其对合伙企业的债务，也不得代位行使合伙债务人在合伙企业中的权利。这些规定均反映了合伙民事责任的相对独立性。

五、合伙事务的执行

合伙组织是全体合伙人的共同事业。各个合伙人对于合伙事务都有管理权，都可以参与合伙事务的执行。所谓合伙事务的执行是指合伙人或事务执行人按照约定或法律规定对外代表合伙组织进行民事活动。

（一）合伙事务执行人

合伙事务执行人是指对外代表合伙组织进行民事活动的人。《合伙企业法》第二十六条规定："合伙人对执行合伙事务享有同等的权利。按照合伙协议的约定或者经全体合伙人决定，可以委托一个或者数个合伙人对外代表合伙企业，执行合伙事务。作为合伙人的法人、其他组织执行合伙事务的，由其委派的代表执行。"

根据《合伙企业法》和《民法典》的规定，合伙事务的执行人有三种情况。

1. 全体合伙人共同或分别为合伙事务执行人

合伙人参与合伙经营是合伙关系的关键之一，因此，除合伙协议另有约定外，各合伙人都是合伙事务的当然执行人，但有限合伙人除外。对于与合伙进行民事活动的第三人来说，任何一个合伙人都有权代表合伙组织执行合伙事务。该合伙组织不得以该合伙事务未对该合伙人特别授权而否认其效力。

2. 合伙负责人为合伙事务执行人

合伙作为一种社会组织，要正常开展业务活动，一般会推举合伙事务执行人。合伙人推荐能力强、威信高的合伙人为负责人，并且在合伙协议中确定由该合伙负责人执行合伙事务，没有正当理由不得辞职或解任。合伙负责人执行合伙事务的效果应由合伙组织承担。

3. 多数合伙人为合伙事务执行人

合伙组织可以约定多数合伙人为合伙事务的执行人，也可以约定某些合伙事务以多数合伙人为执行人。如果有此约定，该多数合伙人的行为就代表合伙组织，对合伙组织发生效力。

(二) 合伙事务执行人的权利和义务

合伙事务执行人的权利是：①执行合伙事务。《民法典》第九百七十一条规定："合伙人不得因执行合伙事务而请求支付报酬，但是合伙合同另有约定的除外。"如果合伙协议约定了报酬的，合伙事务执行人有权请求合伙组织支付报酬。②因执行合伙事务所垫付的必要费用，有权请求合伙组织偿还。③因执行合伙事务而受到不归责于自己的损害，有权请求合伙组织予以赔偿。

合伙事务执行人的义务是：①忠实处理合伙事务的义务。合伙人对于合伙事务应亲自执行，及时向合伙组织汇报合伙事务的执行情况，对所收取的金钱、物品及其他所取得的权利应及时交付或转移给合伙组织。合伙事务执行人怠于履行其合伙事务，对合伙组织造成损害的，该合伙人应承担损害赔偿责任；合伙事务执行人不得借执行合伙事务谋取私利，不得与合伙签订合同，更不得与第三人恶意串通损害合伙的共同利益，否则应承担损害赔偿责任。②注意义务。合伙事务执行人，应与处理自己事务一样为同一注意。否则，给合伙共同利益造成损失的，应承担损害赔偿责任。③竞业禁止义务。任何合伙人都不得经营与合伙业务相竞争的事业，因为合伙人之间存在着经营秘密，他们最了解合伙的内部情况，容易以自己的有利地位损害合伙的利益，所以由此而取得的盈利应归于合伙。①

(三) 合伙事务执行的异议与撤销

合伙事务执行的异议是指合伙协议约定或全体合伙人决定，合伙人分别执行合伙事务时，执行事务的合伙人可对其他合伙人执行合伙事务提出不同意见。若提出了异议，合伙事务应暂停执行，待合伙人取得共同意见后再予执行。

合伙事务执行的撤销是指受委托执行合伙事务的合伙人不按照合伙协议或全体合伙人的决议执行合伙事务，其他合伙人决定撤销该委托。一旦形成撤销决议，该合伙人就不再为该合伙事务的执行人。

(四) 全体合伙人同意的合伙事务执行与善意第三人

合伙事务与全体合伙人有直接的利害关系，因此，某些合伙事务须由全体合伙

---

① 《合伙企业法》第三十二条　合伙人不得自营或者同他人合作经营与本合伙企业相竞争的业务。除合伙协议另有约定或者经全体合伙人一致同意外，合伙人不得同本合伙企业进行交易。
合伙人不得从事损害本合伙企业利益的活动。

人同意。《合伙企业法》第三十一条规定，一些重大事项依法必须经全体合伙人同意。[①] 此外，合伙人还可在合伙协议中约定其他有关事项须由全体合伙人同意。但是，合伙协议或法律法规中对合伙人执行合伙企业事务的限制或对合伙人代表合伙企业权利的限制，不得对抗善意第三人。

《合伙企业法》第三十七条　合伙企业对合伙人执行合伙事务以及对外代表合伙企业权利的限制，不得对抗善意第三人。

所谓"善意第三人"是民法上的一个常用概念，原意指第三人本着善意和诚实信用原则与原权利人或关系人进行交易。如果第三人是与原权利人或关系人之一恶意串通、故意欺骗另一当事人的，或者是了解某种非法事实而仍然进行交易的，则不予保护。在这里，善意第三人的判定标准为：第三人并不了解合伙人之间的有关事务执行的限制或权利的限制，诚实地认为相对人（合伙人）有权进行该项交易。

六、合伙财产与合伙债务负担

（一）合伙财产

根据《民法通则》《合伙企业法》及《民法典》的规定，合伙财产包括两部分：一是全体合伙人的出资，二是所有以合伙名义取得的收益。全体合伙人对合伙财产享有共有权。

1. 合伙人的出资

合伙人的出资是指全体合伙人依合伙协议的约定实际缴付的出资总和。关于合伙人的出资方式，我国法律规定合伙人可以用货币、实物、土地使用权、知识产权或其他财产权利等出资。经合伙人协商一致，合伙人也可用劳务出资（有限合伙

---

① 《合伙企业法》第三十一条　除合伙协议另有约定外，合伙企业的下列事项应当经全体合伙人一致同意：
（一）改变合伙企业的名称；
（二）改变合伙企业的经营范围、主要经营场所的地点；
（三）处分合伙企业的不动产；
（四）转让或者处分合伙企业的知识产权和其他财产权利；
（五）以合伙企业名义为他人提供担保；
（六）聘任合伙人以外的人担任合伙企业的经营管理人员。
第三十七条　合伙企业对合伙人执行合伙事务以及对外代表合伙企业权利的限制，不得对抗善意第三人。

人除外）。合伙人出资以后，对其作为出资部分的财产的权利就受到限制，出资财产部分作为合伙财产由全体合伙人共同管理和使用；在合伙存续期间，出资人不得随便退回，也不得私自转移或处分。合伙人若将其在合伙中的全部或者部分财产份额转让给合伙人以外的人，须经其他合伙人一致同意。但如果是合伙人之间转让在合伙中的全部或部分财产份额时，则只须通知其他合伙人即可。合伙人依法转让其财产份额的，在同等条件下，其他合伙人有优先受让的权利。合伙人如果将其在合伙中的财产出质，也须经其他合伙人一致同意；如果合伙人要求退伙，应在不损害合伙整体利益的情况下，才可要求退还出资的实物。

2. 以合伙名义获得的收益

合伙的这部分财产是合伙或合伙企业设立后在生产经营过程中积累的财产，由全体合伙人共同共有，共同决定其分配。

（二）合伙债务的承担

合伙债务是指在合伙关系存续期间，以合伙名义所欠的一切债务。合伙人因个人行为所产生的债务与合伙和其他合伙人无关，它不是合伙债务，而是合伙人的个人债务，应由其个人向债权人清偿。承担债务的财产应以合伙人个人的财产为限，合伙及其他合伙人没有为其清偿的义务。

根据《民法通则》《合伙企业法》等有关法律的规定，合伙人对合伙债务承担无限连带责任。所谓无限责任是指合伙人对合伙债务的承担不以其出资额为限，当合伙人的出资不足以清偿合伙人应承担的合伙债务时，合伙人应以其个人财产清偿。所谓连带责任是指每一个合伙人都有责任代替其他合伙人清偿合伙财产不足以清偿合伙债务的部分，即合伙的债权人对合伙的债务可以向任何一个合伙人主张，该合伙人不得拒绝。

但是，我国《公司法》对公司法人作为合伙人的责任做了限制：

> 《公司法》第十五条　公司可以向其他企业投资；但是，除法律另有规定外，不得成为对所投资企业的债务承担连带责任的出资人。

这一规定在公司法制度框架中是完全可以理解的，因为法人只能承担有限责任，而普通合伙人最终将承担无限连带责任。结合《合伙企业法》的规定，实际上，法人虽然不能成为承担无限连带责任的普通合伙人，但可以担任有限合伙人。

（三）合伙债务的清偿

合伙虽然不具有完全独立的民事责任能力，但也有自己的财产，因此，偿还合伙债务首先应用合伙财产进行清偿；合伙财产不足以清偿合伙债务的，各普通合伙人承担无限连带责任。合伙人由于承担连带责任，所清偿数额超过应当承担的数额时，有权向其他合伙人追偿。作为合伙人，如果是以家庭财产出资参与合伙，则以家庭共有财产对合伙债务承担无限责任；如果是以个人财产出资参与合伙，则以个人财产对合伙债务承担无限责任；如果是以个人财产出资参与合伙，但将合伙盈余分配所得用于合伙人家庭成员的共同生活，则应先以合伙人的个人财产承担清偿责任，不足部分则以合伙人的家庭共有财产承担。

合伙和第三人的债权债务关系与合伙人和第三人的债权债务关系是两个不同的法律关系。根据《合伙企业法》的规定，合伙人个人债务的债权人，不得以该债权抵销其对合伙企业的债务；该债权人也不得代位行使该合伙人在合伙企业中的权利。(《合伙企业法》第四十一、四十二、七十四条)。

七、入伙、退伙、合伙的终止

（一）入伙

入伙是指合伙成立后，第三人加入合伙，取得合伙人资格。由于合伙的人合性和契约性，新合伙人入伙，应当经全体合伙人的同意，并依法订立书面的入伙协议。入伙人与原合伙人依法签订入伙协议后即取得合伙人资格。如果入伙协议无特别约定，入伙人与原合伙人享有同等的权利，承担同等的责任。入伙人对入伙前合伙的债务承担无限连带责任。

（二）退伙

退伙是指合伙人在合伙关系存续期间退出合伙组织，丧失合伙人资格。合伙关系的维持是基于合伙人之间的信赖关系，但合伙人之间的信赖关系不是永久不变的，合伙人之间失去信赖关系后，必然有合伙人要求退出。另外，某些客观事实的出现，也可能导致合伙人的退伙。因此，退伙现象是不可避免的。

根据退伙原因的不同，退伙可分为声明退伙、法定退伙和强制退伙。

声明退伙是指合伙人依照约定或单方面自愿退出合伙。《合伙企业法》第四十

五、四十六条规定了退伙的条件。①《合伙企业法》第四十六条规定："合伙协议未约定合伙期限的，合伙人在不给合伙企业事务执行造成不利影响的情况下，可以退伙……"但是，如果合伙人擅自声明退伙，应当赔偿由此给其他合伙人造成的损失。

法定退伙是指基于法律的直接规定而退出合伙，又称当然退伙。《合伙企业法》第四十八条规定了相应的退伙条件。②

强制退伙是指合伙人出现某些情形后，其他合伙人可以决定该合伙人退伙。《合伙企业法》第四十九条规定了相关的退伙条件。③

无论基于何种原因退伙，都会产生相应的法律后果，主要表现在以下四个方面：

（1）退伙人丧失合伙人资格。合伙人死亡或者被依法宣告死亡的，对该合伙人在合伙企业中的财产份额享有合法继承权的继承人，依照合伙协议的约定或经全体合伙人同意，从继承开始之日起，即取得该合伙企业的合伙人资格。但若合法继承人不愿意成为该合伙企业的合伙人，合伙企业应退还其依法继承的财产份额。

---

① 《合伙企业法》第四十五条　合伙协议约定合伙期限的，在合伙企业存续期间，有下列情形之一的，合伙人可以退伙：
（一）合伙协议约定的退伙事由出现；
（二）经全体合伙人一致同意；
（三）发生合伙人难以继续参加合伙的事由；
（四）其他合伙人严重违反合伙协议约定的义务。
第四十六条　合伙协议未约定合伙期限的，合伙人在不给合伙企业事务执行造成不利影响的情况下，可以退伙，但应当提前三十日通知其他合伙人。
② 《合伙企业法》第四十八条　合伙人有下列情形之一的，当然退伙：
（一）作为合伙人的自然人死亡或者被依法宣告死亡；
（二）个人丧失偿债能力；
（三）作为合伙人的法人或者其他组织依法被吊销营业执照、责令关闭、撤销，或者被宣告破产；
（四）法律规定或者合伙协议约定合伙人必须具有相关资格而丧失该资格；
（五）合伙人在合伙企业中的全部财产份额被人民法院强制执行。
合伙人被依法认定为无民事行为能力人或者限制民事行为能力人的，经其他合伙人一致同意，可以依法转为有限合伙人，普通合伙企业依法转为有限合伙企业。其他合伙人未能一致同意的，该无民事行为能力或者限制民事行为能力的合伙人退伙。
退伙事由实际发生之日为退伙生效日。
③ 《合伙企业法》第四十九条　合伙人有下列情形之一的，经其他合伙人一致同意，可以决议将其除名：
（一）未履行出资义务；
（二）因故意或者重大过失给合伙企业造成损失；
（三）执行合伙事务时有不正当行为；
（四）发生合伙协议约定的事由。
对合伙人的除名决议应当书面通知被除名人。被除名人接到除名通知之日，除名生效，被除名人退伙。
被除名人对除名决议有异议的，可以自接到除名通知之日起三十日内，向人民法院起诉。

(2) 退伙人或其合法继承人有权请求退还退伙人在合伙企业中的财产份额，包括设立合伙企业时的个人出资部分和退伙前合伙企业的收益。退还办法，由合伙协议约定或由全体合伙人协商决定，可以退还货币，也可以退还实物。

(3) 退伙人应对其退伙前已发生的合伙企业债务，承担连带责任。合伙期间发生亏损，合伙人退出合伙时未按约定分担或者未合理分担合伙债务的，退伙人对原合伙的债务，应承担清偿责任；退伙人已分担合伙债务的，对其参加合伙期间的全部债务仍然负连带责任。

(4) 可能导致合伙企业的终止。若合伙企业只有两个合伙人，其中一个退伙后，合伙企业随之终止。

(三) 合伙的解散

合伙的解散又称合伙的终止，是指由于法定原因的出现而使合伙事业终结，合伙关系归于消灭。《合伙企业法》第八十五条规定了合伙关系解散的原因："合伙企业有下列情形之一的，应当解散：（一）合伙期限届满，合伙人决定不再经营；（二）合伙协议约定的解散事由出现；（三）全体合伙人决定解散；（四）合伙人已不具备法定人数满三十天；（五）合伙协议约定的合伙目的已经实现或者无法实现；（六）依法被吊销营业执照、责令关闭或者被撤销；（七）法律、行政法规规定的其他原因。"

合伙解散后应当进行清算，清算人由全体合伙人担任。清算时合伙企业财产应首先支付清算费用，然后按顺序清偿各种债务。清算结束后，清算人应当编制清算报告，经全体合伙人签名、盖章后，在15日内向企业登记机关报送清算报告，办理合伙企业的注销登记。至此，合伙企业的民事主体资格便从法律上消灭。但是，合伙人的责任并不因此而终止。

《合伙企业法》第九十一条规定，合伙企业注销后，原普通合伙人对合伙企业存续期间的债务仍应承担无限连带责任。第九十二条规定，合伙企业不能清偿到期债务的，债权人可以依法向人民法院提出破产清算申请，也可以要求普通合伙人清偿。合伙企业依法被宣告破产的，普通合伙人对合伙企业债务仍应承担无限连带责任。

总之，合伙是一种古老的人合组织体，投资人为合伙人，投资的财产为合伙财产，全体合伙人依照合伙合同经营合伙企业，所产生的合伙利益归全体合伙人，而其债权债务关系是以合伙的名义承担的，全体合伙人对合伙债务承担无限连带责任。

思考题：

1. 简述合伙协议的作用。

2. 简述我国合伙的种类及其特点。

第三节 其他非法人组织

虽然合伙是各国无权利能力社团的主要形式，但其他非法人组织也是存在的，如某些过渡性组织。在我国，由于特殊的经济基础和经济改革的渐进式过程，造成了我国民法上的非法人组织形态特别丰富的状况。目前，除合伙以外，个体工商户、农村承包经营户、独资企业、法人筹备组织和法人分支机构等都具有非法人组织的性质。

《民法通则》《民法总则》与《民法典》将个体工商户和农村承包经营户规定在"自然人"一章中，似乎是将二者与自然人同等对待。但是，由于二者均要进行工商登记，其实际经营主体是独立的、有别于自然人的，因此，应将这两类主体与自然人本人区别看待。

独资企业由于只有一个出资人，却不是一人公司，地位十分特殊，对此类企业应当单独进行调整，与正式成立法人的一人公司相区别。

法人分支机构是法人为发展自身业务而在法人本部之外另行设立的一个办事机构，具有相对的独立性，但是没有完全的权利能力。我国对待外国企业法人在中国的办事处就是以非独立组织来处理的。

筹建中的法人是为法人的成立而由出资人设立的临时办事机构，其目的是为将要成立的公司法人筹集资金、购买物业、签订原材料购买合同等。无论最后法人是否成立，该筹建处都将在一个短时期后消灭，而其留下的民事法律关系则都要处理。为此，应将其作为非法人组织，按照统一的非法人组织体的原则加以规范。

一、个体工商户

（一）个体工商户的概念和特征

个体工商户是从我国改革开放初期开始出现的一种非法人组织形式，是指在法律允许的范围内、依法经核准登记，从事工商业经营活动的自然人或家庭。《民法总则》与《民法典》第五十四条规定："自然人从事工商业经营，经依法登记，为个体工商户。个体工商户可以起字号。"

个体工商户具有三个特征。

1. 个体工商户属于个体经济中的一种形式

个体工商户可以是个人经营，也可以是家庭经营，其经营资本直接来自个人财产或家庭共有财产，对外以"户"的名义独立进行民事活动，财产所有者、经营者和劳动者不分离。

2. 个体工商户必须依法进行核准登记

自然人或家庭要从事工商业经营，必须依法向工商行政管理部门提出申请，并由工商行政管理部门核准登记，取得个体经营的营业执照、字号和民事主体资格后，才能正式营业。

3. 个体工商户必须在法律允许的范围内从事工商业经营活动

个体工商户的经营范围主要包括手工业、加工业、零售商业、修理业、服务业等。

（二）个体工商户的法律地位

个体工商户往往不能与个人或家庭财产脱离关系。尽管如此，个体工商户在进行工商登记后仍能与个人脱离，成为独立的非法人组织。

具体来说，个体工商户与自然人的区别如下：

（1）个体工商户具有明确的目的，其目的就是经营范围，并且在其经营范围内享有相应的有别于自然人的民事权利能力和民事行为能力。个体工商户依法享有经营权、起字号权、商标注册申请权等自然人所不享有的权利。

（2）个体工商户具有相对独立性。根据我国现行法律规定，个体工商户可以雇工经营、起字号、设立银行账户等，这都表明个体工商户具有独立组织体的属性。

（3）个体工商户具有相对独立的财产，该财产主要用于其所从事的工商经营活动。

（三）个体工商户的民事责任

根据《民法通则》和《民法典》的规定，个体工商户的债务，个人经营的，以个人财产承担；家庭经营的，以家庭财产承担。不过，个体工商户的存在往往是为增加个人或家庭收入，因此，虽以个人名义经营，但以家庭财产进行投资或者其收益主要归家庭成员享用的，以家庭财产承担债务。

《民法总则》第五十六条规定，个体工商户的债务，个人经营的，以个人财产承担；家庭经营的，以家庭财产承担；无法区分的，以家庭财产承担。

二、农村承包经营户

（一）农村承包经营户的概念和特征

农村承包经营户是指在法律允许的范围内，按照承包合同规定从事商品经营的农村经济组织的成员。我国《民法总则》与《民法典》第五十五条规定，农村集体经济组织的成员，依法取得农村土地承包经营权，从事家庭承包经营的，为农村承包经营户。

农村承包经营户的特征如下。

1. 农村承包经营户的主体是农村集体经济组织的成员

农村集体经济组织的成员依法承包集体经济组织所有的农、副业就成为农村承包经营户。农村集体经济组织的成员的判断是按照户籍来决定的。

2. 农村承包经营户是根据承包合同的规定从事经营的，不需要进行注册登记

合同的一方是承包经营户，另一方是农村集体经济组织。《农村土地承包法》第三条规定，"……农村土地承包采取农村集体经济组织内部的家庭承包方式，不宜采取家庭承包方式的荒山、荒沟、荒丘、荒滩等农村土地，可以采取招标、拍卖、公开协商等方式承包"。至于承包其他集体财产的，也要通过与集体经济组织签订合同来确定。承包合同签订后，承包人就根据合同取得了对集体财产的承包经营权。

3. 农村承包经营户应在法律允许的范围内从事商品生产经营活动

农村承包经营户应依照合同的约定从事农、副业生产，遵守国家法律、法规和政策。承包户签订了农村土地承包合同之后，可以转让，但一般应转让给本农村集体经济组织的其他成员；如果转让给集体经济组织以外的其他人的，应当经过村集体表决通过。为保护农民的土地承包权，我国《物权法》第一百二十五条规定："土地承包经营权人依法对其承包经营的耕地、林地、草地等享有占有、使用和收益的权利，有权从事种植业、林业、畜牧业等农业生产。"（《民法典》第三百三十一条）

（二）农村承包经营户的法律地位

根据《民法通则》的规定，农村承包经营户不是一个单纯的家庭消费单位，而是一个与个人和家庭相对独立的商品生产者和经营者，享有土地承包权和商品生产经营权。特别是由于其进行商品经营，因而，农村承包经营户属于经营性非法人组织。农村承包经营户在承包经营的范围内，可以以自己的名义进行商品生产和经营活动，并参与相应的民事活动。对于违反承包合同或侵犯其经营权利的集体经济组织或个人，农村承包经营户有权向法院起诉请求保护。农村承包经营户应接受集体经济组织的指导和管理，集体经济组织应当尊重农村承包经营户的自主权，不得非法干预。

根据我国《农村土地承包法》和《物权法》《民法典》的规定，农村承包经营户对集体经济组织的土地享有土地经营权，即用益物权。因此，该项权益并不完

全受承包经营合同的支配,而具有独立的物权地位,可以进行登记,可以流转。①

（三）农村承包经营户的民事责任

根据《民法通则》规定,农村承包经营户的债务,个人经营的,以个人财产承担;家庭经营的,以家庭财产承担;虽然以个人名义经营,但以家庭财产进行投资经营或其收益主要供家庭成员享用的,也应以家庭财产承担。这样的规定与前述个体工商户的相关规定大体相同。由此规定可以看出,农村承包经营户与个体工商户一样,虽然可以独立经营,但并不能完全独立承担民事责任。

《民法总则》与《民法典》第五十六条第二款规定,农村承包经营户的债务,以从事农村土地承包经营的农户财产承担;事实上由农户部分成员经营的,以该部分成员的财产承担。

三、个人独资企业

个人独资企业是指一个自然人投资,财产为投资人个人所有,投资人以其个人财产对企业债务承担无限责任的经济实体。《个人独资企业法》第二条规定:本法所称个人独资企业,是指依照本法在中国境内设立,由一个自然人投资,财产为投资人个人所有,投资人以其个人财产对企业债务承担无限责任的经营实体。

（一）个人独资企业的法律特征

1. 一个自然人出资,生产资料为投资者所有

在法律允许的范围内,投资者对生产资料享有占有、使用、收益和处分的权利。

2. 存在一定的雇用劳动关系

在个人独资企业中,企业主不一定直接参与劳动,或者不是劳动的主要力量,

---

① 《物权法》第一百二十八条 土地承包经营权人依照农村土地承包法的规定,有权将土地承包经营权采取转包、互换、转让等方式流转。流转的期限不得超过承包期的剩余期限。未经依法批准,不得将承包地用于非农建设。

《民法典》第三百三十四条 土地承包经营权人依照法律规定,有权将土地承包经营权互换、转让。未经依法批准,不得将承包地用于非农建设。

第三百三十九条 土地承包经营权人可以自主决定依法采取出租、入股或者其他方式向他人流转土地经营权。

第三百四十一条 流转期限为五年以上的土地经营权,自流转合同生效时设立。当事人可以向登记机构申请土地经营权登记;未经登记,不得对抗善意第三人。

第三百四十二条 通过招标、拍卖、公开协商等方式承包农村土地,经依法登记取得权属证书的,可以依法采取出租、入股、抵押或者其他方式流转土地经营权。

而是以雇用劳动力作为生产经营活动的基本力量或主要力量。

3. 具有一定的生产经营规模

个人独资企业作为经济组织，必须具备一定的规模，表现在以下五个方面：①具有与其生产经营和服务规模相适应的资金；②具有一定数量的从业人员；③具有自己的名称；④具有固定的生产经营场所和必要的生产经营条件；⑤具有一套符合法律法规的企业管理和财务会计制度等。

（二）个人独资企业的法律地位

1. 个人独资企业具备团体性要素

个人独资企业有自己的名称和自己相对独立的财产，有一定数量的从业人员和一定形式的组织机构，还享有作为组织体才享有的民事权利，这些都说明个人独资企业具备相对独立的团体性要件。在这一点上，个人独资企业比个体工商户或农村承包经营户都更具有团体性。

2. 个人独资企业有自己的经营范围

个人独资企业在自己的经营范围内享有相应的民事权利能力和民事行为能力。它可以以自己的名义而不是企业主或投资人的名义从事经营活动，从而与投资者个人在一定程度上区别开来。

（三）个人独资企业的民事责任

个人独资企业不能独立承担民事责任，这也表明个人独资企业不具备独立法人资格。个人独资企业的资产虽具有相对独立性，但企业主仍能凭借其所有权人的身份转移资产。为了保护债权人的利益和维护经济生活的稳定，法律规定个人独资企业的投资者应以个人财产对企业债务负无限责任；个人独资企业的投资人在申请设立企业时明确以其家庭共有财产作为个人出资的，应以家庭共有财产对企业债务承担无限责任。

在我国，《公司法》中的一人公司部分与《个人独资企业法》对个人独资企业都进行了规定，但二者并不能够等同。从法律制度上看，一人有限公司可以由自然人设立，也可以由法人设立，其所承担的责任可以是有限责任（能够证明个人财产与公司财产独立的），也可以是无限责任（不能证明个人财产与公司财产独立的）；而个人独资企业只能由自然人设立，设立人承担无限责任。

我国还存在着大量的外商投资企业。根据我国《中外合资经营企业法》《中外合作经营企业法》和《外资企业法》的规定，中外合资企业为法人企业；中外合作企业可以为法人，也可以为非法人（合伙）企业；而外商独资企业亦可以为法人或非法人企业。

四、企业法人的分支机构

企业法人的分支机构是指依照法人的意志、在法人总部之外设立的法人分部,是法人的组成部分,我国公司法上通常称为分公司,其与作为独立法人的子公司有本质的差异。

> 《公司法》第十四条　公司可以设立分公司。设立分公司,应当向公司登记机关申请登记,领取营业执照。分公司不具有法人资格,其民事责任由公司承担。
> 公司可以设立子公司,子公司具有法人资格,依法独立承担民事责任。

《民法总则》与《民法典》第七十四条对法人分支机构做了规定:"法人可以依法设立分支机构。法律、行政法规规定分支机构应当登记的,依照其规定。分支机构以自己的名义从事民事活动,产生的民事责任由法人承担;也可以先以该分支机构管理的财产承担,不足以承担的,由法人承担。"

(一) 作为非法人组织的企业法人分支机构的法律特征

企业法人的分支机构具有从属于企业法人的特点,表现在:①它是企业法人依法设立的不具有法人资格的组织,是所属法人的组成部分;②它的名称必须标明与其所属法人的隶属关系;③它只能实现法人宗旨,并在所属法人业务范围内经核准登记进行活动;④它的管理人员不是由其内部产生,而是由其所属法人指派;⑤它所占有、使用的财产不属于自己所有,而是其所属法人财产的组成部分。

(二) 法人分支机构的法律地位与民事责任

法人的分支机构要经过核准登记才能进行业务活动。在一般情况下,分支机构可以以自己的名义进行活动,享有民事权利,承担民事义务,并以其经营的财产承担民事责任。但在分支机构不能清偿债务时,应由设立法人清偿。

需要指出的是,虽然同为法人的内部组织机构,但法人的分支机构不同于法人的一般内部组织,如科、室、车间、班组等。

根据《公司法》第一百九十三条的规定,外国公司可以在我国境内设立分支机构;同时在第一百九十五条规定,外国公司设立的分支机构不具有法人资格,不能独立承担民事责任。这就意味着,外国公司在我国境内设立的分支机构与我国企业法人分支机构一样,属于非法人组织。

五、筹建中的法人

筹建中的法人又称设立中的法人,它指的是为筹建法人组织而设立的机构。德国民法称其为过渡阶段的社团,或"前社团""设立中的社团"。[①]

我国《民法总则》与《民法典》对设立法人的活动进行了规定,即第七十五条:"设立人为设立法人从事的民事活动,其法律后果由法人承受;法人未成立的,其法律后果由设立人承受,设立人为二人以上的,享有连带债权,承担连带债务。设立人为设立法人以自己的名义从事民事活动产生的民事责任,第三人有权选择请求法人或者设立人承担。"

(一)法人筹备组织的特征

1. 筹建中的法人是一个组织,而非筹建人或设立人个人

筹建中的法人有自己的名称、财产、组织机构和场所。筹建中的法人的名称和财产是与筹建人或设立人的名称或财产相分离的。

2. 筹建中的法人是为设立法人而存在的组织体

筹建中的法人存在的目的是设立法人,即为筹建法人而进行各项准备工作。因此,筹建中的法人可以以自己的名义进行与筹建活动相关的民事活动。

(二)法人筹备组织的法律地位

关于法人筹备组织,一种观点认为,筹建中的法人与成立后的法人应视为同一法人,这种观点又称为同一体说;另一种观点认为,两者有如胎儿和婴儿的关系,即认为法人成立前(胎儿)所享有的权利及形成的债权债务关系都应由成立后的法人(婴儿)享有和承担,如果法人不能成立,则其权利能力溯及地消灭,由筹建人或设立人承担相应的法律后果。后一种观点实际上是承认有前后两个主体,这两个主体是继承的关系,二者都有权利能力。前一种观点,即同一体说为德国民法采纳。按照这一学说,成立后的法人是筹建中法人的延续,二者是同一的。[②] 我国法律似采继承说。

筹建中的法人不能享有与筹建或设立活动无关的行为能力,其民事行为应以筹

---

① 参见〔德〕卡尔·拉伦茨《德国民法通论》(上册),王晓晔、邵建东、程建英等译,法律出版社2003年版,第208页;〔德〕迪特尔·梅迪库斯《德国民法总论》,邵建东译,法律出版社2001年版,第832～833页。

② 参见〔德〕卡尔·拉伦茨《德国民法通论》(上册),王晓晔、邵建东、程建英等译,法律出版社2003年版,第208页;〔德〕迪特尔·梅迪库斯《德国民法总论》,邵建东译,法律出版社2001年版,第832～833页。

建或设立所必要的事项为准。所谓必要事项，或者依法律的规定，或者依设立章程或设立人之间的约定，或者依行为的性质予以认定。

筹建中的法人应以将来法人成立为条件享有权利能力。筹建中的法人虽享有不完全的权利能力，但将来法人不能登记成立时，其仅有的权利能力也将溯及地消灭，而由筹建人或设立人承担其法律后果。

(三) 法人筹备组织的民事责任

关于筹建中的法人所进行的民事活动所引起的民事责任，在法人设立完成以前由设立人承担，在设立完成后则由新成立的法人承担。我国和法国民法都是这样规定的。

综上所述，非法人组织是现代社会组织中的一种十分活跃的形式，在社会经济生活中起着独特的作用。为此，在民法中明确这一类组织的性质、地位、类型及其组织结构，为其设计较为全面的制度内容，对于促进非法人组织的发展、明确其与第三人之间的关系有着极为重要的作用。

思考题：
简述我国现有非法人组织的类型及其特点。

第六章 民事法律行为制度之一：概论

促使民事法律关系发生、变更和终止的法律事实有两种，一是事件，二是行为。① 作为事件，其发生与否与特定人的意志无关；而行为则与特定人的意志有关。对于人的行为，王泽鉴先生将其分为适法行为及违法行为两大类，其中适法行为包括法律行为、事实行为和准法律行为，违法行为则包括侵权行为和不履行债务的行为。②

我国《民法总则》与《民法典》均对法律事实进行了规定，即：

> 《民法总则》与《民法典》第一百二十九条　民事权利可以依据民事法律行为、事实行为、法律规定的事件或者法律规定的其他方式取得。

作为法律事实的行为与作为意思表示的行为是两个不同范畴的问题。作为法律事实，行为是采其最广义的内涵，即包括一切特定人的行为；而作为意思表示，则必须以特定人想要设定民事权利义务关系为前提，有强烈的目的性。③ 对于意思表示行为，我国《民法通则》上称"民事法律行为"，系指合法行为。④《民法总则》与《民法典》确认了法律行为是意思表示行为，规定在第一百三十三条："民事法律行为是民事主体通过意思表示设立、变更、终止民事法律关系的行为。"

---

① 参见王泽鉴《民法总则》，北京大学出版社2009年版，第192页。
② 参见王泽鉴《民法总则》，北京大学出版社2009年版，第192页。
③ 参见［德］卡尔·拉伦茨《德国民法通论》（下册），王晓晔、邵建东、程建英等译，法律出版社2003年版，第426页。"在通常情况下，法律行为是一种有目的的行为，即以最后引起某种法律后果为目的的行为。""《德国民法典》所称法律行为，是指一个人或多个人从事的一项行为或若干项具有内在联系的行为，其目的是为了引起私法上的法律后果，亦即使个人与个人之间的法律关系发生变更。"
④《民法通则》第五十四条　民事法律行为是公民或者法人设立、变更、终止民事权利和民事义务的合法行为。

第一节 民事法律行为的意义

一、民事法律行为与意思表示

法律行为是引起民事法律关系变动的重要原因之一，同时也是私法自治、契约自由的直接体现。正是由于人们自主地进行各种各样的法律行为，才使民事法律关系始终处于生动的状态。就这个意义而言，民事法律行为制度是民法的发动机，是使民法"活"起来的根本所在。

罗马法时期并不存在关于法律行为的构成性理论。比如，就契约而言，当事人要缔结在当时极其有限的具体契约，须遵循为该种具体契约所特有的形式（仪式）。换言之，只要当事人在缔结契约时遵循了所要求的形式，则该种契约便产生约束力，至于当事人在缔结该种契约时的意思如何，法律在所不问。①

近代以来，特别是法国大革命以后，意思自治成为哲学上的意志自由在法律上的反映，人们逐渐认识并确立了意思自治在契约中的地位，认为无论是什么形式的契约都必须是当事人自己意思的体现；而当事人之所以要对自己的契约承担责任，是因为该种契约是他们自己意思的反映。正如《拿破仑民法典》第1134条所说，契约就是当事人之间的法律。②

《拿破仑法典》的上述规定被公认为契约自由的发端。而为了贯彻契约自由，就必须鼓励人们进行自主的民事法律行为。正是在此基础上，德国民法才创造了法律行为的概念和制度，并将其视为私法自治的工具。③

法律行为最初的概念是由胡果（Gustav Hugo，1764—1844）和海瑟（Gorg Arnold Heise，1778—1851）先后提出的，由萨维尼正式采纳，并为德国第一次民法草案所采用，最终反映在《德国民法典》第一编第三章"法律行为"中。在德国民法上，法律行为是指"一个人或多个人从事的一项行为或若干项具有内在联系的行为，其目的是引起某种私法上的效果，亦即使个人与个人之间的法律关系发生变更"④。

---

① 参见［英］梅因《古代法》，沈景一译，商务印书馆1984年版，第184页。
② 《拿破仑法典》第1134条　依法成立的契约，在缔结契约的当事人之间有相当于法律的效力。参见《拿破仑法典》，李浩培等译，商务印书馆1979年版，第174页。
③ 参见［德］卡尔·拉伦茨《德国民法通论》（下册），王晓晔、邵建东、程建英等译，法律出版社2003年版，第426页。"法律行为是实现《德国民法典》基本原则——私法自治的工具。"
④ ［德］卡尔·拉伦茨：《德国民法通论》（下册），王晓晔、邵建东、程建英等译，法律出版社2003年版，第426页。

日本在起草第一部民法时将法律行为一词转译过来，规定在《日本民法典》中。

1986年，《中华人民共和国民法通则》颁布实施，其中规定了民事法律行为制度，而《民法总则》与《民法典》的规定将此制度更加明确化、系统化。

正如民事法律关系一样，民事法律行为作为一种法律制度并不是社会生活中自然存在的现象，而是法学理论高度抽象的结果，是法技术的创造物。由于法律行为概念的创造，民事法律关系理论和民法总则制度才得以最终形成。另外，正是因为民事法律行为概念所具有的抽象性特征，使制度层面上的法律行为与实际生活中的民事行为之间的距离扩大了，从而使民法成为高度专业化的一门学问体系。

民事法律行为的理论基础是意思自治原则。所谓意思自治，是指个人可以依照自己的意思来从事民事法律行为，为自己设定具有法律执行力的权利义务关系。这种思想体现在契约法上，即人的意思，对该人而言就是他自己的法律，如果个人要对自己的法律行为承担责任，尤其是根据契约对自己的法律行为承担责任，那是因为他自己事先同意对此承担责任。换言之，契约是抽象的法律生活的本源，而个人的意思则是契约的本源。[①]

契约是当事人之间自主地设定相互之间的权利义务关系的法律形式。由于契约制度的建立，社会财富得以通过前所未见的方式大规模地快速流转，从而使社会状况得到了较大的改变。对此，梅因曾指出，"所有进步社会的运动，到此为止，是一个从'身份到契约'的运动"[②]。

到了现代，基于强行法和公序良俗的考虑，有时也会对当事人的自由意思的法律效力做出限制。但即便如此，当事人的意思在决定民事法律行为的发生、变更或消灭时所起的核心作用仍然为现代民法所坚持。

民事法律行为作为意思行为，主要表现为契约行为。但是，单独意思表示也是法律行为的具体表现形式。另外，情谊行为和感情表示在有法律规定的情形下也有相应的法律意义。

二、缺乏意思表示的民事行为概说

为进一步明确法律行为的根本特性，以下将其与不含意思表示的民事行为做一个比较。

---

① Jean Carbonnier. Droit Civil, 4/Les Obligations. Presses Universitaires de France, 1995, pp. 45–46.
② ［英］梅因：《古代法》，沈景一译，商务印书馆1984年版，第184页。

(一) 事实行为

所谓事实行为，指的是不需要意思表示也能发生法律上效果的行为事实，如拾得遗失物和取得占有的行为。事实行为不会因当事人没有意思表示就不发生任何法律上的效力，而是应根据法律就该事实行为所做的法律规定确定其效力。就拾得遗失物来说，大多数国家的规定是应由拾得人保管遗失物或交由场所管理人保管并进行失物招领，然后经过一定期限由所有人取回所有权并由拾得人获得报酬。

我国《民法通则》第七十九条规定了包括发现埋藏物和隐藏物以及拾得遗失物（包括动物）的处理方法，《物权法》也明确规定了拾得遗失物和发现埋藏物、漂流物的有关条款（第一百零九至一百一十四条）。《民法典》第三百一十四条也做了规定："拾得遗失物，应当返还权利人。拾得人应当及时通知权利人领取，或者送交公安等有关部门。"

事实行为无需意思表示，不是民事法律行为，因此不需要行为人具备完全民事行为能力，任何人均可以为此种事实行为，并发生相应的法律效果。

(二) 准法律行为

所谓准法律行为，指的是虽然不需要意思表示，但却对意思表示的效力有所帮助的行为，如催告，即针对已经到期的债权，由债权人向债务人发出履行的通知。催告并不形成新的意思表示，只是将已经形成的意思进行告知并要求确认。经催告后仍不履行债务的，就将承担迟延的责任（《德国民法典》第284条）。类似的准法律行为还包括意思通知、瑕疵告知等。

王泽鉴先生将准法律行为分为意思通知、观念通知和感情表示等。① 其中意思通知亦称为表现行为，是意思表示的辅助行为，如前述履行催告的通知；观念通知则为事实通知，如召开股东大会的动议。

作为准法律行为，由于其为意思表示行为的辅助行为，通常由表意人做出，因此，要求当事人有相应的行为能力。

我国《合同法》第四十八、九十五条分别规定了催告制度，其中的当事人应具备相应的行为能力。《民法典》对催告等准法律行为进行了相应规定。

(三) 情谊行为

有一种日常生活中常见的行为，叫作情谊行为，我国台湾地区的有关规定中亦称为"好意施惠"。情谊行为系基于生活中的交往必要而引发的，德国民法一般认

---

① 参见王泽鉴《民法总则》，北京大学出版社2009年版，第206页。

为其不受法律调整,① 我国民法上也没有对情谊行为进行规定。

情谊的基础是社会交往。人是社会性的,因此,在生活中免不了一些社会交往活动。社会交往中的纯粹情谊行为,由于当事人往往没有发生法律关系的意思,一般认为不能引起法律上的效力。②

日常行为若上升为法律行为,则必须符合有关要件的要求,其中最重要的就是行为人必须有产生私法上效果的意思。因此,虽然有些法律行为是由情谊触发的,但是一旦开始进行商业行为,就应当按照法律规定来进行,否则无法产生私法上的效果。

一般来说,包含了情谊因素的社会交往行为产生法律责任时,对施惠人的责任可以酌情予以减轻甚至免除。其原因在于基于情谊而进行的行为本身并不是完全对等,总包含着施惠人一方的让步。因此,在产生责任时,自然应对施惠人予以减轻甚至免除责任。但是,如果某些损害是由施惠人故意或基于重大过失造成的,则应负相应的民事责任。

综上所述,民事法律行为是引起民事法律关系发生、变更和消灭的事实,其中有些行为是意思表示行为,旨在引起私法上的效果,为狭义的民事法律行为;另一些则为事实行为或准法律行为。事实行为本无意思因素,仅因法律的相关规定而发生一定的法律效果;准法律行为则为一定法律行为的必要准备或条件。最后,情谊行为的行为效果在责任承担上应适当减轻,仅在有故意或重大过失的情况下才必然产生民事责任。

以上没有提及的仍有一种行为,即作为引起民事法律关系发生、变化、终止的事实之一的非法行为。广义的非法行为包括侵权行为,也包括违反债务的行为。侵权行为引起侵权之债法律关系的发生,而违约行为则引起违约责任。

图 6-1 为作为法律事实的民事行为的分类结构(不含情谊行为):

图 6-1 作为法律事实的民事行为的分类结构

---

① 参见王泽鉴《民法总则》,北京大学出版社 2009 年版,第 65 页。
② 参见 [德] 迪特尔·梅迪库斯《德国民法总论》,邵建东译,法律出版社 2000 年版,第 148 页。

思考题：
1. 准法律行为的要求是什么？
2. 情谊行为是否受法律调整？

第二节　民事法律行为的构成

作为一项必然引起私法上的效果的行为事实，民事法律行为是以意思表示为核心的，因此，也可以称为意思表示行为。但是，法律行为能否生效还需要符合法律上的其他要件。

一、民事法律行为的成立要件与生效要件

在理论上，民事法律行为的要件包括成立要件和生效要件。民事法律行为的成立要件，是指法律行为成立时不可缺少的条件，如果无此种要件，则法律行为不能成立；而所谓民事法律行为的生效要件，是指已经成立的法律行为发生法律效力所不可缺少的要件，如果不具备此种要件，则即便民事法律行为已经成立，也可能不会发生当事人所期待发生的效力。

在实践中，民事法律行为的成立与生效的时间区分是很难做到的，除非当事人自己加以限制。如合同订立以双方签字为准，此时若无当事人另外订定的生效要件（如附条件或附期限的合同），则合同于成立之时起即生效。我国《民法通则》第五十五条规定的应是法律行为的生效要件，而不是成立要件；《民法总则》规定了生效要件，①但也就民事法律行为成立做出了规定，即第一百三十四条："民事法律行为可以基于双方或者多方的意思表示一致成立，也可以基于单方的意思表示成立。……"《法国民法典》第1108条则将成立和生效合二为一，规定了"契约有效成立"所应具备的四项根本条件，即"负担债务的当事人的同意、其订立契约的能力、构成义务承诺内容的确定标的及债的合法原因"。

我国《民法典》既规定了法律行为的成立，也规定了生效及生效要件。第一百三十四条："民事法律行为可以基于双方或者多方的意思表示一致成立，也可以基于单方的意思表示成立。法人、非法人组织依照法律或者章程规定的议事方式和

---

① 《民法总则》第一百四十三条　具备下列条件的民事法律行为有效：
（一）行为人具有相应的民事行为能力；
（二）意思表示真实；
（三）不违反法律、行政法规的强制性规定，不违背公序良俗。

表决程序作出决议的,该决议行为成立。"第一百三十六条:"民事法律行为自成立时生效,但是法律另有规定或者当事人另有约定的除外。行为人非依法律规定或者未经对方同意,不得擅自变更或者解除民事法律行为。"第一百四十三条:"具备下列条件的民事法律行为有效:(一)行为人具有相应的民事行为能力;(二)意思表示真实;(三)不违反法律、行政法规的强制性规定,不违背公序良俗。"

从理论上区分法律行为成立与生效的原因在于合法性的衡量。民法是私法,崇尚私法自治,表现在民事法律行为上就是契约自由。因此,当事人在订立合同时并不是必须按照法律上的规定条件进行的,而是可以自主地决定交易对象、交易内容和交易方式,同时也可以自由地就合同解除和违约责任的承担方式进行约定。因此,合同的成立仅由双方当事人的意思决定即可,只要双方的意思表示一致,合同即告成立,并可以开始履行。但是,当双方发生纠纷时,无论是对于合同的主体、客体的争议还是对内容和标的物的争议,都会牵涉合同的效力问题,对此,法院必须按照法定要件加以衡量。换言之,合同的成立与否全靠私法自治,不需要司法介入;但合同的效力则必须借助司法力量来决定,在当事人意思自治之外还必须加上法定要件,包括对当事人真实意思的探究,乃至于强行法和公序良俗的强行适用。

内地学者和我国台湾地区学者还将民事法律行为的成立要件和生效要件分别分为两种,即一般成立(生效)要件和特别成立(生效)要件。[①] 所谓一般成立要件,是指一切民事法律行为在成立时所应当具有的要件。通说采取三要件说,即认为主体(当事人)、意思表示和标的(内容)为一切民事法律行为的构成要件。[②] 一般生效要件也是在这三要件基础上通过合法性的衡量而发展起来的,即主体(当事人)有相应的民事行为能力,意思表示真实,标的(内容)确定、合法和可能。[③]

所谓特别成立要件,是指在一般的民事法律行为成立要件之外尚需其他要件的行为,如要式法律行为须具备特定形式(如公证),要物行为须以物的交付为成立要件。特别生效要件则是指双方就特定的民事法律行为生效所另外附加的条件,或者法律规定的其他条件。如附条件附期限的合同、死因行为,以及需要国家有关部门批准的中外合资企业合同等。

以下将分别阐述民事法律行为的要件构成制度,包括主体、意思表示与标的等相关问题。

[①] 参见王泽鉴《民法总则》,北京大学出版社 2009 年版,第 201 页。
[②] 参见梁慧星《民法总论(第五版)》,法律出版社 2017 年版,第 173 页。
[③] 参见王泽鉴《民法总则》,北京大学出版社 2009 年版,第 201 页。

二、民事法律行为的主体

作为民事法律行为成立和生效的一般要件，民事主体是必不可少的，因其是民事权利义务的承担者。但是，作为成立要件的主体与作为生效要件的主体要求又是不同的。就成立要件而言，要求相对简单，即只要有主体存在即可，并不问当事人是否有行为能力。但是，如果主体希望自己的行为发生法律上的效力，则必须从生效要件的要求出发，看看当事人是否有相应的民事行为能力。

关于民事法律行为效力与主体行为能力之间的关系，对法人和非法人组织而言比较简单，只要具备权利能力的都有行为能力；但对于自然人就相对复杂。我国《民法通则》原本规定无民事行为能力人实施的行为和限制民事行为能力人实施的超出自己能力的行为规定为无效，后经《民法总则》与《民法典》加以修订，无民事行为能力人实施的行为无效，限制民事行为能力人实施的纯获利益的民事法律行为或者与其年龄、智力、精神健康状况相适应的民事法律行为有效；实施的其他民事法律行为经法定代理人同意或者追认后有效。

从我国法律的有关规定来看，民事法律行为的当事人应当是合格的民事主体，即具有相应的民事行为能力。其中，限制行为能力人可以从事与其能力相适应的行为。各国民法的规定一般都是如此。如《日本民法典》第4条规定："未成年人的能力：（一）未成年人实施法律行为，应经过其法定代理人同意，但是，可以单纯取得权利或免除义务的行为，不在此限。（二）违反前款规定的行为，可以撤销。"

根据一些国家的民法规定，与未成年人的年龄相适应的定型化契约行为应为所有未成年人可以参与的行为。

所谓定型化契约，也称为定型化行为或附从契约，是当事人一方不参与合同条款拟定过程、全凭另外一方提供格式条款（德国民法上称为"一般交易条款"①）的契约。附从契约是现代合同法上的一个普遍现象，是为促进交易的便捷、提高交易效率而出现的。我国《合同法》第三十九至四十一条规定的采用格式合同条款订立的合同即属于此类。但是，并不是所有的定型化契约都可以由未成年人参与，复杂的定型化契约、需要双方另行商定补充条款的定型化契约都不是未成年人所能够独立完成的。只有那些较为简单并与未成年人生活状况相适应的定型化契约才能由未成年人参与。这类行为包括日常教育行为和生活行为等，小额定型化买卖行为（如通过自动售卖机进行的简单买卖行为或数额极小的买卖行为）为此类可以单独实施的简单生活行为。

德国民法上尚有"零用钱条款"的规定，即认定未成年人在法定代理人授权

---

① 《德国民法典》第305条。

范围内对金钱的支配行为有效。

《德国民法典》第110条 【"零用钱条款"】
如果未成年人以金钱履行合同中的给付，而其金钱系法定代理人为此目的或者为未成年的自由处分而给与，或者系第三人经法定代理人同意而给与的，未成年人未经法定代理人同意而订立的合同自始有效。

除上述立法例外，就未成年人可从事何种民事法律行为，有些国家明文规定允许实施经法定代理人授权的营业行为和劳动行为，如《德国民法典》即做此规定。

《德国民法典》第112条 【独立经营】
（1）如果法定代理人取得监护法院的许可，授权未成年人独立经营，未成年人对于其经营范围内的法律行为的行为能力不受限制。但法定代理人需取得监护法院许可始得采取的法律行为除外。
（2）只有取得监护法院的许可，法定代理人始得收回上述规定的授权。

我国民法虽未一概认可未成年人从事劳动行为，但《民法通则》《民法总则》与《民法典》均规定了16岁以上的未成年人通过自己的劳动收入自给自足的可视为成年人。

图6-2为未成年人可以从事的民事法律行为的种类：

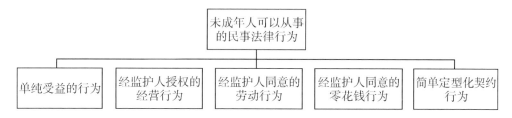

图6-2 未成年人可以从事的民事法律行为

三、意思表示

民事法律行为是以意思表示为核心的，意思表示自由则是私法自治原则的直接体现。

（一）意思表示的构成

意思表示由效果意思和表意行为构成。其中，效果意思是指当事人自主地建立民事法律关系并受其法律效果约束的内心意思，表意行为则是当事人通过法律允许的方式将内心意思表达于外部。前者为主观心理状态，后者为事实表达行为。法律所约束的首先是表意行为，其次还要追究表意行为是否是效果意思的真实反映，即意思表示是否真实。

1. 效果意思

意思表示，"是指表意人向他人发出的表示，表意人据此向他人表明，根据其意思，某项特定的法律后果（或一系列法律后果）应该发生并产生效力"[①]。简而言之，意思表示就是指行为人为了产生一定的私法上的效果而将其意思表达于他人的行为。

意思表示有自身的形成过程。一般说来，行为人首先会在内心形成"效果意思"，然后再将其效果意思向特定的对象表达出来，即进行"表意行为"。这样，一个意思表示才正式形成。

所谓效果意思，是指行为人内心希望发生一定的私法上的效果的意图。其中又有行为人的真意和法律上的效果意思之分。当行为人的真意与法律上的效果意思完全吻合的时候，二者实际上是同一的。只是在行为人的真意与法律上的效果意思不一致的时候，此种区分才有实际意义，如对"真意保留"和"误解"的判断。同时，在需要两个以上的意思表示才能成立的双（多）方法律行为（契约）中，所有的效果意思必须完全一致才能使每一个人的效果意思发生效力。

2. 表意行为

表意行为又称"表示行为"，是指行为人将其效果意思以一定的方式表达于特定对象的行为。行为人虽然在内心有追求某种私法上效果的意思，但是，如果此种意思仅停留在内心，外人无从得知，无法形成意思表示。因此，作为意思表示的重要表现，行为人的真意须借助某种能为外人了解和认识的方式表示出来，这就是表意行为，也称为"表示意思"。此种表意行为有时必须向特定的相对人做出，如合同行为，德国民法上称之为"需受领的意思表示"；[②] 有时则不必向特定相对人做出，如遗嘱行为，即单方意思表示行为。

根据当事人意思自治原则，表意行为须为行为人自觉自愿的行为方为有效。因

[①] ［德］卡尔·拉伦茨：《德国民法通论》（下册），王晓晔、邵建东、程建英等译，法律出版社2003年版，第450～451页。

[②] 参见［德］卡尔·拉伦茨《德国民法通论》（下册），王晓晔、邵建东、程建英等译，法律出版社2003年版，第456～457页。

此，表意行为人必须能够对自己的行为及其后果有清醒的认识。这不只是要求行为人有相应的意思（行为）能力，而且要求行为人在行为当时是清醒的。如果表意行为是在无意识中或被迫所为，如因被麻醉、醉酒或因受欺诈、胁迫、误解所为，则不应产生法律上的效力，为无效或可撤销的法律行为。[①]

表意行为并非一定要由行为人亲自为之，其他人亦可代行为人进行表意行为。代他人为表意行为的人在民法上被称为代理人，代理人需自己形成意思表示。使者不形成意思，表示机关（代表）所为表意行为与本人所为表意行为具有同等价值。

意思表示一般应由有能力的本人做出，代理制度是用来补充或延伸当事人的意思自治的。我国民法上对代理制度有完善的规定。

表示机关的内容规定在法人和非法人组织的相关章节中。而使者也称传达人，仅传达他人的意思，自己不形成意思。《德国民法典》第 120 条规定："为传达而使用的人或机构不实传达的意思表示，可以按照与根据第 119 条撤销错误地作出的意思表示相同的要件撤销之。"

（二）意思表示的方式

行为人为表意行为时，其表示方式多种多样，通常以语言、文字等方式进行，但也可以通过行为进行，包括作为和不作为。以不作为（沉默）为表意方式的，须以法律、契约或习惯上以其作为表示承诺或拒绝的普通方法时为限。[②]

我国《民法通则》第五十六条规定："民事法律行为可以采取书面形式、口头形式或者其他形式。法律规定用特定形式的，应当依照法律规定。"《合同法》则对合同的形式做了规定，即《合同法》第十条："当事人订立合同，有书面形式、口头形式和其他形式。法律、行政法规规定采用书面形式的，应当采用书面形式。当事人约定采用书面形式的，应当采用书面形式。"至于何为书面形式，该法第十

[①] 《合同法》第五十二条　有下列情形之一的，合同无效：
（一）一方以欺诈、胁迫的手段订立合同，损害国家利益；
（二）恶意串通，损害国家、集体或者第三人利益；
（三）以合法形式掩盖非法目的；
（四）损害社会公共利益；
（五）违反法律、行政法规的强制性规定。
第五十四条　下列合同，当事人一方有权请求人民法院或者仲裁机构变更或者撤销：
（一）因重大误解订立的；
（二）在订立合同时显失公平的。
一方以欺诈、胁迫的手段或者乘人之危，使对方在违背真实意思的情况下订立的合同，受损害方有权请求人民法院或者仲裁机构变更或者撤销。
当事人请求变更的，人民法院或者仲裁机构不得撤销。
[②] 参见王泽鉴《民法总则》，北京大学出版社 2009 年版，第 269～270 页。此处涉及解释学上的方法，也可以参见《德国民法典》第 133、157 条。

一条规定:"书面形式是指合同书、信件和数据电文(包括电报、电传、传真、电子数据交换和电子邮件)等可以有形地表现所载内容的形式。"

《民法总则》与《民法典》第一百三十五条规定:"民事法律行为可以采用书面形式、口头形式或者其他形式;法律、行政法规规定或者当事人约定采用特定形式的,应当采用特定形式。"

可见,我国民法上关于意思表示的形式是十分多样的,这充分体现了意思自治和契约自由原则。但是,不应否认的是,法律上也有要式合同。要式合同必须按照法定形式来进行,如必须经过公证的合同。《德国民法典》第125条规定形式非法的合同无效,即"不使用法定形式的法律行为无效"。

对于默示行为,我国《民法总则》与《民法典》第一百四十条规定:"行为人可以明示或者默示作出意思表示。沉默只有在有法律规定、当事人约定或者符合当事人之间的交易习惯时,才可以视为意思表示。"

所谓默示,应与可以明确辨识的行为相区别。默示即沉默,意为不进行积极的意思表达而保持沉默。这种沉默的意义一方面可以通过当事人的约定和法律的明确规定加以澄清,另一方面也可以通过习惯(特别是商业习惯等)和惯例来加以确定。

除此之外,有些意思表示行为的完成还需要有物的交付,如保管合同须由寄托人交付保管物方能成立,而买卖合同则无须此要件。需要有物的交付才能成立的意思表示称为要物的意思表示,反之则为非要物的意思表示。

(三) 合意及其效力

《民法典》第一百三十四条规定:"民事法律行为可以基于双方或者多方的意思表示一致成立,也可以基于单方的意思表示成立。……"据此,单方意思表示一经发出即生效,双方与多方意思表示须达成协议方能生效。

契约是典型的双方法律行为,需要两个以上的意思表示合致才能生效。所谓意思表示的合致,指当事人意思表示的一致,即产生"合意"。合意又称为协议,《法国民法典》第1101条规定:"契约是一人或数人据以对另一人或另数人负担给付、作为或不作为之债务的协议。"(李浩培译《拿破仑民法典》为"合意":第1101条 契约为一种合意,依此合意,一人或数人对于其他一人或数人负担给付、作为或不作为的债务。)事实上,目前包括英美法(如《统一商法典》中关于契约的定义)在内的各国契约法都以协议为契约的定义。

我国民法上对于意思表示的合致理论主要建立在要约承诺制度上,即《合同法》第三十条的"承诺的内容应当与要约的内容一致"①。所谓要约是希望和他人订立合同的意思表示，而承诺是接受要约的意思表示。同时，对于合意的效力同样要求其意思表示的真实性，因误解、欺诈、胁迫而订立的合同是无效或可撤销的。（见《合同法》第五十二、五十四条）

四、民事法律行为的标的

民事法律行为的标的是指民事法律行为的内容，也就是行为人通过民事法律行为所欲实现的目的和所欲达到的效果。② 标的主要运用在合同法上，意为合同的权利义务所指向的客体，一般是指给付。给付的对象通常称为标的物。

我国《合同法》第十二条规定："合同的内容由当事人约定，一般包括以下条款：（一）当事人的名称或者姓名和住所；（二）标的；（三）数量；（四）质量；（五）价款或者报酬；（六）履行期限、地点和方式；（七）违约责任；（八）解决争议的方法。当事人可以参照各类合同的示范文本订立合同。"《民法典》第四百七十条有同样规定。

民事法律行为以标的之合法、确定和可能为生效要件。所谓标的合法，是指民事法律行为的内容不得违反法律的强制性规定，不得违反公序良俗；所谓标的确定，是指民事法律行为的内容于民事法律行为成立时已经确定或可以确定；所谓标的可能，是指民事法律行为内容实现的可能。

（一）标的合法

标的合法指的是民事法律行为的内容应当符合国家法律的规定，否则当事人所为的民事法律行为无效。此处的法律指的是强行性法律，既包括国家法律、行政法规中的强行性法律规定，也包括公序良俗。我国《民法通则》《合同法》《民法总

---

① 《合同法》第十四条　要约是希望和他人订立合同的意思表示，该意思表示应当符合下列规定：
（一）内容具体确定；
（二）表明经受要约人承诺，要约人即受该意思表示约束。
第十五条　要约邀请是希望他人向自己发出要约的意思表示。寄送的价目表、拍卖公告、招标公告、招股说明书、商业广告等为要约邀请。
商业广告的内容符合要约规定的，视为要约。
② 参见王泽鉴《民法总则》，北京大学出版社2009年版，第274页。

则》与《民法典》都对此做了规定。① 比较各法的规定，《民法通则》将违法行为规定为"违反法律和社会公益"；而《合同法》则规定违反法律、行政法规中的"强制性规定"的合同为无效合同，同时必须遵守社会公德和公共利益；《民法总则》与《民法典》规定不违反法律、行政法规的强制性规定、不违背公序良俗的法律行为有效。

就成文法来说，所有的法律均可分为强行法和任意法。所谓强行法，是指不问当事人意思如何而必须加以适用的法律。强行性法律又可以分为命令性和禁止性两种不同的法律规范。命令性规范就是命令当事人应为一定民事法律行为的法律规定，如某些合同（中外合资经营企业合同）必须经过有关部门批准才能生效的法律规定；禁止性规定就是禁止当事人从事一定民事法律行为的法律规定，如不得买卖违禁品的规定。而所谓任意法，指的是当事人（民事主体）可以选择适用的法律，如《合同法》第十二条关于合同主要条款的规定即属任意性条款，当事人完全可以自主地拟定自己所需要的合同内容。

在民法上，任意性规定的目的在于为当事人提供法律上的参考，而不是必须适用的。如果双方当事人均能就法律行为的标的达成一致，任意法将处于睡眠状态。但是，强行法则是当事人在进行民事行为时必须遵守的。如果当事人的行为违反强行法，就必然会导致行为的无效。我国民法上所规定的"违反法律和社会公益"中的法律应解释为强行法。

民事法律行为不违反下列民法性质的强制性规定方为有效，即：有关格式合同中不公平合同条款规制的法律，有关消费者和劳动者保护的法律，涉及一夫一妻的婚姻家庭制度和男女平等的法律制度，涉及人格尊严和妇女儿童权益保护的法律，等等。宪法的规定不能取得直接适用效果，应适用民法上的具体性规定，如民法基本原则，自然人权利能力和行为能力的规定，以及结婚年龄的规定，等等。

成文法中的强制性规定可以作为狭义的强行法来看待。但是，强行法在广义上

---

① 《民法通则》第五十八条："下列民事行为无效：……（五）违反法律或者社会公共利益的……"
《合同法》第七条 当事人订立、履行合同，应当遵守法律、行政法规，尊重社会公德，不得扰乱社会经济秩序，损害社会公共利益。
第五十二条 有下列情形之一的，合同无效：
（一）一方以欺诈、胁迫的手段订立合同，损害国家利益；
（二）恶意串通，损害国家、集体或者第三人利益；
（三）以合法形式掩盖非法目的；
（四）损害社会公共利益；
（五）违反法律、行政法规的强制性规定。
《民法典》第一百四十三条："具备下列条件的民事法律行为有效：……（三）不违反法律、行政法规的强制性规定，不违背公序良俗。"

还包括公序良俗，即公共秩序和善良风俗。对此，各国民法上均有规定。[①] 其中，公共秩序指的是关系到社会公益的公共安宁，而善良风俗则为社会公认的善良的道德准则和风俗习惯。

法律之所以要求行为人在进行民事法律行为时必须遵守公共秩序和善良风俗，是法律的伦理性在实在法上的具体表现。

（二）标的确定、可能

民事法律行为的标的之确定分为已经确定和可以确定两种。所谓标的已经确定，是指行为人在进行民事法律行为时，其内容在该种民事法律行为成立时已经具体化，行为人所享有的权利和所承担的义务、责任已经得到明确、肯定和具体的规定。在很多情况下，标的确定实际上是就标的物而言的。如买卖合同的标的物是特定物的，则民事法律行为的标的从一开始就应得到确定；而如果买卖合同的标的物是种类物的，则只需在履行给付时确定。对于前者，法律上应称为已经确定，后者则称为可以确定。

民法是任意法，因此，法律并没有就民事法律行为的标的进行限制性规定，如《合同法》虽然规定了十三种有名合同，但对于无名合同并没有明文禁止。因此，当事人之间完全可以根据自己的需要订立相关的合同、确定标的，这时的要求应按照合同法的一般规则进行。也就是说，只要标的是双方当事人可以确定的，客观上可能的，就是法律所允许并保护的（见《合同法》第十四条中的"内容具体确定"）。

思考题：
1. 什么是意思表示？
2. 未成年人可以单独进行哪些行为？

第三节 民事法律行为的类型

民事法律行为的类型在很大程度上并不是直接的制度内容，而是一种理论总结，其目的是对各种各样的民事法律行为进行逻辑整理，从而展现其行为的特点。

[①] 《德国民法典》第138条 【违反善良风俗的法律行为，高利贷】
（1）违反善良风俗的法律行为无效。
（2）特别是当法律行为系乘另一方穷困、没有经验、缺乏判断能力或者意志薄弱，使其为自己或者第三人的给付作出有财产上的利益的约定或者担保，而此种财产上的利益与给付显然不相称时，该法律行为无效。

民事法律行为的类型化是一种分析模式，对制度形成有着直接的影响。

一、单方行为、双方行为、多方行为与决议行为

（一）单方行为

单方行为是指仅依一方当事人的意思表示即可成立的民事法律行为，也称单独行为或一方行为。例如，同意、撤销、抵销等都是单方行为。单方行为并非指人数的多寡，而是以意思表示的发出是双方还是一方为限的。因当事人一方的意思表示而发生民事法律行为上的效力时，即便当事人为复数结合，亦为一方当事人。当事人为数人构成，例如，同一租赁关系的多数承租人，共同为终止契约的通知，其所为民事法律行为，仍为一方行为。

单方行为有两类，一类须向相对人进行意思表示始能成立单方行为，称为有相对人的单方行为。如民事法律行为的撤销承认、契约的解除以及债务免除等；另外一类无须向相对人表示，即可成立单方行为，称为无相对人的单方行为，如遗嘱行为。但是，即便是在有相对人的单方行为中，行为人仅需向相对人为意思表示，即可产生民事法律行为上的效力，无须相对人承诺。这是单方行为区别于双方行为的地方。我国《合同法》上的形成权制度就是基于单方行为理论而形成的。

由于单方行为仅依当事人一方的意思表示即可有效成立，因此，在许多情况下，行为人在为单方行为之后亦可任意变更或撤销其单方行为。例如，遗嘱人设立遗嘱后可随时变更其遗嘱内容，亦可撤销其遗嘱，而无须取得他人的同意。但某些有相对人的单方行为一旦成立即发生效力，发出意思表示的一方当事人不得变更或撤销，如债务免除的意思表示一经向相对人传达即发生债务免除的效力，当事人不得再变更或撤销。

（二）双方行为

双方行为是相对于单方行为而言的一种民事法律行为，人们习惯上亦称之为契约（合同），亦称为契约行为，指依双方当事人通过相互的意思表示一致而成立的民事法律行为。双方行为以相对的二人以上当事人交换的意思表示的一致为最低限度的构成要件，此为契约概念的基础。不过，在例外的情况下，除意思表示一致外，还要求以物之交付、书面的作成或仪式的举行必要条件，即所谓要物或要式契约。

所谓意思表示的一致，是指两个立场相对的当事人（可以为单数或复数）所为的意思表示，其主要的内容在客观上是一致的。双方当事人的意思表示如果不一致，则双方行为难以成立。为确保意思表示的一致，现代民法对于契约订立的程序

要件做了明确和具体的规定，这就是要约和承诺制度。根据合同法，要约须向相对人发出，相对人必须在毫无保留或修改、限制要约条件的情况下接受要约，否则，双方的意思表示即未达成一致。

双方行为与单方行为的不同在于有无意思交换。所谓意思交换，即双方当事人之间有意思交流，可以交换意见、讨价还价。在英美法上，对价是衡量契约是否有效成立的标准，其原因在于，通过对价可以衡量双方的交换是否公平、对等。而单方行为则没有意思交换，意思受领方不能讨价还价，不需要对价。我国民法没有采用对价的概念，而是采用大陆法上的合意说，即追究当事人的意思表示一致（协议）。基于此，我国《合同法》将"赠与"作为合同看待（第十一章），并将其分为可撤销和不可撤销的两种情况。①

（三）多方行为

多方行为是指由三个以上的多数当事人平行的意思表示一致而成立的民事法律行为，也称共同行为（我国台湾地区的有关规定中称为"合同行为"）。多方行为与双方行为的区别在于，双方行为的当事人在为意思表示时处于互相对立的地位，无一致的共同利益关系；而多方行为的当事人在为意思表示时，并非处于对立的地位，而是处于平行的地位，他们的方向是共同的、一致的。多方行为主要用于解释设立行为，如社团法人之设立（公司与合伙）、公司章程之订立、公司因合并而成立以及合伙人的开除等现象。

（四）决议行为

德国学者认为有一种特殊的多方行为称为"决议"，即在社团法人或合伙中，由若干人组成的机构（如董事会、股东大会）达成的决议，通常采取多数决或其他方式。这种决议用来决定社团内部事务，以及对外的法律关系，它不仅对参加决议的人有拘束力，而且对整个社团及其成员都有拘束力。②

我国法律上有关决议行为的规定多体现在《公司法》和《合伙企业法》中。《民法总则》与《民法典》第一百三十四条第二款规定："法人、非法人组织依照法律或者章程规定的议事方式和表决程序作出决议的，该决议行为成立。"

---

① 《合同法》第一百八十六条　赠与人在赠与财产的权利转移之前可以撤销赠与。
具有救灾、扶贫等社会公益、道德义务性质的赠与合同或者经过公证的赠与合同，不适用前款规定。
② 参见［德］卡尔·拉伦茨《德国民法通论》（下册），王晓晔、邵建东、程建英等译，法律出版社2003年版，第433页。

二、财产行为与身份行为

根据法律行为是引起财产关系还是身份关系的发生、变更和消灭,可以将其分为财产行为和身份行为。

(一)财产行为

财产行为是相对于身份行为而言的一种民事法律行为,是指以发生财产法上的效果为目的的法律行为。财产行为包括三种,即债权行为、物权行为以及准物权行为。债权行为是指以发生债权法上的效果为目的的行为,以发生债权债务的负担为内容,故亦称负担行为;物权行为是指以发生物权变动为目的的行为,以物权的设立、变更、废止为内容;准物权行为是指以发生物权以外的其他权利变动为目的的行为,以债权作为标的的处分行为。

财产行为与财产法律关系相适应,是引起财产法律关系的法律事实,同时也是财产法律关系的权利义务的体现。我国与财产行为有关的法律表现在债法、物权法等法律中。

(二)身份行为

身份行为是相对于财产行为而言的,指以发生身份法上的效果为目的的法律行为。身份行为分为两种,即亲属(亲属法或婚姻家庭法上的)行为和继承(继承法上的)行为。所谓亲属行为,是指以发生亲属法上的效果为目的的行为,如结婚、收养等;所谓继承行为,是指以发生继承法上的效果为目的的行为,如继承之抛弃、遗嘱等。

财产行为与身份行为的区别效果在于财产法与身份法的区别。财产法主要处理财产的处分和流转关系,而身份法主要处理身份的产生、设定和身份关系的维系。

三、负担行为与处分行为

负担行为与处分行为是就民事法律行为的内容特征进行的分类。

所谓负担行为,指的是以发生债权债务关系为其内容的法律行为,亦称债权行为(见下文),其目的是为行为人和相对人设定负担(给付义务)。负担行为分为单独行为(如捐助行为)和双方行为(契约)两种情况。

《法国民法典》第1126条 一切契约以当事人担负给付、作为或不作为为标的。

我国民法上没有确认给付制度，但这并不意味着给付义务的不必要。给付行为特别用来说明债的法律关系，没有给付概念，在解释债的本质或描述债权债务关系时只能用一般的债权债务关系来描述。

《民法通则》第八十四条　债是按照合同的约定或者依照法律的规定，在当事人之间产生的特定的权利和义务关系。享有权利的人是债权人，负有义务的人是债务人。

债权人有权要求债务人按照合同的约定或者依照法律的规定履行义务。

我国《民法总则》与《民法典》将债权定义为请求权。

《民法总则》与《民法典》第一百一十八条　民事主体依法享有债权。

债权是因合同、侵权行为、无因管理、不当得利以及法律的其他规定，权利人请求特定义务人为或者不为一定行为的权利。

负担行为与处分行为相对。处分行为是指直接使某种权利发生、变更或消灭的法律行为，包括物权行为和准物权行为。我国民法上虽然没有直接规定负担行为，但是个别规定了处分行为，如《民法总则》与《民法典》第三十五条第一款："监护人应当按照最有利于被监护人的原则履行监护职责。监护人除为维护被监护人利益外，不得处分被监护人的财产。"另外，《合同法》第五十一条规定了"无处分权人订立的合同"："无处分权的人处分他人财产，经权利人追认或者无处分权的人订立合同后取得处分权的，该合同有效。"《民法典》第三百一十一条规定："无处分权人将不动产或者动产转让给受让人的，所有权人有权追回；除法律另有规定外，符合下列情形的，受让人取得该不动产或者动产的所有权：（一）受让人受让该不动产或者动产时是善意；（二）以合理的价格转让；（三）转让的不动产或者动产依照法律规定应当登记的已经登记，不需要登记的已经交付给受让人。受让人依据前款规定取得不动产或者动产的所有权的，原所有权人有权向无处分权人请求损害赔偿。当事人善意取得其他物权的，参照适用前两款规定。"

就处分行为与负担行为之间的区别来看，负担行为定义债的关系，处分行为则专门用于权利的处置。[①] 处分行为应及于特定的物，即所谓物特定原则，并且以处分人有处分权为要件，物权处分还应公示；而负担行为则不及于特定的物，仅及于

---

① 参见［德］卡尔·拉伦茨《德国民法通论》（下册），王晓晔、邵建东、程建英等译，法律出版社2003年版，第436页。

人,并且不以有处分权为要件。①

四、债权行为与物权行为

(一) 债权行为

债权行为是使双方互负或一方负担给付义务,而另一方取得给付请求权的法律行为,以债的发生为内容,并且以债权债务的取得和负担为目的。

债权行为从债务负担的角度可称为负担行为,其中有的是单独行为,如无因管理;有的是双务行为,如买卖。债权行为与物权行为的主要区别在于,债权为请求权、对人权,无排他性;对于同一债务人,可以同时成立内容相同或不同的债权债务关系。同时,债权具有相对性,即合同当事人仅可对与其建立合同关系的对方当事人提出债权请求权,不可向第三人请求。当然,一些专为他人利益订立的合同(如以第三人为受益人的保险合同)除外。②

债权行为与物权行为的划分是基于债法和物权法的划分,二者互为因果。但是,在物权法上,债权本身也可以成为物权的标的,称为准物权。③

另外,一些国家的民法认为非法侵犯他人的债权(契约)要承担侵权责任,成立经济侵权。④ 我国《侵权责任法》尚未规定经济侵权。

(二) 物权行为

物权行为是指以物权的设立、转移、变更和废止为目的的法律行为,如所有权的移转、用益物权和担保物权的设立等行为,均是物权行为。

物权行为可称为物权法上的处分行为,是相对于债权行为而言的,根据对特定物的处分行为而发生。物权行为可以独立发生,也可以与负担行为同时发生。但是,物权行为必须包括一个单独的物权变动合意,加上一个形式要件,即登记

---

① 参见王泽鉴《民法总则》,北京大学出版社 2009 年版,第 211 页;[德] 迪特尔·梅迪库斯《德国民法总论》,邵建东译,法律出版社 2001 年版,第 168 ~ 169 页。

② 《德国民法典》第 328 条 【有利于第三人的合同】
(1) 当事人可以合同约定向第三人履行给付,并具有使第三人直接要求给付的权利的效力。
(2) 在没有特别规定的情况下,根据情况,特别是应根据合同目的,确定第三人是否取得权利,第三人权利是否立即或者仅在一定条件下产生,订立合同的当事人是否保留权限,可以不经第三人的同意而撤销或者变更其权利。

③ 《物权法》第二条 因物的归属和利用而产生的民事关系,适用本法。
本法所称物,包括不动产和动产。法律规定权利作为物权客体的,依照其规定。(下略)

④ 这是英美法上的制度,源于 1853 年的判例,Lumley v. Gye。

行为。①

在日常生活中，人们往往可以看到独立的债权行为，包括缔约行为、履行给付义务的行为，而似乎难以看到独立的物权行为（独立于履行行为的单独交付行为）或称物权合意。但是，萨维尼认为此种行为的确存在。② 进而，《德国民法典》的立法者接受了他的理论，并在法典中做了相应的法律规定，从而形成了物权行为体系。③ 可以说，物权行为理论在一定程度上代表着德国民法的特征。

物权行为理论的内容包括三个方面：①物权契约（物权合意）。物权行为理论认为，权利主体承担的转移标的物的义务是一种契约行为，此一契约与债权契约不同。②物权行为的无因性。物权行为在其效力和结果上不依赖原因行为（债权行为）而独立存在，原因行为无效或被撤销不影响物权行为的效力，物权行为仍然有效。这一点被称为分离原则。③物权变动的形式主义原则，亦称物权的公示主义原则。此种原则认为，为保护交易安全，防止第三人免遭不测之损害，物权的变动必须有公示性。此种公示性不仅具有对抗第三人的效力，而且具有左右物权行为本身效力的作用。德国民法认为，动产的交付和不动产的登记是物权公示的两种方法。

五、有因行为与无因行为

（一）有因行为

有因行为是相对于无因行为而言的一种民事法律行为，它是指在财产给付行为中，以原因之存在为必要的法律行为。有因行为亦被称为要因行为。

在现代社会，人们之所以处分自己的财产都是基于一定的原因，但是这种原因并不一定是法律上的原因。所谓有因行为的原因，是指造成权利变动的结果另有法律上的原因行为，如因买卖而取得物权，卖方向买方交付标的物是有原因的，即为

---

① 参见梁慧星、陈华彬《物权法（第二版）》，法律出版社2003年版，第61页。
② 参见梁慧星《民法总论（第五版）》，法律出版社2017年版，第169～170页。
③ 《德国民法典》第873条 【根据协议和登记取得】
（1）转让土地所有权、对土地设定权利以及转让此种权利或者对此种权利设定其他权利，需有权利人与相对人关于权利变更的协议，并应将权利变更在土地登记簿中登记注册，但法律另有其他规定的除外。
（2）在登记前，双方当事人仅在对意思表示进行公证人公证时，或者向土地登记局作出或者呈递意思表示时，或者权利人已将符合《土地登记簿法》规定的登记许可证交付于相对人时，始受协议约束。
第925条 【协议让与】
（1）根据第873条的规定在转让土地所有权时应当由出让人与受让人订立协议（协议让与）的，当事人双方应当同时到场向主管登记处表示。在不影响其他登记处权限的情况下，允许任何公证人接受协议让与。
（2）附条件或者期限而为的协议让与无效。

了履行债务。换言之，如果法律认为给付财产必须要有法律上的原因时，则其行为为有因行为。债权行为均为有因行为。例如，在买卖合同中，买受人之所以支付对价，其原因在于获得对方交付的标的物的所有权，债权和债务互为因果。①

（二）无因行为

无因行为是相对于有因行为而言的一种民事法律行为，本意为抽象行为，指财产给付行为没有原因。在无因行为方面，给付财产的法律原因在于处分物权，而不要求对价。或者说，物权变动本身就是变动的法律原因，物权行为独立成立。物权行为无因性理论起源于德国，后为某些国家和地区所接受。②

无因行为分为两种，即相对的无因行为和绝对的无因行为。其中，得依当事人的意思使之为有因者称为相对的无因行为（如《德国民法典》第 516 条）；不依当事人的意思使之为有因者，称为绝对的无因行为（如《德国民法典》第 928 条）。③

绝大多数处分行为都是无因行为，由此产生了物权行为的无因性原则，也称为物权行为和债权行为的分离原则。所谓物权行为的无因性，是指物权行为独立，其成立和生效并不受其原因行为——债权行为的影响。因而，即便债权行为无效或被撤销，物权行为仍然继续有效。依照这一理论，债权仅为买受人取得物权的间接原因，买受人直接通过物权行为（物权合意）取得标的物，其所有权归买受人享有；如果原因债权不合法或被撤销，出卖人只能通过不当得利制度请求买受人返还其所

---

① 《德国民法典》第 433 条 【出卖人和买受人的基本义务】
（1）根据买卖合同，物的出卖人负有向买受人支付其物，并使其取得该物的所有权的义务。权利的出卖人负有使买受人取得该权利的义务，如果因该权利而有权占有一定主物时，亦负交付其物的义务。
（2）买受人负有向出卖人支付约定的价金并受领买卖物的义务。
② 《德国民法典》第 929 条 【合意与交付】
转让动产所有权需由所有权人将物交付于受让人，并就所有权的转移由双方成立合意。受让人已占有该物的，仅需转移所有权的合意即可。
我国台湾地区的在关规定："不动产物权，因法律行为而取得、设定、丧失及变更者，非经登记不生效力。前项行为，应以书面为之。"
③ 《德国民法典》第 516 条 【概念，接受期限】
（1）双方当事人约定，一方以自己的财产为另一方获得利益而无偿给与另一方的，为赠与。
（2）未经另一方同意而给与的，给与的一方可以规定一个适当期限，催告另一方作出是否接受的意思表示。期满后，如果另一方没有拒绝赠与，则视为已接受赠与。如果拒绝赠与，赠与人可以根据关于返还不当得利的规定，要求返还赠与物。
第 928 条 【放弃所有权】
（1）土地所有权可以因所有权人向土地登记局表示放弃，并将放弃在土地登记簿中登记注册而消灭。
（2）放弃的土地的先占权归该土地所在的州的国库。国库因作为所有权人在土地登记簿中登记注册而取得所有权。

取得的不当利益。换言之，不当得利制度就是物权无因性理论的有效补充。①

六、要式行为与不要式行为

（一）要式行为

要式行为是指构成民事法律行为的意思表示须以一定的方式为之。在古代社会，多数契约都须依一定的方式缔结，如罗马法上的"要式买卖和要式现金借贷"。② 近代以来，由于自由主义思潮的兴起，法律上实行契约自由原则，以不要式为原则、要式为例外，仅对某些特殊的民事法律行为规定必须采取一定的方式，如婚姻、遗嘱、票据行为等。对于要式行为，如果行为人不采取法定的方式，则其行为无效。

对于特殊的民事法律行为之所以要求采取一定的形式，原因是：①为使当事人慎重对待其所从事的民事法律行为。②为了使其行为具有公开性，以保护第三人的利益。③为了证据上的便利。合同行为如仅以口头方式为之，则发生纠纷时会面临证据难以取得的难题。正是基于此种担忧，我国合同法上规定某些合同须以书面方式为之。④为了流通的便利。如票据须以法定方式为之，否则格式不一，将妨碍其流通，从而影响其经济效用的发挥。

（二）不要式行为

不要式行为是指构成民事法律行为的意思表示无须强行以特定的方式为之。现代民法原则上以不要式为原则，以要式为例外，因此，很多民事法律行为是可以以任意的方式进行的。这并不是说民事法律行为的方式是不重要的，而是说在众多的行为方式中可以由当事人自由地选择。

民事法律行为之所以原则上不要求必须采取一定的形式，其主要原因在于意思自治原则的要求，即当事人的意思表示只要不与强行法相冲突，便鼓励人们自由自主地进行法律行为。不要式法律行为大大地便利了交易形式，使各种民事活动能够方便快捷地进行。

---

① 参见［德］卡尔·拉伦茨《德国民法通论》（下册），王晓晔、邵建东、程建英等译，法律出版社2003年版，第443页。

② 参见周枏《罗马法原论》（下册），商务印书馆1994年版，第655页。

七、要物行为与不要物行为

（一）要物行为

要物行为亦称实践行为，是指民事法律行为仅凭当事人的意思表示还不能有效成立，必须以一方当事人向另一方当事人交付实物始能成立。一般认为，要物行为主要包括赠与行为、借用行为、民间借贷行为以及保管行为等。

（二）不要物行为

不要物行为是相对于要物行为而言的一种民事法律行为，指仅凭当事人双方的意思表示即可使民事法律行为有效成立的行为，无须当事人具体交付实物。因此，它又被称为诺成行为。大部分的民事法律行为是不要物行为，如买卖、租赁等。但是，凭样品买卖、来料来样加工则是要物行为。

八、生前行为与死因行为

（一）生前行为

生前行为是相对于死因行为而言的一种民事法律行为，是指其效力发生于行为人生前的民事法律行为。凡死因行为以外的一切民事法律行为，均为生前行为。生活中，绝大多数的民事法律行为都是生前行为，其效力在生前发生。

（二）死因行为

死因行为是指以行为人的死亡作为民事法律行为效力发生根据的行为。死因行为主要是为了决定行为人死亡时的法律关系。例如，遗嘱是为了决定立遗嘱人死亡时的财产归属。但是，死因行为并非仅仅为了决定行为人死亡时的法律关系，有时也可以为了决定他人间的法律关系，例如，指定自己行使亲权范围内的被监护人的监护人。

九、有偿行为与无偿行为

（一）有偿行为

有偿行为是相对于无偿行为而言的一种民事法律行为，是指有对待给付的民事法律行为。有偿行为实际上就是互为对待给付的契约。从理论上讲，一方对他方为给付，他方亦对另一方为给付，则为有偿行为。如仅一方为给付，他方不为给付，则为无偿行为。交易性民事法律行为是有偿行为，需当事人为对待给付。对待给付的确定应依公平原则而为之，否则即为不公平的交易，可以由当事人选择行使撤销权，如我国合同法上的显失公平的合同。①

（二）无偿行为

无偿行为是相对于有偿行为而言的一种民事法律行为，是指一方对他方为给付，他方无须为对待给付的民事法律行为。民法中大部分行为是有偿行为，仅有少数行为是无偿行为。另外，民事委托行为以无偿为常态，其用意在于鼓励人们之间建立信任关系。

十、主行为与从行为

（一）主行为

主行为是相对于从行为而言的一种民事法律行为，是指不以其他行为的存在为前提的、具有独立内容的民事法律行为。如就贷款与担保的关系而言，贷款引起的借贷行为即为主行为，有独立的债权债务内容，不以担保行为为存在条件。

（二）从行为

从行为是相对于主行为而言的一种民事法律行为，是指以其他民事法律行为的存在为前提的一种法律行为。如担保行为本身不能独立存在，它必须以借贷合同为存在前提。②

法律区分主行为和从行为，其意义在于，从行为之命运依附于主行为，主行为如果无效或被撤销，从行为亦随之无效或被撤销；主行为消灭，从行为也随之消灭。

除借贷与担保法律关系以外，在所谓"买卖不破租赁"的问题上，也适用从

---

① 《合同法》第五十四条　下列合同，当事人一方有权请求人民法院或者仲裁机构变更或者撤销：
（一）因重大误解订立的；
（二）在订立合同时显失公平的。（下略）
《民法典》第一百五十一条　一方利用对方处于危困状态、缺乏判断能力等情形，致使民事法律行为成立时显失公平的，受损害方有权请求人民法院或者仲裁机构予以撤销。
② 《物权法》第一百七十一条　债权人在借贷、买卖等民事活动中，为保障实现其债权，需要担保的，可以依照本法和其他法律的规定设立担保物权。
第三人为债务人向债权人提供担保的，可以要求债务人提供反担保。反担保适用本法和其他法律的规定。

行为服从主行为的原则。即租赁行为本为所有权人行使所有权中的使用权和收益权的行为,因此,当所有权人处分所有权时,应连带租赁合同一同让与新的买受人。

《合同法》第二百二十九条 租赁物在租赁期间发生所有权变动的,不影响租赁合同的效力。①

"买卖不破租赁"源自罗马法上的债务承受。在罗马法前期,相关联的法律行为之间的联系被忽视,因此买卖一旦发生,租赁就立即中断,造成了所谓"买卖破坏租赁"。到了后期,地奥克莱体亚努斯皇帝开始通过买卖合同的特约维持租赁的效力,定为债务的承担或合同的承受。② 至今,法国、德国、瑞士、日本的民法以及我国台湾地区的有关规定等均对买卖不破租赁进行了不同规定。③

---

① 《民法典》第七百二十五条 租赁物在承租人按照租赁合同占有期限内发生所有权变动的,不影响租赁合同的效力。
第七百二十六条 出租人出卖租赁房屋的,应当在出卖之前的合理期限内通知承租人,承租人享有以同等条件优先购买的权利;但是,房屋按份共有人行使优先购买权或者出租人将房屋出卖给近亲属的除外。
出租人履行通知义务后,承租人在十五日内未明确表示购买的,视为承租人放弃优先购买权。
第七百二十七条 出租人委托拍卖人拍卖租赁房屋的,应当在拍卖五日前通知承租人。承租人未参加拍卖的,视为放弃优先购买权。
第七百二十八条 出租人未通知承租人或者有其他妨害承租人行使优先购买权情形的,承租人可以请求出租人承担赔偿责任。但是,出租人与第三人订立的房屋买卖合同的效力不受影响。
② 参见周枏《罗马法原论》(下册),商务印书馆1994年版,第723页。
③ 《法国民法典》第1743条 如出租人出卖租赁物时,买受人不得辞退经公证作成或有确定日期的租赁契约的房屋或土地承租人;但于租赁契约中保留此项权利者,不在此限。
《德国民法典》第571条 【出让不破租赁】
(1)出租人的土地在交付于承租人后,由出租人让与第三人时,受让人代替出租人取得在其所有期间因租赁关系所产生的权利和义务。
(2)受让人不履行义务时,出租人就受让人应赔偿的损失,应负有与放弃先诉抗辩权的保证人同样的责任。承租人因出租人的通知而知悉所有权转让时,如果出租人在允许发出预告解约通知的最早期限没有对租赁关系发出预告解约通知,承租人则免除其责任。
《瑞士债法》第259条 【租赁物的出卖】
租赁物的所有权在缔结租赁协议后转让的,或者因强制执行或者破产诉讼而失去的,承租人在第三人承担租赁义务时,可以要求第三人依合同履行。出租人仍应当承担履行协议的义务或者承担损害赔偿责任。租赁物为不动产的,第三人在合同不允许提前取消的限度内,允许承租人继续占有租赁物,直到合同依法中止时;第三人未能通知承租人的,应当视该第三人为已成为租赁协议的一方当事人。行使国家征用权的特别条款不受影响。
《日本民法典》第605条 承租权的对抗效力
不动产租赁实行登记后,对以后就该不动产取得物权者,亦发生效力。(另1909年《建物保护法》、1921年《借地借家法》及1938年《农地调整法》均有规定。)
我国台湾地区的有关规定:"出租人于租赁物交付后,承租人占有中,纵将其所有权让与第三人,其租赁契约,对于受让人仍继续存在。前项规定,于未经登记之不动产租赁契约,其期限逾五年或未定期限者,不适用之。"

学理上存在的一个倾向是认为租赁具有物权性质，另一个倾向则是适用债务的承担或合同承受，相关的理论颇为复杂。但如果租赁可以物权化，则必须在物权法上明确规定，如我国基于土地承包合同的土地承包权和英美法上的保有权，否则，只能根据民事行为的基本原理而认定为关联之债，从而在买卖与租赁之间认定存在着主从行为关联关系，即买受人必须承受租赁合同，出卖人在让与所有权时也连带让与了租赁合同。当然，具体的规定可以以租赁登记和买卖合同或租赁合同当事人的特约为限制性条件，而其法律上的原因不变。①

十一、独立行为与补助行为

（一）独立行为

独立行为，是指具有独立的实质内容的民事法律行为。具有完全民事行为能力的民事主体所进行的民事法律行为均为独立行为。

（二）补助行为

补助行为，亦称为辅助行为，是指不具备独立的实质内容，意在对效力待定的民事法律行为效力予以补正的行为。此处所谓"效力待定的民事行为"，表面上虽然是具有完全独立的内容的（包括权利、义务、责任），法律不能断然肯定其效力，也不能否定其效力，而是必须等待其他人对该行为的效力予以肯定或否定。如果予以肯定，则行为有效；如予以否定，则无效。例如，法定代理人对于限制行为能力人所为行为的同意或追认。

民事法律行为的分类是对法律行为内容的理论总结，其中的负担行为、物权行为及其无因性理论对于区分债权和物权、建立债权法和物权法的制度有着重大的意义。其他分类，在不同的制度建设层次上亦有一定的意义。

思考题：
论述法律行为的基本分类。

---

① 王泽鉴先生将买卖不破租赁的原因解释为对经济上的弱者保护的需要。参见王泽鉴《民法学说与判例研究（修订版）》（第六册），中国政法大学出版社2005年版，第177页。

第七章　民事法律行为制度之二：效力制度

民事法律行为的效力是由多个因素决定的，包括主体资格是否合法、意思表示是否真实，是否有强行法对法律行为效力加以限制，以及当事人本身是否为行为附加了条件等。本章将集中讲述民事法律行为的效力。

第一节　民事法律行为的效力体系

基于法律规定的不同要求，民事法律行为有时可以发生当事人预期的效力，有时不能。具体来说，除完全有效的法律行为之外，还有效力待定的民事法律行为、可变更可撤销的民事法律行为，以及部分或全部无效的民事法律行为等。

完全有效的民事法律行为，是指行为人所进行的民事法律行为不仅符合自己的真实意思，而且符合法律上的所有生效要件，因而能够产生该行为人所期待的法律效果。至于其他三种情况，则在不同程度上缺少法律规定的某个或某些要件。其中，无效的民事法律行为是指行为人所进行的民事法律行为由于意思表示和法律上的瑕疵而不能产生效力，具体又可分为全部无效和部分无效两种情况；效力待定的民事法律行为，是指行为人所进行的民事法律行为的效力在该种民事法律行为成立之后并不能确定地发生效力，而是取决于行为人以外的第三人的补助行为；可变更可撤销的民事法律行为，是指由于双方意思表示的瑕疵，享有变更权和撤销权的当事人可以选择行使其变更权和撤销权，从而导致该行为发生变更或因被撤销而无效。

我国《民法通则》第五十八至六十条对无效的民事法律行为、可变更可撤销的民事法律行为、有效的民事法律行为做出了规定，但没有对效力待定的民事法律行为做出规定；《合同法》第四十七至五十一条对效力待定的合同做出了明文规定，从而间接承认了效力待定的民事法律行为。《民法总则》与《民法典》对无效行为、可撤销行为和效力待定的行为等均做出了明确规定。

一、关于法律的强制性、禁止性规定，以及公序良俗

当行为人的意思表示没有任何瑕疵，而且符合法律的强制性规定，则该行为有效。我国《民法通则》第五十五条规定了法律行为的生效要件，[①]《民法总则》与《民法典》第一百四十三条规定："具备下列条件的民事法律行为有效：（一）行为人具有相应的民事行为能力；（二）意思表示真实；（三）不违反法律、行政法规的强制性规定，不违背公序良俗。"

从法技术角度来看，判断一个行为是否有效并不是单纯从意思表示出发，也不是单纯从当事人的能力出发，而主要是从行为是否违反法律的强制性、禁止性规定出发。

首先，民事法律行为必须符合强制性法律规定才能够产生效力。对此，德国民法上称为"类型强制"。[②]

一般来说，类型强制表现在物权法、亲属法和继承法上，如物权类型必须符合法律规定，不得自行创设物权类型。实际上，这三种法律制度的大部分条款都属于强制性法律。

债法奉行意思自治原则，但也在一定程度上存在着类型强制。其一，就合同法而言，关于一般条款的规制是各国都采纳的强制性法律规定（我国《合同法》规定在第四十条，《民法典》规定在第四百九十七条）。其二，凡涉及劳动者保护、消费者保护的合同，当事人也必须遵守有关劳动者和消费者保护的强制性的法律规定（见《劳动法》《消费者权益保护法》）。其三，涉及男女平等和妇女儿童保护的强制性法律必须遵守。其四，在我国，一些特殊的合同还必须履行批准程序，如中外合资经营企业合同必须经过国家的批准才能生效。（《合同法》第四十四条、《民法典》第五百零二条）

其次，民事法律行为必须不违反禁止性法律规定才能够产生效力。德国民法就此有明确规定，见《德国民法典》第134条："本法无其他规定时，违反法律禁止性规定的法律行为完全无效。"

民法中多数条款是任意性条款，民法本身的态度也是鼓励当事人的意思自治。所以，禁止性条款是任意性条款的例外。民法中的禁止性规定较少，往往是以抽象

[①]《民法通则》第五十五条 民事法律行为应当具备下列条件：
（一）行为人具有相应的民事行为能力；
（二）意思表示真实；
（三）不违反法律或者社会公共利益。

[②] 参见［德］卡尔·拉伦茨《德国民法通论》（下册），王晓晔、邵建东、程建英等译，法律出版社2003年版，第587页。

性条款存在的。拉伦茨认为，从本质上讲，一个合法禁止是指，一个法律行为根据它的一般性质，完全可以在我们这个法律制度下实施，但考虑到这个法律行为的内容、考虑到法律制度禁止所带来的后果，或者考虑到法律行为实施的特定情况，而禁止某些特定情况下的法律行为。[1]

最后，民事法律行为不得违反公序良俗。

公序良俗一语，源于《法国民法典》的有关规定，即《法国民法典》第6条："个人不得以特别约定违反有关公共秩序和善良风俗的法律。"但是，拉伦茨等德国学者认为，不应当像法国那样把公共秩序和善良风俗联系起来，因为二者在语义学上有着完全不同的意义，法语的"公共秩序"（l'ordre public）翻译成德语的"公共秩序"（öffentliche Ordnung），在私法的层面上让人难以理解。[2]

事实上，德国民法的确并未出现"公序良俗"一语，而代之以"善良风俗"，即《德国民法典》第138条："【违反善良风俗的法律行为，高利贷】（1）违反善良风俗的法律行为无效。（2）特别是当法律行为系乘另一方穷困、没有经验、缺乏判断能力或者意志薄弱，使其为自己或者第三人的给付做出有财产上的利益的约定或者担保，而此种财产上的利益与给付显然不相称时，该法律行为无效。"这里的善良风俗显然有较为丰富的含义。

拉伦茨特别指出，今天德国民法上注重的以善良风俗加以限制的行为主要存在于商业行为中，即以上法律规定所指出的，不得通过高利贷等行为对经济上的弱者进行盘剥。[3] 同时，以合同限制对方的人身和经济自由（束缚性的合同），[4] 给付与对待给付间不成比例，[5] 逃避债务的行为，[6] 等等，都属于违反善良风俗的行为。[7]

我国民法上的公序良俗包括公共秩序（社会公益）和善良风俗两部分。《民法总则》与《民法典》第一百五十三条规定，违背公序良俗的民事法律行为无效。

---

[1] 参见［德］卡尔·拉伦茨《德国民法通论》（下册），王晓晔、邵建东、程建英等译，法律出版社2003年版，第589页。

[2] 参见［德］卡尔·拉伦茨《德国民法通论》（下册），王晓晔、邵建东、程建英等译，法律出版社2003年版，第599页。

[3] 参见［德］卡尔·拉伦茨《德国民法通论》（下册），王晓晔、邵建东、程建英等译，法律出版社2003年版，第600页。

[4] 参见［德］卡尔·拉伦茨《德国民法通论》（下册），王晓晔、邵建东、程建英等译，法律出版社2003年版，第604页。

[5] 参见［德］卡尔·拉伦茨《德国民法通论》（下册），王晓晔、邵建东、程建英等译，法律出版社2003年版，第609页。

[6] 参见［德］卡尔·拉伦茨《德国民法通论》（下册），王晓晔、邵建东、程建英等译，法律出版社2003年版，第610～611页。

[7] 参见［德］卡尔·拉伦茨《德国民法通论》（下册），王晓晔、邵建东、程建英等译，法律出版社2003年版，第612～625页。

对于公共秩序与善良风俗的区别,王泽鉴先生指出,公共秩序强调的是整体的法律秩序,特别是基于宪法基本人权的规定,如雇佣合同中约定结婚即辞职。(我国台湾地区的有关规定为:"法律行为有悖于公共秩序或善良风俗者,无效。")而善良风俗则指为一般民间所承认的道德习俗。它不是指康德哲学意义上的最高道德,而是指在一般公德范畴的道德风俗。换言之,法律上的善良风俗是最低限度的道德,是为保证民事法律行为有效的"伦理最低标准"。① 也正是在这个意义上,各国民法将善良风俗与公共秩序并列,作为民法基本原则的一个重要价值。

二、无效的民事法律行为

无效的民事法律行为是指民事法律行为因欠缺生效要件而自始、当然和绝对地不发生法律效力(无效性)。我国《民法总则》与《民法典》第一百四十四、一百四十六、一百五十三、一百五十四、一百五十六、一百五十七条对法律行为无效的原因及其后果都做了相应的规定。② 无效的民事法律行为虽然已经成立,但是因为不具备民事法律行为的法定有效要件,即便当事人之间已经履行了此种行为,该行为也不能产生当事人在进行此种行为时所期待产生的法律效力。行为被判定无效后,双方需承担因无效而导致的法律后果,包括返还原物、赔偿损失等。③

---

① 参见〔德〕卡尔·拉伦茨《德国民法通论》(下册),王晓晔、邵建东、程建英等译,法律出版社2003年版,第597~603页。
② 《民法总则》第一百四十四条 无民事行为能力人实施的民事法律行为无效。
第一百四十六条 行为人与相对人以虚假的意思表示实施的民事法律行为无效。
以虚假的意思表示隐藏的民事法律行为的效力,依照有关法律规定处理。
第一百五十三条 违反法律、行政法规的强制性规定的民事法律行为无效,但是该强制性规定不导致该民事法律行为无效的除外。
违背公序良俗的民事法律行为无效。
第一百五十四条 行为人与相对人恶意串通,损害他人合法权益的民事法律行为无效。
第一百五十六条 民事法律行为部分无效,不影响其他部分效力的,其他部分仍然有效。
第一百五十七条 民事法律行为无效、被撤销或者确定不发生效力后,行为人因该行为取得的财产,应当予以返还;不能返还或者没有必要返还的,应当折价补偿。有过错的一方应当赔偿对方由此所受到的损失;各方都有过错的,应当各自承担相应的责任。法律另有规定的,依照其规定。
③ 《民法通则》第六十一条 民事行为被确认为无效或者被撤销后,当事人因该行为取得的财产,应当返还给受损失的一方。有过错的一方应当赔偿对方因此所受的损失,双方都有过错的,应当各自承担相应的责任。
双方恶意串通,实施民事行为损害国家的、集体的或者第三人的利益的,应当追缴双方取得的财产,收归国家、集体所有或者返还第三人。
《民法总则》与《民法典》第一百五十七条 民事法律行为无效、被撤销或者确定不发生效力后,行为人因该行为取得的财产,应当予以返还;不能返还或者没有必要返还的,应当折价补偿。有过错的一方应当赔偿对方由此所受到的损失;各方都有过错的,应当各自承担相应的责任。法律另有规定的,依照其规定。

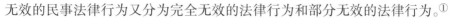

第七章 民事法律行为制度之二：效力制度

无效的民事法律行为又分为完全无效的法律行为和部分无效的法律行为。①

1. 完全无效的民事法律行为

完全无效的民事法律行为可能是由当事人无意思能力或意思表示不真实造成的，也可能是违反了强制性、禁止性法律和公序良俗的适用。

我国民法上关于无效原因经过了一个从宽泛渐趋严格的过程。在《民法通则》中，法律关于无效原因规定得较为宽泛（第五十八条，共六项原因），但在《合同法》中则规定得较为严格（第五十二条，共五项原因）。其中，《民法通则》第五十八条第（一）项和第（二）项关于行为能力的欠缺在《合同法》中转为效力待定的合同；第（三）项关于欺诈、胁迫和乘人之危的行为在《合同法》中被分解为两部分，即《合同法》第五十二条第（一）项规定"一方以欺诈、胁迫的手段订立合同，损害国家利益"的行为无效，而其他情况在《合同法》第五十四条中则为可撤销。

《民法总则》与《民法典》关于法律行为的无效原因共有三项，其中第一百四十四条规定了能力欠缺导致的无效，即无民事行为能力人实施的行为无效；第一百四十六条规定了虚假的意思表示无效；第一百五十三条规定了违反法律、行政法规的强制性规定的民事行为无效，违背公序良俗的行为无效。

无效的民事法律行为任何人均可主张，法院也可在当事人未提出无效审查请求的情况下自行主张。② 其理由在于，无效的原因是当事人的行为违法，因此，法院作为司法机关当然可以在诉讼中主动进行效力审查，并且在认定无效时予以宣告。

需要强调的是，无效是一个事后司法审查的结果。在当事人订立合同之后，原则上法律不会主动过问当事人之间的合同内容，只是在双方发生纠纷并提请法院审查以后，法院才可能介入当事人之间的关系，并对合法性予以衡量。如果一个合同自订立时起就是违法的，但当事人以及任何其他人均未主张提请司法审查，法院也没有任何途径得知此一情况，则双方当事人完全可能将这一违法合同履行完毕。因此，只有在法院凭借职权介入并认定合同（法律行为）无效后，该合同或行为才自始归于无效。

2. 部分无效的民事法律行为

民事法律行为的内容全部不发生当事人所期待发生的法律效力者，为全部无效。但有时，民事法律行为中的部分内容无效并不影响其余部分的效力，为部分无效。我国《民法通则》第六十条规定："民事行为部分无效，不影响其他部分的效力的，其他部分仍然有效。"《民法总则》与《民法典》第一百五十六条规定：

---

① 参见王泽鉴《民法总则》，北京大学出版社 2009 年版，第 385 页。
② 参见［德］卡尔·拉伦茨《德国民法通论》（下册），王晓晔、邵建东、程建英等译，法律出版社 2003 年版，第 628 页。

"民事法律行为部分无效，不影响其他部分效力的，其他部分仍然有效。"①

通常，一个民事法律行为是有整体性和连续性的，即一个意思表示和另一个意思表示有着内在的、一体化的联系，缺少任何一个都将影响整个民事法律行为的完整性和效力。但是，有些观点认为在某些情况下可以将法律行为进行分割：

第一，可以根据当事人的意愿进行分割，这主要依赖于法院对当事人意思的推测，即去除了无效部分后剩余的部分当事人是否还愿意接受。如对于违反价格限制的部分进行修正后，以当事人补充的意思履行剩余的部分。这实际上是借助公权力对当事人的意思表示进行修正。

第二，根据行为的性质进行分割，最典型的例子就是债权行为与物权行为的分割。基于物权行为无因性的理论，即使债权部分无效，物权行为也仍然是有效的。但是，许多德国学者都明确地指出，这一规定不适用于不要因行为。②

第三，涉及一般合同条款的规制问题。如果某一合同中当事人订立了不公平的限制性条款，那么，在去除这一条款后剩余的部分是否还应得到履行？对此，德国《一般交易条件法》第6条明确排除了《德国民法典》第139条的应用。也就是说，在德国民法上，关于格式合同条款的规制是另外一个问题，应在另一个制度体系《一般交易条件法》中解决。

我国《合同法》第五十三条明确规定了合同的免责条款无效的情形，即："合同中的下列免责条款无效：（一）造成对方人身伤害的；（二）因故意或者重大过失造成对方财产损失的。"一般来说，免责条款无效，其他条款仍然继续有效。《民法总则》第一百五十六条规定了部分无效的条件："民事法律行为部分无效，不影响其他部分效力的，其他部分仍然有效。"《民法典》延续了这一规定。

第四，涉及关于采用错误法律形式的民事法律行为的效力问题。对此，德国民法上有所谓"无效法律行为的转换"，即当一个完全无效的法律行为具备另一个法律行为的全部要件时，在当事人自愿的情况下可以使另一法律行为有效。但实际上，这种转换涉及经济目的的考量，即在当事人看来是否仍能够达到自己的经济目的。因此，德国最高法院提出法律行为的转换"不应该导致一个和私法自治相违背的对当事人的约束，并完全无视当事人特别意思倾向以及当事人特别的想法"③。换言之，法律行为的转换必须得到当事人的同意。"如果某种行为以协商的方式违

---

① 《德国民法典》第139条【部分无效】
法律行为的一部分无效时，其全部都无效，但是如果可以认定除去该无效部分，法律行为仍可以成立的除外。

② 参见［德］卡尔·拉伦茨《德国民法通论》（下册），王晓晔、邵建东、程建英等译，法律出版社2003年版，第634页。

③ ［德］卡尔·拉伦茨：《德国民法通论》（下册），王晓晔、邵建东、程建英等译，法律出版社2003年版，第647～648页。

反法律规定的禁止性条款，那么，它转换成另一种行为只有在下列情况下才能被允许，即如果法律所规定的禁止性条款的目的和这个其他行为不发生冲突。"[①]

我国《民法总则》与《民法典》第一百四十六条规定："行为人与相对人以虚假的意思表示实施的民事法律行为无效。以虚假的意思表示隐藏的民事法律行为的效力，依照有关法律规定处理。"

三、可变更、可撤销的民事法律行为

当民事法律行为发生了意思表示瑕疵的情况时，民法上对应的制度是法律行为的变更或撤销。所谓变更，就是对某些行为经过一定的修改使其效力得以完善，从而归于完全有效；而所谓撤销，就是对另一些无法修补的行为由当事人选择行使撤销权，从而使法律行为的效力自始归于消灭。我国《民法通则》和《合同法》对法律行为或合同的变更和撤销都有规定，具体原因包括重大误解和显失公平，另外还有因欺诈、胁迫或乘人之危而进行的行为。[②]《民法总则》与《民法典》延续了这一做法，在第一百四十八至一百五十一条中规定了可撤销的各种情形。[③]

关于重大误解，我国民法上采用的是主观认识说，即当事人对意思表示的内容

[①] ［德］卡尔·拉伦茨：《德国民法通论》（下册），王晓晔、邵建东、程建英等译，法律出版社2003年版，第648～649页。
《德国民法典》第140条 【重新解释】
如果无效的法律行为具备另一法律行为的要件，并且可以认定当事人如果知其为无效即有意为此另一法律行为时，此另一法律行为有效。

[②] 《民法通则》第五十九条 下列民事行为，一方有权请求人民法院或者仲裁机关予以变更或者撤销：
（一）行为人对行为内容有重大误解的；
（二）显失公平的。
被撤销的民事行为从行为开始起无效。
《合同法》第五十四条 下列合同，当事人一方有权请求人民法院或者仲裁机构变更或者撤销：
（一）因重大误解订立的；
（二）在订立合同时显失公平的。
一方以欺诈、胁迫的手段或者乘人之危，使对方在违背真实意思的情况下订立的合同，受损害方有权请求人民法院或者仲裁机构变更或者撤销。
当事人请求变更的，人民法院或者仲裁机构不得撤销。

[③] 《民法总则》第一百四十八条 一方以欺诈手段，使对方在违背真实意思的情况下实施的民事法律行为，受欺诈方有权请求人民法院或者仲裁机构予以撤销。
第一百四十九条 第三人实施欺诈行为，使一方在违背真实意思的情况下实施的民事法律行为，对方知道或者应当知道该欺诈行为的，受欺诈方有权请求人民法院或者仲裁机构予以撤销。
第一百五十条 一方或者第三人以胁迫手段，使对方在违背真实意思的情况下实施的民事法律行为，受胁迫方有权请求人民法院或者仲裁机构予以撤销。
第一百五十一条 一方利用对方处于危困状态、缺乏判断能力等情形，致使民事法律行为成立时显失公平的，受损害方有权请求人民法院或者仲裁机构予以撤销。

发生重大误解并遭受损失。① 其中，发生误解（错误认识）的一方可以请求变更或撤销合同。而显失公平，是指因当事人一方急迫、轻率或无经验而导致双方权利义务严重不对等，从而使一方遭受重大不利益，② 受损害方可以请求变更或撤销合同。欺诈是一方故意引导对方当事人做出错误的意思表示，胁迫则是一方通过施加不正当的压力（暴力）和影响（不当影响）而剥夺对方当事人的表达自由，从而导致意思表示不真实，这两种情况都可以由受害人请求撤销。

比较来看，我国民法上的现有规定与《法国民法典》第1117至1118条的规定相似。③ 德国民法上的撤销制度包括《德国民法典》第119条规定的"因错误而撤销"、第120条规定的"因传达不实而撤销"和第123条规定的"因欺诈或胁迫而撤销"。④ 同时，《德国民法典》第143条规定撤销行为应以意思表示方式向对方做出，⑤ 这与我国法律的规定是不同的。⑥ 我国《民法通则》《合同法》和《民法总

---

① 参见崔建远《合同法（第四版）》，法律出版社2007年版，第108页。
② 参见崔建远《合同法（第四版）》，法律出版社2007年版，第109页。
③ 《法国民法典》第1117条　因错误、胁迫、诈欺而缔结的契约并非依法当然无效，仅依本章第五节第七目规定的情形和方式，发生请求宣告其无效或撤销之诉权。
第1118条　当事人双方债务显失公平因此一方遭受损失的事实，依本章第五节第七目规定，仅对某些契约或某些人，始成立撤销契约的原因。
④ 《德国民法典》第119条　【因错误而撤销】
（1）表意人所作意思表示的内容有错误，或者表意人根本无意作出此种内容的意思表示，如果可以认为，表意人若知悉情事并合理地考虑其情况后即不会作出此项意思表示时，表意人可以撤销该意思表示。
（2）交易中认为很重要的有关人的资格或者物的性质的错误，视为意思表示内容的错误。
第120条　【因传达不实而撤销】
意思表示由传达人或者传达机构传达不实时，可以在第119条关于因错误而作的意思表示所规定的同样条件下撤销。
第123条　【因欺诈或者胁迫而撤销】
（1）因被欺诈或者被不法胁迫而作出意思表示的，表意人可以撤销该意思表示。
（2）欺诈系由第三人所为的，对于另一方所作的意思表示，只有当另一方明知或者可知欺诈事实时，始得撤销。应向其作出意思表示的相对人以外的人，因意思表示而直接取得权利时，只有当权利取得人明知或者可知欺诈事实时，始得撤销该意思表示。
⑤ 《德国民法典》第143条　【撤销的表示】
（1）法律行为的撤销在向撤销相对人表示后生效。
（2）合同另一方当事人以及，在第123条第2款第2句的情况下，因合同而直接取得权利的人，为撤销相对人。
（3）在应对另一方采取单方法律行为时，另一方为撤销相对人。在应对另一方或者行政机关采取法律行为时，即使已经对行政机关采取法律行为的，亦同。
（4）在其他单方法律行为的情况下，任何因法律行为而直接取得利益的人均为撤销相对人。如果法律行为是向行政机关作出的，撤销也可以向行政机关表示；行政机关应将撤销通知与法律行为有直接利害关系的人。
⑥ 《法国民法典》第1117条与我国的规定相同，《日本民法典》第123条则与我国的规定不同，须以意思表示方式向对方做出。

则》均规定撤销应向人民法院提起,① 并受一年期的除斥期间的限制。② 除斥期间不可中止和中断。

综上所述,我国民法关于民事行为的变更与撤销制度与大陆法系其他国家的制度有显著的区别。首先,其他国家大多只规定了撤销权,而未规定变更权,我国则二者兼有。此种差别应属对意思自治原则的理解的不同。其次,我国当事人请求变更或撤销合同时必须通过诉讼来进行,而不能向对方主张,而其他国家和地区则可以直接以意思表示的方式向对方做出。换言之,我国法律的有关规定实际上是将形成诉权作为形成权来对待的,在实践中较为强调司法强制力的介入。

四、效力待定的民事法律行为

效力待定的民事法律行为是指由行为能力有欠缺的当事人所进行的需要法定代理人补正或追认的民事法律行为。《民法总则》第一百四十五条规定:"限制民事行为能力人实施的纯获利益的民事法律行为或者与其年龄、智力、精神健康状况相适应的民事法律行为有效;实施的其他民事法律行为经法定代理人同意或者追认后有效。相对人可以催告法定代理人自收到通知之日起一个月内予以追认。法定代理人未作表示的,视为拒绝追认。民事法律行为被追认前,善意相对人有撤销的权利。撤销应当以通知的方式作出。"《民法典》第一百四十五条有同样的规定。

效力待定的民事法律行为既不同于无效的民事法律行为,也不同于可变更可撤销的民事法律行为。因为,无效的民事法律行为是自始确定无效;可变更可撤销的行为在变更或撤销之前是有效行为;而效力待定的行为在其成立之时并非无效,亦非有效,其效力取决于第三人的补助行为。

一般认为,效力待定的民事法律行为有三种:限制行为能力人所为的民事法律行为、无权代理人所为的代理行为,以及无权处分人所为的处分行为。以下分别述之。

(一) 限制行为能力人所进行的民事法律行为

限制行为能力人所进行的超出自己能力范围的民事法律行为是需要补正的民事

---

① 《民法通则》第五十九条 下列民事行为,一方有权请求人民法院或者仲裁机关予以变更或者撤销:
(一) 行为人对行为内容有重大误解的;
(二) 显失公平的。被撤销的民事行为从行为开始起无效。
《合同法》第五十四条 下列合同,当事人一方有权请求人民法院或者仲裁机构变更或者撤销:(下略)。
《民法总则》与《民法典》第一百四十七条至第一百五十一条。
② 《合同法》第五十五条 有下列情形之一的,撤销权消灭:
(一) 具有撤销权的当事人自知道或者应当知道撤销事由之日起一年内没有行使撤销权;
(二) 具有撤销权的当事人知道撤销事由后明确表示或者以自己的行为放弃撤销权。

行为，其辅助人是其法定代理人。如果法定代理人进行追认，则行为有效；如果法定代理人拒绝追认，则法律行为无效。当然，相对人也可以催告法定代理人进行补正行为，或者直接行使撤销权。此时，根据我国民法的规定，相对人可以催告法定代理人予以追认，而法定代理人的撤销权应直接通过意思通知的方式向相对人做出。① 我国《民法典》第一百四十五条规定："限制民事行为能力人实施的纯获利益的民事法律行为或者与其年龄、智力、精神健康状况相适应的民事法律行为有效；实施的其他民事法律行为经法定代理人同意或者追认后有效。相对人可以催告法定代理人自收到通知之日起三十日内予以追认。法定代理人未作表示的，视为拒绝追认。民事法律行为被追认前，善意相对人有撤销的权利。撤销应当以通知的方式作出。"

不过，并不是所有限制行为能力人的行为都需要补助行为来补足效力的，比如纯获利益的行为或与其年龄、智力和精神健康状况相适应的行为即不必追认。另外一些定型化行为也是允许的。

（二）无权代理人所进行的代理行为

行为人没有代理权、超越代理权或代理权终止后以被代理人的名义同相对人所为的民事法律行为，如果没有获得该被代理人的同意，则该种民事法律行为对该被代理人无效；如果获得了该被代理人的同意，则该种民事法律行为对该被代理人有效。在这里，被代理人对他人行为的同意仅仅表现为事后的追认，而不包括事先的同意，否则，无权代理即为有权代理。如果代理人的代理行为没有获得被代理人的事后追认，代理人所为的民事法律行为对被代理人来说无效；但就该代理人本人来说应为有效，即代理人应当就自己与相对人所为的行为对相对人承担法律责任。②

我国《民法典》第一百七十一条规定："行为人没有代理权、超越代理权或者代理权终止后，仍然实施代理行为，未经被代理人追认的，对被代理人不发生效力。相对人可以催告被代理人自收到通知之日起三十日内予以追认。被代理人未作表示的，视为拒绝追认。行为人实施的行为被追认前，善意相对人有撤销的权利。撤销应当以通知的方式作出。行为人实施的行为未被追认的，善意相对人有权请求

---

① 《合同法》第四十七条　限制民事行为能力人订立的合同，经法定代理人追认后，该合同有效，但纯获利益的合同或者与其年龄、智力、精神健康状况相适应而订立的合同，不必经法定代理人追认。
相对人可以催告法定代理人在一个月内予以追认。法定代理人未作表示的，视为拒绝追认。合同被追认之前，善意相对人有撤销的权利。撤销应当以通知的方式作出。
② 《合同法》第四十八条　行为人没有代理权、超越代理权或者代理权终止后以被代理人名义订立的合同，未经被代理人追认，对被代理人不发生效力，由行为人承担责任。
相对人可以催告被代理人在一个月内予以追认。被代理人未作表示的，视为拒绝追认。合同被追认之前，善意相对人有撤销的权利。撤销应当以通知的方式作出。

行为人履行债务或者就其受到的损害请求行为人赔偿。但是，赔偿的范围不得超过被代理人追认时相对人所能获得的利益。相对人知道或者应当知道行为人无权代理的，相对人和行为人按照各自的过错承担责任。"

（三）无权处分人所进行的处分行为

如果行为人在处分某种权利标的时，对该种处分标的无处分权，则该种处分被称为无权处分。原则上讲，所有权人对自己的动产或不动产有处分权，他们可以以自己的名义将自己的某种财产转移给他人。非所有权人除非事先获得所有权人的同意或获得法律的授权，否则，无权以自己的名义处分所有权人的财产。我国合同法上规定，无权处分行为是一种效力待定的法律行为，其效力取决于有处分权人的事后追认与否。①

我国《民法典》没有规定无权处分的效力补正，而是采用了善意取得制度。《民法典》第三百一十一条规定："无处分权人将不动产或者动产转让给受让人的，所有权人有权追回；除法律另有规定外，符合下列情形的，受让人取得该不动产或者动产的所有权：（一）受让人受让该不动产或者动产时是善意；（二）以合理的价格转让；（三）转让的不动产或者动产依照法律规定应当登记的已经登记，不需要登记的已经交付给受让人。受让人依据前款规定取得不动产或者动产的所有权的，原所有权人有权向无处分权人请求损害赔偿。当事人善意取得其他物权的，参照适用前两款规定。"

关于遗失物的无权处分，《民法典》第三百一十二条规定："所有权人或者其他权利人有权追回遗失物。该遗失物通过转让被他人占有的，权利人有权向无处分权人请求损害赔偿，或者自知道或者应当知道受让人之日起二年内向受让人请求返还原物；但是，受让人通过拍卖或者向具有经营资格的经营者购得该遗失物的，权利人请求返还原物时应当支付受让人所付的费用。权利人向受让人支付所付费用后，有权向无处分权人追偿。"

综上，民事法律行为的核心是意思表示，其效力首先服从于意思自治原则，即由当事人自行决定其效力，只要表意人有相当的能力、意思表示是真实的，就可能是有效的。但是，当事人意思自治不得与强行法相冲突，因此，当法院和仲裁、调解机关对有关争议所涉及的行为效力问题进行审查时，凡违反强行法（包括法律的命令性、禁止性规定以及公序良俗）的法律行为均为无效。

我国民事法律行为的效力类型如图7-1：

---

① 《合同法》第五十一条　无权处分的人处分他人财产，经权利人追认或者无处分权的人订立合同后取得处分权的，该合同有效。

需要注意的是，在德国民法上，缔结契约的行为属于负担行为，不需要事先确定处分权存在与否。

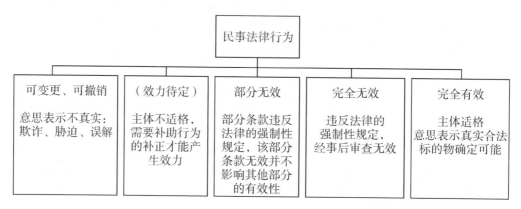

图7-1 我国民事法律行为的效力类型

思考题：
1. 评析法律行为的效力类型。
2. 举例说明格式合同在社会生活中的作用。

第二节 意思表示及其瑕疵

民事法律行为的效力除由当事人的能力（主体资格）、强行法及公序良俗决定以外，主要取决于意思表示的真实性。根据意思自治原则，只要当事人之间的民事法律行为是自愿、真实的，它们的行为就应产生预期的效力。但是，如果因意思表示含有瑕疵而影响了其真实性和意思自由，则民事法律行为的效力亦将发生疑问。前述可变更可撤销的民事法律行为，主要就是由于意思表示的瑕疵引起的。

一、合意理论

《法国民法典》第1134条的规定被认为是近代民法意思自治原则的宣言，同时也是契约本质的说明，即契约是当事人之间的合意。此后的各国民法均采此说，我国也是如此。但是，我国《民法通则》与《合同法》并未采纳"合意"的概念，而是将合同定义为协议。《民法典》第四百六十四条也是规定为协议。

所谓协议，其本质也是双方的同意，也即意思表示一致；而所谓合意即意思表示的合致，也是相互之间的同意，二者仅是表述上的不同。

在大陆法系民法上，学者就如何判断当事人的合意有多种看法，包括意思说、表示说、主观说、客观说等，① 各学说皆采二元对立的立场。但实际上，意思表示是一个连续的过程，如果效果意思仅仅保留在内心而不表达，则外人无法知晓，也不可能发生任何实际意义上的效力。所以，将表示行为彻底与效果意思分离是一种理论上的分析模型，其目的是用以解决未达成合意时如何判断问题的所在。

考察意思表示的效力，主要考虑双方的意思表示是否是真实的、连续的、一致的。如果当事人中有任何一方的意思表示（表示行为中的效果意思）不符合自己的本意（内心意思），或者双方的意思表示不一致（缺乏合意），则为意思表示的瑕疵。王泽鉴先生将意思表示的瑕疵分为意思与表示的不一致（不真实）和意思与表示的不自由两种情况，可资参考。②

依照我国民法，③ 欺诈、胁迫、重大误解是影响当事人之间的合意的效力的重大意思表示瑕疵，当事人可以请求法院撤销法律行为。

二、虚伪意思表示

虚伪意思表示是指表意人故意做虚假的意思表示，其中又分为单独的虚伪表示、通谋的虚伪表示和欺诈性的虚伪表示。此处将讨论前两种情况。

（一）单独虚伪表示

单独虚伪表示也称为真意保留、心中保留、非真意表示，是指表意人故意隐匿其内心所欲追求的效果意思，而为与效果意思相反的表示行为。

《民法总则》与《民法典》第一百四十六条规定："行为人与相对人以虚假的意思表示实施的民事法律行为无效。以虚假的意思表示隐藏的民事法律行为的效力，依照有关法律规定处理。"

德国民法上也有所谓"隐蔽行为"的规定，即《德国民法典》第117条第2款："以虚假行为隐蔽他项法律行为的，适用关于隐蔽的法律行为的规定。"此规定实际上适用于行为符合另外的法律要件的情况。而第116条规定了"真意保留"："表意人对于表示事项内心保留有不愿的意思的，其意思表示并不因此而无效。但是如果对于另一方作出意思表示且另一方知其有保留时，其意思表示无效。"

单独虚伪表示的特点是表示行为与表意人的效果意思在客观上不一致，并且表

---

① 参见史尚宽《民法总论》，中国政法大学出版社2000年版，第351页；梅仲协《民法要义》，中国政法大学出版社2004年版，第107～108页。
② 参见王泽鉴《民法总则》，北京大学出版社2009年版，第279页。
③ 参见《民法典》第一百四十八条至第一百五十一条。

意人自己意识到其意思与表示的不一致。换言之，表意人明知自己的真意而故意做相反表示，就是单独虚伪表示，也因此，单独虚伪表示亦可称为"真意保留"。

发生真意保留的情况多为语境所决定。此时判断意思表示是否生效，必须从当时的场合（语境）出发。一般说来，戏谑的意思表示是不真实的，不应要求其履行承诺、承担责任。

根据《德国民法典》第116条的规定，如果受领人不知道表意人的意思表示是假意，则意思表示有效；如果受领人知道表意人的意思表示是假意，则意思表示无效。对此，拉伦茨指出，法律之所以这样规定，是受到了意思表示效力二元论中的"意思说"的影响，在法律政策上是不正确的，在实际效力上也是微不足道的。因为，即使受领人知道表意人是假意，仍可能予以信赖。此时，表意人的意思表示就不是无效的，而是有效的。①

王泽鉴先生就同类事例在我国台湾地区的有关规定中所发生的效力提出的见解认为，为保护交易安全，应采意思主义和表示主义的折中说，在相对人知道的情况下确认为无效，在相对人信赖的情况下则确认为有效，其目的是维护相对人的信赖和交易安全。②

关于意思主义和表示主义的二元论有一定实际应用上的困难。知道与否是很难判断的，属于内心意思；而信赖则易于判断，因为信赖会引发一些后续行为，容易外化。

意思表示是法律行为的核心，甚至可以说，意思表示行为就是法律行为本身。因此，意思表示必须在表意双方都明知其行为的法律性质时才能产生预期的法律后果。当双方进入正式的法律关系（英美法上称为"交易过程"），以后，所处的情形已不允许任何一方做出虚假表示。因此，即便一方故意做出与内心意思不符的虚假表示，该表示也不可按照意思主义不生效力，而必须按照表示主义推定对方信赖该表示并使其生效。

（二）通谋的虚伪表示

通谋的虚伪表示是由意思表示的双方恶意串通，为欺骗第三人而做出的虚假意思表示。通谋的虚伪表示的特征在于表意人和受领人都明知意思表示是虚假的，但双方都刻意为之，其目的在于欺骗第三人。对此，该虚假的意思表示对第三人不生效力。

---

① 参见［德］卡尔·拉伦茨《德国民法通论》（下册），王晓晔、邵建东、程建英等译，法律出版社2003年版，第495页。

② 参见王泽鉴《民法总则》，北京大学出版社2009年版，第283页。我国台湾地区的有关规定："表意人无欲为其意思表示所拘束之意，而为意思表示者，其意思表示，不因之无效。但其情形为相对人所明知者，不在此限。"

《民法总则》与《民法典》第一百五十四条规定:"行为人与相对人恶意串通,损害他人合法权益的民事法律行为无效。"

通谋的虚伪意思表示须有意思表示之存在、须表示行为与效果意思不一致、须表意人本人对其效果意思与表示行为不一致有认识、须非真意表示系与相对人通谋为之。就通谋的成立,表意人与相对人之间必须有意思上的联络,才能构成通谋。也就是说,虚伪表示须有两个虚假意思存在,并且这两个虚伪意思表示互为条件,一方以另一方的存在为必要。

根据《民法通则》第五十八条第(四)项和《合同法》第五十二条第(二)项,当事人恶意串通损害国家、集体或第三人利益的行为无效。《民法总则》与《民法典》将要件予以简化,规定为第一百五十四条:"行为人与相对人恶意串通,损害他人合法权益的民事法律行为无效。"

三、意思表示中的错误与重大误解

有时,人们在进行意思表示时会发生一些错误或者误解,为此,我国《民法通则》[第五十九条第(一)项]、《合同法》[第五十四条第(一)项]、《民法总则》与《民法典》(第一百四十七条)均规定有相关制度,就是对当事人意思表示中的认识与表达错误进行规范。依照相关的规定,重大误解为当事人请求变更或撤销合同的原因。

以下将联系我国的重大误解制度与英美法及大陆法上的意思表示错误制度,对不同的法律规范模式进行比较。

《德国民法典》第119条对错误进行了规定:"【因错误而撤销】(1)表意人所作意思表示的内容有错误,或者表意人根本无意作出此种内容的意思表示,如果可以认为,表意人若知悉情事并合理地考虑其情况后即不会作出此项意思表示时,表意人可以撤销该意思表示。(2)交易中认为很重要的有关人的资格或者物的性质的错误,视为意思表示内容的错误。"可见,德国民法上的所谓错误,就是表意人非出于本意做出的错误意思表示,具体的错误可能发生在交易中重要的有关人的资格或物的性质的方面。

另外,《德国民法典》第120条做了关于传达不实的规定:"【因传达不实而撤销】意思表示由传达人或者传达机构传达不实时,可以在第119条关于因错误而作的意思表示所规定的同样条件下撤销。"

根据德国民法的有关规定,错误是指意思表示内容的错误。[1] 这一错误的具体情形可以与人或物有关,但该错误必须是重要的。做出错误意思表示的当事人可以

---

[1] 参见王泽鉴《民法总则》,北京大学出版社2009年版,第294页。

撤销该意思表示，撤销后该意思表示自始不发生效力。

不过，王泽鉴先生认为这时也应涉及解释问题，即"解释先行于撤销"①。如果双方确认自己的意思表示真实，诚心进行交易，则为"误言无害真意"，无须撤销。

英美法上有错误制度。英美法上的所谓错误，就是指意思表示中含有表意人所不知的错误，包括事实的错误，也包括法律的错误。法律的错误，即适用法律的错误，如在我国设立中外合资企业须经过批准，而外方竟然不知道这一规定而贸然进行了投资，这样的合同是无法生效的。事实的错误则有很多种，如关于相对人的认识错误或关于标的物的认识错误。

认识的错误又可以分为单方错误、共同错误及双方错误。单方错误是指在合同行为中只有一方当事人在意思表示中发生了错误，共同错误是指双方当事人在同一个意思表示上发生了相同的错误，双方错误则是指双方分别在不同的意思表示内容上发生了错误。

美国《第二次合同法重述》第152至154条对意思表示的错误进行了整理，指出无论是单方错误还是双方错误都可能使合同无效或撤销。② 但是，科宾（Arthur Linton Corbin，1874—1967）指出，错误制度在司法实践中的适用也存在一定的问题，即其判断从来不是单就错误而言的，而是要看具体的情况。③

我国民法上未设错误制度，而是设计了重大误解制度。这样，许多属于大陆法和英美法上的意思表示错误的情况，在我国是通过重大误解制度来解决的。一般认为，二者的差别在于误解强调主观认识，而错误则强调意思表示中所包含的客观

---

① 王泽鉴：《民法总则》，北京大学出版社2009年版，第293页。

② 见《第二次合同法重述》第152 – 154条。152. When Mistake of Both Parties Make a Contract Voidable Where a mistake of both parties at the time of contract was made as to a basic assumption on which the contract was made has a material effect on the agreed exchange of performances, the contract is voidable by the adversely affected party unless he bears the risk of the mistake under the rule stated in 154. It is more difficult to obtain excuse for unilateral mistake, which requires the same conditions as mutual mistake plus either condition 153 (a) or 153 (b): 153. When Mistake of One Party Makes a Contract Voidable Where a mistake of one party at the time a contract was made as to a basic assumption on which he made the contract has a material effect on the agreed exchange of performances that is adverse to him, the contract is voidable by him if he does not bear the risk of the mistake under the rule stated in 154, and the effect of the mistake is such that enforcement of the contract would be unconscionable, or the other party had reason to know of the mistake or his fault caused the mistake Both of these rules depend on the definitions of "basic assumption," which the Second Restatement leaves unclear, and "bears the risk," the subject of 154: 154. When a Party Bears the Risk of a Mistake A party bears the risk of mistake when the risk is allocated to him by agreement of the parties, or he is aware, at the time the contract is made, that he has only limited knowledge with respect to the facts to which the mistake relates but treats his limited knowledge as sufficient, or the risk is allocated to him by the court on the ground that it is reasonable in the circumstances to do so.

③ Ian Ayres, Eric Rasmusen. Mutual and Unilateral Mistake in Contract Law. Journal of Legal Studies, 1993 (22), p. 309.

错误。

对于意思表示内容的确认是必须通过解释的。从解释学的角度出发，错误与误解在语义上多有关联，但仍有区别。错误是事实，误解是内心状况。错误有时是误解的基础，有时是误解的结果。如双方当事人对意思表示的内容发生误解，其前提有时是在意思表示中含有与本意不一致的表示错误，有时则未必。另有学者指出，我国的重大误解制度是建立在误解方遭受重大损失的基础上的，① 我国台湾地区学者则认为当表意人有过失时不能行使撤销权。②

事实上，意思表示错误制度强调的是通过对意思表示的解释而发现其中的错误，找出表示与意思不一致的地方。如果该错误是可以纠正的，或者表意人完全明白应当如何正确理解，则没有撤销的必要，只要予以变更或继续履行即可。只有在发生了始料未及并且不可纠正的错误时，表意人才可行使撤销权，并且，只有在行使撤销权时才应论及损失。③

关于意思表示的解释方法，《民法总则》与《民法典》第一百四十二条规定："有相对人的意思表示的解释，应当按照所使用的词句，结合相关条款、行为的性质和目的、习惯以及诚信原则，确定意思表示的含义。无相对人的意思表示的解释，不能完全拘泥于所使用的词句，而应当结合相关条款、行为的性质和目的、习惯以及诚信原则，确定行为人的真实意思。"

我国民法上关于撤销权行使的后果包括返还财产和赔偿损失。其中，《民法通则》第六十一条、《合同法》第五十八条、《民法总则》与《民法典》第一百五十七条均规定有过错的一方应赔偿损失。此处的过错方应理解为做出了错误意思表示或发生误解的一方。而根据《德国民法典》第122条的规定，撤销后可以向做出错误意思表示的相对人进行损害赔偿，也可以向信赖该意思表示的第三人进行赔偿。④

---

① 参见崔建远《合同法（第四版）》，法律出版社2007年版，第108页。
② 参见王泽鉴《民法总则》，北京大学出版社2009年版，第302页。
③ 《民法通则》第六十一条　民事行为被确认为无效或者被撤销后，当事人因该行为取得的财产，应当返还给受损失的一方。有过错的一方应当赔偿对方因此所受的损失，对方都有过错的，应当各自承担相应的责任。（下略）
《合同法》第五十八条　合同无效或者被撤销后，因该合同取得的财产，应当予以返还；不能返还或者没有必要返还的，应当折价补偿。有过错的一方应当赔偿对方因此所受到的损失，双方都有过错的，应当各自承担相应的责任。
④ 《德国民法典》第122条　【撤销人的损害赔偿义务】
（1）意思表示根据118条的规定无效，或者根据第119条和第120条的规定撤销时，如果该意思表示系应向另一方作出，表意人应赔偿另一方，其他情况下为赔偿第三人因相信其意思表示为有效而受到的损害，但赔偿数额不得超过另一方或者第三人于意思表示有效时所受利益的数额。
（2）如果受害人明知或者因过失不知（可知）意思表示无效或者撤销的原因时，表意人不负损害赔偿责任。

就撤销权的行使，如前所述，无论是德国民法还是其他一些国家的民法，都采取意思表示的方法行使撤销权，这是意思自治原则的直接体现。但是，我国民法的现有规定是要求当事人向法院提起诉讼，即将撤销权变成了撤销诉权。

四、欺诈

欺诈亦称诈欺，英美法上称为欺诈性的虚伪表示，属于虚伪表示的一种，指故意做出虚伪表示以使他人陷入错误认识，并基于此种错误认识而进行相应的意思表示的行为。欺诈须欺诈人有欺诈的故意、在客观上有欺诈行为、对方因被欺诈而陷入错误认识以及对方因被欺诈而为相应意思表示。我国民法与其他国家民法上都设有欺诈制度。

关于欺诈的后果，我国民法经历了一个从法律直接规定到当事人意思自治的过程，即从无效到撤销的过程。我国《民法通则》第五十八条第（三）项规定，"一方以欺诈、胁迫的手段或者乘人之危，使对方在违背真实意思的情况下所为的"民事行为无效。而《民法通则意见（修改稿）》第67条则进一步指出："一方当事人故意告知对方虚假情况，或者故意隐瞒真实情况，诱使对方当事人作出错误意思表示的，可以认定为欺诈行为。"但在《合同法》颁布后，该法第五十四条第二款的规定将欺诈的后果从无效改为可撤销，只有在欺诈的后果导致国家利益遭受损害时才会无效。《民法总则》与《民法典》第一百四十八条规定了一方欺诈导致可撤销的情况，第一百四十九条规定了第三方欺诈导致可撤销的情况。①

英美法上有所谓的虚假陈述（即虚伪陈述）制度，其中将虚假陈述分为无意的虚假陈述、过失的虚假陈述和欺诈性的虚伪表示。② 虚假陈述并不一定是合同的正式条款，而可以是一些预备过程中的陈述，包括对事实和法律的陈述。这些虚假陈述的目的在于引诱对方发出意思表示，签订合同。其中无意的虚假陈述可能是一种口误或书写错误，如广告中的错误陈述；过失的虚假陈述是未尽适当注意的虚假陈述；而所谓欺诈性的虚伪表示，是指表意人故意为欺骗对方而做出的表示。欺诈性的虚伪表示恶性最大，因此，往往会引起合同撤销及损害赔偿（通常是信赖利益的赔偿）。

大陆法系关于欺诈的规定以德国民法为代表。《德国民法典》第123条规定："【因欺诈或者胁迫而撤销】（1）因被欺诈或者被不法胁迫而作出意思表示的，表

---

① 《民法总则》第一百四十八条 一方以欺诈手段，使对方在违背真实意思的情况下实施的民事法律行为，受欺诈方有权请求人民法院或者仲裁机构予以撤销。
第一百四十九条 第三人实施欺诈行为，使一方在违背真实意思的情况下实施的民事法律行为，对方知道或者应当知道该欺诈行为的，受欺诈方有权请求人民法院或者仲裁机构予以撤销。
② *Misrepresentation Act*（英国），1967年，见第1条、第2条和第3条。

意人可以撤销该意思表示。(2)欺诈系由第三人所为的，对于另一方所作的意思表示，只有当另一方明知或者可知欺诈事实时，始得撤销。应向其作出意思表示的相对人以外的人，因意思表示而直接取得权利时，只有当权利取得人明知或者可知欺诈事实时，始得撤销该意思表示。"显然，我国民法上的欺诈与上述德国民法的规定比较相近。《瑞士债法》也是这样规定的。①

五、胁迫

胁迫是指以不法加害威胁他人，使其产生恐惧心理，并基于此种恐惧心理而为意思表示，该意思表示是可撤销的。胁迫须胁迫人有胁迫行为、有胁迫的故意、行为不法，而且表意人因胁迫而产生恐惧心理，因而为意思表示。胁迫行为必须是严重的、当前的和可能发生的。我国《民法通则》第五十八条第（三）项和《合同法》第五十二条第（一）项规定了因胁迫而进行的意思表示无效，而《合同法》第五十四条第二款则规定为可变更可撤销的行为。其中，因受胁迫进行的行为危害到国家利益的，应为无效；其他情况为可变更和可撤销的行为。

《民法总则》与《民法典》第一百五十条规定："一方或者第三人以胁迫手段，使对方在违背真实意思的情况下实施的民事法律行为，受胁迫方有权请求人民法院或者仲裁机构予以撤销。"

《瑞士债法》就胁迫进行了比较详细的规定，其中第29条做了一般规定，② 第30条则专门规定了什么是有效胁迫："致使有关当事人立即意识到其自身或者与其关系密切的人的生命、身体、荣誉和财产等受到严重的、急迫的危险的行为，构成有效胁迫。除非个人的不幸被用于勒索额外的权益，对行使权利的忧虑不构成胁迫行为。"

胁迫是通过对与当事人密切相关的人的人身和财产进行威胁，迫使当事人丧失意志自由的情形。表意人因被胁迫而丧失意志自由，此时所做的意思表示是不真实的，应当允许其撤销。此种撤销权只须当事人以意思表示为之即可，可以对抗任何善意第三人。

---

① 《瑞士债法》第二十八条 【故意欺诈】
合同当事人一方由于对方之故意欺诈而订立合同，即使不实意思表示为非实质性的，受欺诈的一方也不应受合同的约束。合同一方当事人因为第三方的欺诈行为而订立合同的，该合同对该当事人具有法律效力。但另一方当事人在订立合同时已经知道或者应当知道有此欺诈行为的除外。

② 《瑞士债法》第二十九条 【胁迫】
订约之一方当事人受另一方当事人或者第三人非法胁迫订立合同的，受胁迫的一方不受合同的约束。因为第三人的胁迫而订立合同，受胁迫的一方请求撤销合同的，依据公平原则应当赔偿因此而给对方当事人造成的损失，但订立合同时对方当事人已经知道或者应当知道该胁迫行为的除外。

但是，如果当事人在胁迫解除后对意思表示仍予以确认的，将失去撤销权。《法国民法典》即做如此规定：

> 第1115条 如胁迫停止后，契约经明示或默示的承认，或在法定要求取消的期限内未采取行动时，对契约不得再以胁迫的原因提起攻击（撤销）。

应当说，如果胁迫停止后相对方继续表示接受意思表示，则实际上表示相对方已经宽恕了表意人的胁迫行为，而且胁迫已经转为非即时行为，不可再适用撤销。但此一规定并不是特别必要的规定，因为撤销权本来就是一项选择权，当事人选择撤销即应在除斥期间内提出，否则经过除斥期间就将彻底消灭。如《瑞士债法》第31条即规定："【瑕疵合同的承认】发生错误、受欺诈或者受胁迫的一方当事人未在一年内通知对方当事人撤销合同或者请求返还已经交付之对价的，合同应当视为已被承认。"①

另外，在英美法上有所谓不当影响制度，专门用来解决无法用（暴力）胁迫制度解决的问题。这一制度常常适用于彼此间有信任关系的情况，如银行职员对客户造成不当影响，从而使其签订本不该签订的合同便是违反信任，通过自己对客户的不正当影响而损害其利益。② 这一制度可以借鉴，但目前亦可以通过诚信义务中的告知和说明义务来代替。

六、乘人之危与显失公平

我国民法上规定了乘人之危与显失公平两种影响意思表示效力的情况，分别规定在《民法通则》第五十八条第（三）项和第五十九条第（二）项，以及《合同法》第五十四条第（二）项、第二款。《民法总则》与《民法典》规定在第一百五十一条："一方利用对方处于危困状态、缺乏判断能力等情形，致使民事法律行为成立时显失公平的，受损害方有权请求人民法院或者仲裁机构予以撤销。"

乘人之危和显失公平有着密切关联。根据公平（正义）原则，如果对意思表示的效力进行价值判断，二者的效果均在于造成合同权利义务的不公平交换。在乘人之危方面，双方都十分清楚表意人的危难地位，此时乘人之危的表意人并非单纯做出了一个虚假的意思表示，也非存心欺诈，而是故意违反善良风俗迫使他人与其

---

① 德国民法规定了形成诉权的行使期限，但允许其因不可抗力中止，并且有30年的最长效力。[德] 卡尔·拉伦茨：《德国民法通论》（下册），王晓晔、邵建东、程建英等译，法律出版社2003年版，第551页。

② Lloyds Bank v. Bundy (1975), TSB v. Camfield (1994). 两个案例都是关于银行职员没有给予客户足够的交易信息，从而利用客户的信任使其签订本不该签订的合同。

第七章　民事法律行为制度之二：效力制度

订立不公平的合同。

在显失公平方面，具体的情况是一方借另一方没有经验而做出严重损害对方利益的意思表示。这种情况并不仅仅出现在极端的情况下，而是会经常出现。根据信息经济学家阿克洛夫（George Arthur Akerlof）在其著名的《柠檬市场》(The Market for Lemmons)① 一文中所指出的"信息不对称"现象，在现代市场经济中，交易双方所掌握的信息常常是不对称的，一方远比另一方了解市场与产品的动态。在这种经验不对等的情况下，双方的交易更像是变相的"委托代理关系"。此时，一方实质上为另一方的代理人，而欠缺经验的人已经不能做出对自己有利的正确的意思表示，需要另一方为其计算。如果代理人违反代理准则而专为自己计算，则有损于委托人与代理人之间的信赖关系。

在乘人之危和显失公平的情况下，受益行为人从一开始就明知此等行为的不正当性，希望获取某些不公平的经济利益。因而，这两类行为在法律上都是可以被撤销的。当然，如果根据其行为的恶意直接将此种行为规定为无效，也不无合理之处。如德国民法上就做了严格规定：

《德国民法典》第138条【违反善良风俗的法律行为，高利贷】
（1）违反善良风俗的法律行为无效。
（2）特别是当法律行为系乘另一方穷困、没有经验、缺乏判断能力或者意志薄弱，使其为自己或者第三人的给付作出有财产上的利益的约定或者担保，而此种财产上的利益与给付显然不相称时，该法律行为无效。

乘人之危的重要特点在于限制对方的意志自由，而显失公平则是双方权利义务的不对等，前者违反了契约自由和诚信原则，后者违反了公平原则。但是，在实践中，乘人之危的后果也会造成不公平的权利义务关系，最终违反公平原则。因此，二者之间的联系是显而易见的。《瑞士债法》对不公平的合同做了规定："【不公平之合同】因一方占有押扣物、缺乏经验或者不顾对方的需要等，致使合同双方当事人之对待交付明显不公平的，受有损害的一方可以在一年内请求撤销合同，并可以要求返还已经支付的对价。"

事实上，合同双方当事人之间不是自合同签订时起才发生联系的，而是在缔约过程中就已经发生了联系，甚至在发出要约邀请时就已经开始受合同法的限制。在这个缔约过程中，当事人之间应当遵循民法的各项基本原则，如果有上述欺诈、胁迫、错误或重大误解、乘人之危导致显失公平的合同的，均应赋予受损害方以选择

---

① George Arthur Akerlof. The Market for Lemons: Quality Uncertainty and the Market Mechanism. Quarterly Journal of Economics, 1970.

权,即可以选择继续履行合同,也可以选择变更或撤销合同,并且要求过错方承担缔约过失责任。

思考题:
1. 讨论意思表示的瑕疵有哪些具体情况。
2. 讨论撤销权的行使。

第三节 附条件和附期限的民事法律行为

民法奉行契约自由原则,因此,除法律直接规定的法律行为效力情况外,当事人对民事法律行为的效力也可以自主地附加条件,这在法律上称为附条件与附期限的民事法律行为。

《民法总则》与《民法典》第一百五十八条至一百六十条规定了附条件与附期限的民事法律行为。①

一、条件与期限概说

无论是条件还是期限,都是一定的法律事实,表现为一定的事件或行为。其中,条件是指那些不确定但可能发生的事实,包括事件或行为;而期限则是指那些确定可以发生的事实,即某一确定时间的到来。

学说上将民事法律行为所附的条件或期限称为"附款",即作为法律行为的附带条款附在主要的条款后面。但附款的内容不仅包括条件和期限,还有负担,如附义务的赠与、附义务的遗赠等。其中的区别在于,附负担的赠与或遗赠行为在行为人进行有关民事法律行为的同时或死亡发生时已经生效,只是,如果相对人不愿意承受负担,则应放弃已经接受的赠与。而附条件或附期限的法律行为,其效力根据条件或期限的到来而决定。

尽管大多数的民事法律行为都是可以附条件或附期限的,但是,有些行为在性

---

① 《民法总则》与《民法典》第一百五十八条 民事法律行为可以附条件,但是根据其性质不得附条件的除外。附生效条件的民事法律行为,自条件成就时生效。附解除条件的民事法律行为,自条件成就时失效。

第一百五十九条 附条件的民事法律行为,当事人为自己的利益不正当地阻止条件成就的,视为条件已经成就;不正当地促成条件成就的,视为条件不成就。

第一百六十条 民事法律行为可以附期限,但是根据其性质不得附期限的除外。附生效期限的民事法律行为,自期限届至时生效。附终止期限的民事法律行为,自期限届满时失效。

质上还是不适宜附加条件或期限。此类行为包括身份行为和票据行为。身份行为因多数涉及公序良俗的维持，是不可附条件的，如结婚和收养都不得附带任何条件。① 而票据行为之所以不可以附带任何条件，是因为票据行为是即时性的，即见票即付，以保障其流通性。② 另外，有些单方行为不可附条件，如抵销权、撤销权和解除权的行使。③

附条件与附期限的法律行为的目的是使民事法律行为的效力自愿地处于某种状态，而此类行为也必须是法律上没有强行限制的行为。如对于性质上不适宜附加条件或期限的行为，当事人便不应附加条件或期限，使其在符合法定要件时立即生效。

二、附条件的民事法律行为

（一）概说

附条件的民事法律行为是指当事人在进行民事法律行为的同时约定一定的条件，将该条件的成就或不成就作为民事法律行为效力发生或消灭的根据。我国《民法通则》第六十二条规定："民事法律行为可以附条件，附条件的民事法律行为在符合所附条件时生效。"《民法总则》与《民法典》第一百五十八条规定，附生效条件的民事法律行为，自条件成就时生效；附解除条件的民事法律行为，自条件成就时失效。

可以作为条件附加在民事法律行为之上的包括事件，也包括任意行为。所谓事件，指不受人的主观意志控制的自然或社会事件；所谓行为，可以是不受当事人控制的他人的行为，也可以是自主的任意行为。但是，如果一方约定自己的给付将建立在对方给付的条件基础上，此时对方的给付是一种对价，而不是条件。

无论是以事件作条件还是以任意行为作条件，该条件发生与否必须是不确定的。如果行为是法定必须完成的某一法律行为，如完成登记、取得批准、履行法定义务等，虽然行为的发生与结果是不确定的，该行为也不能作为条件，而只能作为负担，或者作为给付的一部分内容。另外，条件必须是合法的，非法行为不得作为条件，以非法行为为条件的约定无效。

---

① 参见［德］卡尔·拉伦茨《德国民法通论》（下册），王晓晔、邵建东、程建英等译，法律出版社2003年版，第691页。
② 参见梁慧星《民法总论（第五版）》，法律出版社2017年版，第193页。
③ 《德国民法典》第388条 【抵销的意思表示】
抵销应以意思表示向另一方当事人为之。抵销的意思表示附有条件或者期限的，无效。

(二) 停止条件和解除条件

民事法律行为所附的条件将决定和左右民事法律行为的效力，使其效力延缓发生或延缓消灭。据此，条件分为停止条件和解除条件。

如果民事法律行为所附的条件是停止条件，则当事人所为的民事法律行为虽然已经成立，但其效力处于停止状态，至约定的条件成就时，民事法律行为的效力才开始发生。因此，这种条件又称为"延缓条件"。① 我国民法上称其为"生效条件"。与此相反，如果双方约定某条件成就时民事法律行为效力消灭，则该条件为解除条件。

无论是附停止条件还是解除条件，已经成立的合同都产生了即时效力，当事人相互享有期待权，并且不得在条件成就前任意撤回和解除合同。

(三) 条件成就或不成就的拟制

对于附条件的行为，一方故意违背诚实信用原则导致条件不成就的，视为条件已经成就；一方故意违背诚实信用原则促使条件成就的，条件亦视为不成就。

《民法总则》与《民法典》第一百五十九条规定："附条件的民事法律行为，当事人为自己的利益不正当地阻止条件成就的，视为条件已成就；不正当地促成条件成就的，视为条件不成就。"

德国民法上还规定，如果一方在停止条件成就以前破坏权利的，另一方可以在条件成就时请求损害赔偿；如果在条件未成就时当事人就进行了某种处分行为，则条件成就时该处分行为对条件成就不利的部分无效（见《德国民法典》第160－161条）。

三、附期限的民事法律行为

期限是指当事人以将来客观确定到来之事实来决定民事法律行为的效力。所谓客观确定将要到来之事实，是指确定可以发生的事件，如时间的到来。

期限分为始期和终期，在始期到来时法律行为生效，在终期到来时法律行为失效。法律行为原则上都可以附期限，不可附期限的情形与不可附条件的相同。

我国《民法通则》没有规定附期限的民事法律行为，《合同法》《民法总则》与《民法典》则做了规定。

---

① 参见［德］卡尔·拉伦茨《德国民法通论》（下册），王晓晔、邵建东、程建英等译，法律出版社2003年版，第691页。

《合同法》第四十六条 当事人对合同的效力可以约定附期限。附生效期限的合同，自期限届至时生效。附终止期限的合同，自期限届满时失效。

《民法总则》与《民法典》第一百六十条 民事法律行为可以附期限，但是按照其性质不得附期限的除外。附生效期限的民事法律行为，自期限届至时生效。附终止期限的民事法律行为，自期限届满时失效。

附期限的法律行为在成立后双方相互享有期待权，任何一方也不得撤回自己的意思表示。在这一点上，所附期限除了事实确定可以发生以外，与条件并没有区别。因此，《德国民法典》规定期限可以准用条件的规定。[①]

应当注意的是，附期限的债权行为应与定期债权相区别。定期债权是约定了履行期限的债权债务关系，如买卖合同的履行期限为6个月，则到第6个月末为止，买卖双方固然都不可以要求对方履行给付，但可以主动进行自己一方的给付。到第六个月月末时还未履行的，即为迟延履行，构成违约，应承担违约责任。而作为附期限的债权，所有的给付行为都只是在期限到来之时才发生效力，即可以开始执行。[②]

思考题：
举例说明附条件和附期限的民事法律行为。

[①] 《德国民法典》第163条 【时间的确定】
对法律行为的效力附有始期或者终期的，在附有始期的情况下，准用关于附推迟生效条件的规定，在附有终期的情况下，准用第158条，第160条，第161条关于附解除条件的规定。
[②] 参见［德］卡尔·拉伦茨《德国民法通论》（下册），王晓晔、邵建东、程建英等译，法律出版社2003年版，第707～708页；王泽鉴《民法总则》，北京大学出版社2009年版，第347页。

第八章 民事法律行为的代理

代理制度是私法自治的工具。由于法律行为制度的存在和现代社会专业分工的复杂性，使得代理成为个人与组织参与交换关系的重要媒介。通过委托代理制度，可能存在的理性无知得到了解决，当事人的意思自治也得到了补充和扩张。一方面，代理是意思自治的补足；另一方面，代理是意思自治的扩张。代理制度的用意在于使每一个有权利能力的人都能够通过代理的帮助来充分表达自己的意思，进行各种民事法律行为。

第一节 代理制度概说

一、代理的概念

所谓代理，是指代理人在代理权限内，以被代理人名义向第三人为意思表示或受意思表示，所产生的法律效果归属于被代理人。其中，被代理人也称为"本人""委托人"。

> 《民法通则》第六十三条 公民、法人可以通过代理人实施民事法律行为。
> 代理人在代理权限内，以被代理人的名义实施民事法律行为。被代理人对代理人的代理行为，承担民事责任。
> 依照法律规定或者按照双方当事人约定，应当由本人实施的民事法律行为，不得代理。
> 《民法总则》与《民法典》第一百六十一条 民事主体可以通过代理人实施民事法律行为。
> 依照法律规定、当事人约定或者民事法律行为的性质，应当由本人亲自实施的民事法律行为，不得代理。

代理制度的意义体现在两个方面，一方面是补充（补足）当事人的意思自治，另一方面是扩张当事人的意思自治。在前一种情况，如无行为能力人和限制行为能力人由于行为能力的欠缺，不能理性地判断行为的后果，因此需要由监护人作为法定代理人代其进行意思表示，以使其能够参与到日常和经济行为当中，并获取利益，这是意思自治的补足。在后一种情况，民事主体虽然能够进行正确的意思表示，但由于专业分工的差异，其判断可能会存在一定的不准确性，需要借助专业人员的代理行为来正确实现其选择的自由；或者由于时间、身体等原因不能亲自从事法律行为，则可以通过委托代理人的方式将意思表示的权利转交给代理人来行使，以保证法律行为的效率和安全，这是意思自治的扩张。

由于代理制度在意思自治实现上的重大作用，各国民法都对代理制度安排了较为丰富的内容。如德国民法上的代理以意定代理为中心，规定在《德国民法典》第 164–181 条；法国民法上的代理指委托代理，规定在《法国民法典》第十三编；意大利民法上的代理制度较为全面，包括法定代理和委托代理，分别规定在《意大利民法典》第一编的第四章、第九章、第十章、第十二章，以及第四编的第二章第六节、第三章第九节等部分。

我国民法上的代理制度规定在《民法典》第一编第七章。

二、代理与其他类似制度的区别

代理作为意思自治的补充或延伸，在促进民事法律关系的缔结过程中起着重要作用。代理与民法上某些制度也有类似之处，具体包括以下三项。

（一）法人与非法人组织的代表机关

法人为一种组织体，其自身无法进行具体的行为，必须由法人机关代为进行。因此，在法律上乃至法人章程上，法人都必须设立代表机关，包括法定代表人。由法人的机关或法定代表人进行的行为即代表法人的行为。此外，根据法人制度的规定，法人内部治理结构中任何受有职权的自然人都可以成为法人的代表人。

法人代表与代理人的不同之处在于，代表人所进行的行为就是被代表人（法人）的行为，而代理人的行为则只能根据代理权的制度设计将其效果归于本人承受。另外，代理行为在性质上为意思表示行为，而代表行为除了法律行为以外，还包括事实行为和违法行为。

非法人组织也是由代表或成员代表组织进行法律行为的。

我国《民法总则》与《民法典》第一百七十条规定："执行法人或者非法人组织工作任务的人员，就其职权范围内的事项，以法人或者非法人组织的名义实施的民事法律行为，对法人或者非法人组织发生效力。法人或者非法人组织对执行其工作任务的人员职权范围的限制,不得对抗善意相对人。"

德国传统民法上将法人机关的代表称为"机关代表",并将其视为法定代理的一种,① 即"通过设立法人机关或任命法人的（章程规定的）代理人而授权给机关或代理人"②。

虽然代表与代理是民法上两个不同的概念,但它们之间有着密切的联系。历史上,早期德国民法并未对代理与代表加以区分,只是到了现代,根据德国法学家拉班德的发现,③ 才使内部授权的雇佣关系与外部代理关系彻底区别开,也因此使代表与代理区别开来。然而,正如上述例证,两者概念虽有分别,但在解释应用上,代表仍可以类推适用代理的规定。

与大陆法上的这种演变形成对比的是,英美法一直沿用"内部代理"制度。根据该制度,建立在现有雇佣和委托代理基础上的任何法律行为（无论是否以本人的名义）都应视为表见代理,从而使行为人的法律行为效果直接归于本人。

(二) 使者或传达人

所谓使者,是指传达他人的意思表示,帮助民事主体实施民事行为的人。使者相当于行为辅助人。但使者无须进行意思表示,仅代委托人传达意思表示。因此,使者不是代理人。

我国法律上没有规定使者,但这并不意味着使者在实际生活中并不存在。实际上,"使者"这个概念是十分古老的,亦称为"信使"。把这个概念转用来指意思表示的传达人,可以较为贴切地表明其作用是传达信息,而不是生成意思。

可以充当使者的人没有行为能力的限制,只要委托人认为足以将信息传达至指定人员即可。如果传达错误,使者也不负责任,而由委托人负责。

(三) 居间

居间也称为中介,与行纪一样,是一种比较古老的商行为。法国商法上很早就承认了居间。

> 《法国商法典》第 77 条　设商品居间商、保险居间商、船舶驾驶员和翻译居间商以及陆上或水上运输居间商。

---

① 参见〔德〕迪特尔·梅迪库斯《德国民法总论》,邵建东译,法律出版社 2001 年版,第 706 页。
② 〔德〕卡尔·拉伦茨:《德国民法通论》（下册）,王晓晔、邵建东、程建英等译,法律出版社 2003 年版,第 817 页。
③ 参见〔德〕卡尔·拉伦茨《德国民法通论》（下册）,王晓晔、邵建东、程建英等译,法律出版社 2003 年版,第 855 页。

居间与行纪的不同在于，居间仅仅是介绍订约机会，是纯粹的中间行为，不得自行进行意思表示；而行纪则是行纪人以自己的名义进行商行为，有进行意思表示的权利，因而成立间接代理。

我国合同法上有关于居间的规定。《合同法》第四百二十四条规定："居间合同是居间人向委托人报告订立合同的机会或者提供订立合同的媒介服务，委托人支付报酬的合同。"据此，居间的法律基础也是委托，但它仍与委托代理不同。首先，居间人不得代委托人进行意思表示，而代理人则必须代被代理人进行意思表示；其次，居间通常以介绍成功为条件取得报酬，而代理虽不以有偿为必要，但取得报酬也不以成败为前提。

《民法典》关于行纪合同的内容规定在第三编第二分编第二十五章；关于居间合同的内容规定在第三编第二分编第二十六章，名为"中介合同"。

思考题：
比较居间与代理的异同。

第二节　代理的类型

根据代理的产生原因、代理行为的内容和方式以及代理的效力，民法上的代理通常可以做三种分类，即法定代理和委托代理、积极代理和消极代理、直接代理和间接代理。

一、法定代理和委托代理

所谓法定代理，是指基于法律的规定而当然发生的代理，即民法为无民事行为能力人和限制行为能力人所设立的代理。法定代理是为补充当事人的意思自治而设，目的是使无行为能力或行为能力不足的人也能够得到法律的平等对待，使其可以通过法定代理人进行意思表示，实现其民事权利能力。因此，法定代理依照法律规定当然发生，不需要经过被代理人的同意。法定代理通常首先由监护人承担。

委托代理（意定代理）是由有完全民事行为能力的人、基于某种原因而委托另一个或多个有完全民事行为能力的人（在德国民法上可以是限制行为能力人）代为进行某项或某些事务。委托代理是意思自治原则的扩张，是委托人意思能力的延伸。

《民法通则》第六十四条规定代理包括委托代理、法定代理和指定代理。同时在第六十五条规定了委托合同的形式要求及授权范围。《合同法》专门规定了"委托合同"一章。①

《民法总则》与《民法典》第一百六十三条规定:"代理包括委托代理和法定代理。委托代理人按照被代理人的委托行使代理权。法定代理人依照法律的规定行使代理权。"《民法总则》与《民法典》第一百六十五条规定:"委托代理授权采用书面形式的,授权委托书应当载明代理人的姓名或者名称、代理事项、权限和期间,并由被代理人签名或者盖章。"

根据上述规定,我国民法允许有完全民事行为能力的人接受他人的委托而为意思表示行为,进行各种法律行为。

在委托代理关系中需要讨论的一个问题是,是否只有完全民事行为能力人才可以受托进行代理。我国民法将委托代理视为委托合同,因此,双方当事人应首先是完全民事行为能力人。但是,德国民法上规定,即使受托人是限制行为能力人也不妨碍委托代理的效力。② 对这一规定,应理解为所代理的事务是处于限制行为能力人行为能力范围以内的。在我国民法上,应仅在未成年人被视为有完全民事行为能力的情况下才可以考虑。

无论是法定代理还是委托代理,都可能出现多个代理人的情形。在有数人作为代理人时,各共同代理人应依法或依照约定共同履行自己的代理事务。

> 《民法总则》与《民法典》第一百六十六条 数人为同一代理事项的代理人的,应当共同行使代理权,但是当事人另有约定的除外。

二、积极代理和消极代理

根据代理人进行代理行为的内容和方式,可以将代理分为积极代理和消极代理。其中,积极代理,又称主动代理,指代理人在代理权限的范围内,以本人名义

---

① 《民法通则》第六十四条 代理包括委托代理、法定代理和指定代理。
委托代理按照被代理人的委托行使代理权,法定代理人依照法律的规定行使代理权,指定代理人按照人民法院或者指定单位的指定行使代理权。
第六十五条 民事法律行为的委托代理,可以用书面形式,也可以用口头形式。法律规定用书面形式的,应当用书面形式。
书面委托代理的授权委托书应当载明代理人的姓名或者名称、代理事项、权限和期间,并由委托人签名或者盖章。
委托书授权不明的,被代理人应当向第三人承担民事责任,代理人负连带责任。
《合同法》第三百九十六条 委托合同是委托人和受托人约定,由受托人处理委托人事务的合同。
② 《德国民法典》第165条 【代理人为限制行为能力人】
代理人所为或者所受的意思表示的效力,不因代理人为限制行为能力人而受影响。

发出意思表示。消极代理,又称被动代理,指代理人在代理权限的范围内,以本人名义接受意思表示。

我国民法上没有区分积极代理和消极代理,而只是将所有代理人进行的法律行为笼统地称为代理行为。

一般来说,从事积极代理的人应以完全民事行为能力人为主,而从事消极代理的人则可以在完全民事行为能力人之外亦由限制行为能力人承担。不过,这一区分不是绝对的,如《德国民法典》第 165 条即规定,无论代理人的行为是所为或所受意思表示,都可以由限制民事行为能力人担任代理人。

三、直接代理和间接代理

根据代理人是否以本人名义为意思表示以及代理的效果是否直接及于本人,可将代理分为直接代理和间接代理。所谓直接代理,又称狭义的代理,指代理人以本人名义为意思表示,而且代理的效果直接及于本人。我国《民法总则》与《民法典》在代理制度中规定的代理为直接代理,即第一百六十二条的规定:"代理人在代理权限内,以被代理人名义实施的民事法律行为,对被代理人发生效力。"

所谓间接代理,指代理人以自己的名义为意思表示,法律效果直接及于代理人,后间接及于被代理人。广义的代理包括直接代理和间接代理。

我国《合同法》第四百零二至四百零三条的规定实际上就是间接代理。另外,《合同法》第四百一十四条等关于行纪合同的规定也是间接代理。① 其中,第四百零二至四百零三条是关于间接代理的一般规定,特别是关于三方的权利义务行使的关系;而第四百一十四条则是通过行纪合同确定间接代理的关系。《民法典》延续了《合同法》中关于行纪合同的规定。

间接代理通常用于商业活动,其观念的产生比直接代理更早,如行纪和运输等

---

① 《合同法》第四百零二条 受托人以自己的名义,在委托人的授权范围内与第三人订立的合同,第三人在订立合同时知道受托人与委托人之间的代理关系的,该合同直接约束委托人和第三人,但有确切证据证明该合同只约束受托人和第三人的除外。

第四百零三条 受托人以自己的名义与第三人订立合同时,第三人不知道受托人与委托人之间的代理关系的,受托人因第三人的原因对委托人不履行义务,受托人应当向委托人披露第三人,委托人因此可以行使受托人对第三人的权利,但第三人与受托人订立合同时如果知道该委托人就不会订立合同的除外。

受托人因委托人的原因对第三人不履行义务,受托人应当向第三人披露委托人,第三人因此可以选择受托人或者委托人作为相对人主张其权利,但第三人不得变更选定的相对人。

委托人行使受托人对第三人的权利的,第三人可以向委托人主张其对受托人的抗辩。第三人选定委托人作为其相对人的,委托人可以向第三人主张其对受托人的抗辩以及受托人对第三人的抗辩。

《合同法》第四百一十四条 行纪合同是行纪人以自己的名义为委托人从事贸易活动,委托人支付报酬的合同。

作为间接代理的实际表现很早就出现了。法国商法与德国商法都有规定。其中，《法国商法典》中将行纪与居间一起规定在第五编中。①

《德国商法典》第383条【行纪人，行纪合同】
（1）行纪人是指以他人（委托人）的计算而用自己的名义承担商品或有价证券的买受或出卖并以此为常业的人。
（2）行纪人的企业依种类或范围不要求以商人的方式进行经营，并且企业的商号未依第2条登入商业登记簿的，也适用本章的规定。在此种情形，关于行纪营业，也适用第四编第一章的规定，但第348条至第350条除外。

王泽鉴先生指出，间接代理并非真正代理，而是代理的类似制度，不应作为代理的分类来处理。② 然而，拉伦茨指出，《德国民法典》对于间接代理是允许的，学者们也正在这样做，这个方向是正确的。③ 这实际上是各国关于间接代理的立法依据。

思考题：
分析间接代理的法律关系。

第三节　复代理、自我代理和双方代理

代理人与被代理人之间建立的代理关系是一种信赖关系，因此，代理人通常须为被代理人的利益计算，亲自进行代理行为。但在某些情况下，为使被代理人的利益不受损害，代理人也可以委托他人代为完成代理事务，即复代理。

代理人基于某种原因可能会违反为被代理人计算的原则而做出损害被代理人利益的行为，此为自我代理和双方代理。

---

① 《法国商法典》（1862年7月2日法律）第74条　法律承认中间人即证券经纪人和居间商的商行为。凡有商品交易所的城市均应设有中间人。
第76条　证券经纪人可与商品经纪人一起共同为金属材料买卖的谈判和中介行为。唯有他们才有权确认市价。
② 参见王泽鉴《民法总则》，北京大学出版社2009年版，第353页。
③ 参见［德］卡尔·拉伦茨《德国民法通论》（下册），王晓晔、邵建东、程建英等译，法律出版社2003年版，第821页。另见该书第841～842页关于"隐蔽的"代理行为效力的案例分析，其态度是肯定间接代理发生直接代理的效果。

一、复代理

复代理,又称为转委托,是指委托代理人为处理其权限内事务的全部或一部分,以代理人自己的名义选任本人的代理人,以完成预定的代理事务。① 复代理是意思自治的再次扩张和延伸。我国《民法总则》与《民法典》第一百六十九条规定:"代理人需要转委托第三人代理的,应当取得被代理人的同意或者追认。转委托代理经被代理人同意或者追认的,被代理人可以就代理事务直接指示转委托的第三人,代理人仅就第三人的选任以及对第三人的指示承担责任。转委托代理未经被代理人同意或者追认的,代理人应当对转委托的第三人的行为承担责任;但是,在紧急情况下代理人为了维护被代理人的利益需要转委托第三人代理的除外。"

根据委托代理的构成,在代理人和被代理人之间有一种十分重要的信赖关系,特别是在与被代理人有约定的时候,代理人必须亲自为代理行为。但是,在某些情况下,为被代理人的利益着想,代理行为并不必须由代理人做出,而可以由代理人转托他人做出。复代理人必须是代理人为被代理人利益选任的,在通常情况下事先应取得被代理人的同意,或者事后追认,只有在特殊的紧急情况下可以以自己的名义选任。德国民法上也承认复代理权,并称其为"多层次代理"。对于这种多层次代理,德国民法上更多地依赖解释学去确定各层次代理的范围和权限。②

我国民法上的复代理制度是比较明确的,但就紧急情况的确定还需要通过法律解释来进一步确定。即何为紧急情况,是出自代理人本人的原因还是第三人原因?抑或是其他原因?一般来说,由于急病、通信联络中断等特殊原因,委托代理人自己不能办理代理事项,又不能与被代理人及时取得联系,如不及时转托他人代理,会给被代理人的利益造成损失或者扩大损失的,属于《民法通则》第六十八条中的"紧急情况"。也就是说,我国民法目前认定的紧急情况包括代理人生病或联络中断。此外,如果代理人受到第三人的侵权损害,导致不能亲自完成代理事务的,也应允许其进行转委托。还有,如果遇到代理人无法控制的其他情况,如道路中断

---

① 《民法通则》第六十八条 委托代理人为被代理人的利益需要转托他人代理的,应当事先取得被代理人的同意。事先没有取得被代理人同意的,应当在事后及时告诉被代理人,如果被代理人不同意,由代理人对自己所转托的人的行为负民事责任,但在紧急情况下,为了保护被代理人的利益而转托他人代理的除外。
《合同法》第四百条 受托人应当亲自处理委托事务。经委托人同意,受托人可以转委托。转委托经同意的,委托人可以就委托事务直接指示转委托的第三人,受托人仅就第三人的选任及其对第三人的指示承担责任。转委托未经同意的,受托人应当对转委托的第三人的行为承担责任,但在紧急情况下受托人为维护委托人的利益需要转委托的除外。
② 参见〔德〕卡尔·拉伦茨《德国民法通论》(下册),王晓晔、邵建东、程建英等译,法律出版社2003年版,第858~859页。

和恶劣天气，也应允许其进行转委托。

对于转委托的内容，我国民法的规定也是较为明确的，即转委托所产生的复代理人权限不得超出原代理人权限，所产生的效果直接由被代理人承受。但是，如果转代理授权不明的，应通过解释推定为授权范围不超过原代理权，否则应构成无权代理，由代理人和第三人（有过错）承担责任。①

二、自我代理和双方代理

所谓自我代理，指被代理人与自己所为的代理行为。所谓的双方代理，指在一项法律关系中，既为第三人的代理人，同时又为本人的代理人。自我代理和双方代理应经过本人同意，否则会造成利益冲突，构成代理权的滥用。

《民法总则》与《民法典》第一百六十八条规定："代理人不得以被代理人的名义与自己实施民事法律行为，但是被代理人同意或者追认的除外。代理人不得以被代理人的名义与自己同时代理的其他人实施民事法律行为，但是被代理的双方同意或者追认的除外。"

我国《律师法》第三十九条规定："律师不得在同一案件中为双方当事人担任代理人……"

德国民法将自我代理和双方代理合称为"自我行为"（自我交易）。《德国民法典》对此种自我行为的情况进行了限制性规定，包括对自我代理（自我缔约）的限制和对双方代理的限制。②

自我代理与双方代理是违反一般代理原则的行为，其结果是利用代理权为代理人自身谋取利益。法律禁止自我代理与双方代理的作用在于保护被代理人，避免代理人通过代理行为损害被代理人的利益，为自己谋取不正当的利益。但是，如果被代理人同意代理人的做法，那就另当别论。

我国《合伙企业法》中有一项规定是较为特殊的，即第七十条规定："有限合伙人可以同本有限合伙企业进行交易；但是，合伙协议另有约定的除外。"这一规定是基于有限合伙人的特殊法律规定，即有限合伙人不能参与合伙的经营，因此，其相对于合伙而言是"局外人"，不能左右公司的事务，从而也就不必禁止其与合

---

① 《民法通则意见（试行）》第81条规定："委托代理人转托他人代理的，比照民法通则第六十五条规定的条件办理转托手续。因委托代理人转托不明，给第三人造成损失的，第三人可以直接要求被代理人赔偿损失；被代理人承担民事责任后，可以要求委托代理人赔偿损失，转托代理人有过错的，应当负连带责任。"据此，授权委托不明的应先由被代理人承担责任，然后由代理人和复代理人承担连带责任。

② 《德国民法典》第181条【自己订立合同】
不经被代理人许可，代理人不得以被代理人的名义与自己或者作为第三人的代理人采取法律行为，但该法律行为系专为清偿债务的除外。

伙进行交易。

思考题：
讨论自我代理和双方代理的非法性及其例外。

第四节 有权代理

在代理权限内所进行的代理行为是有权代理，也是有效代理。作为有权代理，法律就其各个组成部分，包括代理权、代理人以及代理权的效果及其消灭等都应有详细的制度规范。

一、代理的要件

根据代理的一般规定（《民法通则》第六十三条、《民法总则》与《民法典》第一百六十二条），代理人在代理权限内的代理行为有效。有权代理须具备五个要件：①代理人有代理权；②代理人须发出或接受意思表示；③代理人须为被代理人的利益进行法律行为；④代理人应符合法定条件；⑤遵守法律规定的或当事人约定的代理职责。

第一，代理人须有代理权。代理权的产生方式因代理权的性质而有所不同，法定代理应依法产生，意定代理应依当事人的约定产生。关于代理权的依据、权限，必须根据其授权方式来决定。

第二，代理人应为意思表示或受意思表示。代理制度的设立在于通过代理人的意思表示补充或扩张私法的意思自治，因此，代理人必须依法或依约定进行相应的意思表示行为或接受他人的意思表示。关于意思表示的诸项法律要件，均与一般的意思表示要求无异。

第三，代理人应当为被代理人的利益进行法律行为。在直接代理，代理人应以被代理人的名义为被代理人的利益进行代理行为；而在间接代理，只要代理人是为被代理人的利益进行法律行为即可，不要求以被代理人的名义。

此处应区分直接代理中的显名代理与隐名代理。所谓显名代理，指的是代理人向第三人披露被代理人的姓名（名称），而隐名代理则不进行披露。显名代理实际上是直接代理的基本原则的要求，即代理人应以被代理人的名义进行代理行为。[1]德国民法上将此问题作为代理的公示问题予以处理。根据《德国民法典》的规定，

---

[1] 参见王泽鉴《民法总则》，北京大学出版社2009年版，第357页。

代理可以以明示的方式予以公示。公示的效果是使代理的事实以及被代理人公开。但是，公开被代理人并不是进行代理行为的必要条件，可以在事后再指明行为当事人的权利。但如果事后无法指明的，则应由行为人自行承担责任。①

然而，在某些情况下，法律行为为谁做出对于相对人来说并没有任何分别。如甲为乙购买商品，商店并不需要知道乙是在为甲购买商品，也不要求乙出示甲的授权书。事实上，在这种对相对人没有特定要求的场合，代理人完全可以进行隐名代理，以免去交易的烦琐程序。当然，在隐名代理的情况下，代理行为的效果可以由被代理人承担，也可以由代理人承担。而对相对人来说，由于从一开始就不知道被代理人的存在，因此可直接追究代理人的责任。但是，在间接代理，根据代理行为一般是特殊商业行为的特点，代理人不得以被代理人的名义进行，只能在代理人以自己名义进行法律行为之后将效果间接地归于本人。

第四，代理人应符合法定条件。在法定代理，代理人必须是完全民事行为能力人；而在意定代理，代理人可以是完全民事行为能力人，特殊情况下也可以是限制行为能力人。

第五，代理人应遵守法律规定的或当事人约定的代理义务。代理是为被代理人的利益而设置的法律制度，因此，代理人应当勤勉尽责为本人利益计算，尽到法定义务和注意义务。所谓法定义务，即法定代理人依法应当尽到的职责；所谓注意义务，是根据诚信原则而特别设定的附随义务。根据代理属于有偿或无偿，代理人所应尽到的义务也并不相同。在无偿代理的情况下，代理人应当尽到与处理其本人事务相同的同一注意义务即可，而在有偿代理关系中，代理人应当负担善良管理人的注意义务。

在委托代理，代理人在代理过程中原则上应当遵从本人的指示。由于代理的效果归属于本人，而且通常本人更清楚效果对于自己的影响，因此，代理人应遵从本人指示。我国《合同法》第三百九十九条规定："受托人应当按照委托人的指示处理委托事务。需要变更委托人指示的，应当经委托人同意；因情况紧急，难以和委托人取得联系的，受托人应当妥善处理委托事务，但事后应当将该情况及时报告委托人。"（《民法典》第九百二十二条同此规定）

---

① 参见［德］迪特尔·梅迪库斯《德国民法总论》，邵建东译，法律出版社 2001 年版，第 698～699 页。
《德国民法典》第 179 条【无代理权的代理人的责任】
（1）以代理人的身份订立合同的人，如果不能证明其有代理权，而且被代理人又拒绝追认的，合同另一方当事人有权依其选择责令代理人履行义务或者赔偿损害。
（2）代理人不知其无代理权时，仅对因相信其有代理权而受损害的合同另一方当事人负损害赔偿责任，但赔偿额不得超过合同另一方当事人在合同有效时可得到的利益。
（3）合同另一方当事人明知或者可知代理人无代理权的，代理人不负责任。代理人为限制行为能力的，亦不负责任，但经其法定代理人同意的行为除外。

同时，代理人应当亲自处理本人的事务，原则上不得转委托他人处理。因为，代理关系基于信赖，代理人的能力或一定身份是这种信赖的基础，原则上不得转委托。只有在法律允许的例外情况下，代理人才可以转委托他人代为处理。

此外，根据诚信原则，代理人尚须负担一定的报告义务。见《合同法》第四百零一条："受托人应当按照委托人的要求，报告委托事务的处理情况。委托合同终止时，受托人应当报告委托事务的结果。"（《民法典》第九百二十四条同此规定）

在代理关系中，代理人往往更容易接触到被代理人的秘密。当此种秘密不具有违法性时，代理人当然负担保密义务。但当该秘密涉及被代理人的违法行为时，代理人则应采取相关的措施。

> 《律师法》第三十八条　律师应当保守在执业活动中知悉的国家秘密、商业秘密，不得泄露当事人的隐私。
>
> 律师对在执业活动中知悉的委托人和其他人不愿泄露的情况和信息，应当予以保密。但是，委托人或者其他人准备或者正在实施危害国家安全、公共安全以及严重危害他人人身安全的犯罪事实和信息除外。

有权代理应当在法律规定的范围内适用，此亦称为代理行为的容许性。[①] 所谓代理行为的容许性，指原则上任何法律行为均得为代理，包括负担行为及处分行为。但具有身份性质的行为，代理人没有代为意思表示的余地，因此不得代理。

二、代理权

代理权指代理人代本人为意思表示或代受意思表示，而法律效果直接归于本人的权能。代理权根据其产生的法律根据的不同，分为法定代理权和委托代理权。

（一）代理权的依据

1. 法定代理权的依据来自法律的强制性规定

在我国，根据《民法通则》第十六条、《民法总则》与《民法典》第二十三条的相关规定，无民事行为能力人和限制民事行为能力人的监护人是其法定代理人。

另外，一些国家和地区的立法确认夫妻的法定家事代理权和合伙人的相互代理权。根据有关法律的规定，夫妻间享有法定家事代理权。如《法国民法典》第220

---

① 参见王泽鉴《民法总则》，北京大学出版社2009年版，第350页。

条规定:"夫妻各方均有权单独签订旨在维持共同生活或子女教育的契约;凡由一方签约的债务,他方负连带责任。"《德国男女同权法(草案)》规定:"夫妻均有处理日常家务之权限。"可见,在规定有夫妻家事代理权的国家或地区,夫妻关系的确立就是夫妻相互代理权的基础。我国《婚姻法司法解释(一)》第十七条第(一)项规定:"……因日常生活需要而处理夫妻共同财产的,任何一方均有权决定。"但是,《民法典》对夫妻家事代理权进行了不同的规定,见第一千零六十条:"夫妻一方因家庭日常生活需要而实施的民事法律行为,对夫妻双方发生效力,但是夫妻一方与相对人另有约定的除外。夫妻之间对一方可以实施的民事法律行为范围的限制,不得对抗善意相对人。"

根据合伙原理,合伙人对合伙及相互之间的代理是根据合伙的成立而自然产生的。但我国《民法通则》并没有就合伙人的相互代理进行规定,不过,《合伙企业法》第二十六至三十条规定了合伙事务的执行人制度,即可以由全体合伙人执行合伙人事务,也可以约定由一人或几人来代表他人完成合伙事务。这里所谓的代表,就是合伙人相互代理权的体现。《民法总则》与《民法典》承认非法人组织的工作人员执行公务对组织发生效力(第一百七十条)。

2. 对于意定代理,代理权的授予通常是由契约行为产生的,如委托合同、雇佣合同

我国《合同法》《民法总则》与《民法典》均对委托代理进行了规定。德国民法对意定代理的授予规定了三种方式,即内部代理授权、外部代理授权和向外部告知的内部代理权。(见《德国民法典》第167条。)①

除以上三种代理授权方式外,德国民法上还规定了推定代理权的情形,即在有本人明示的意思表示〔如代理证书的出示,以及可推断的(授予代理权的)行为〕的情况下,可以推定有代理权的存在。②

在我国民法上,委托合同可以以书面或口头等方式做出,除非法律有特别规

---

① 《德国民法典》第167条 【全权的授予】
(1) 全权的授予,应向全权代表或者向其为代理行为的第三人表示。
(2) 上述表示无需遵守有关全权的法律行为的形式规定。
第171条 【有效期的通告】
(1) 如果以特别通知或者公告通知第三人,已授权某人为其全权代表时,该全权代表根据通告在前一种情况下对接受特别通知的第三人,在后一种情况下对任何第三人,均可行使其代理权。
(2) 在以与授予代理权相同的方式通知撤销代理权之前,代理权继续存在。
第172条 【全权证书】
(1) 由授权人向代理人授与全权证书,并由代理人向第三人出示该全权证书的,其效力等同于由授权人发出授予代理权的特别通知。
(2) 在全权证书交还授权人或者声明无效之前,代理权继续存在。
② 参见〔德〕迪特尔·梅迪库斯《德国民法总论》,邵建东译,法律出版社2001年版,第708页。

定。但在涉及雇佣关系时，通过明显可见的事实——如工作证件等进行推断，做出代理推定。

（二）代理权的范围

在法定代理，代理权的范围是由法律明确规定了的，应遵照法律规定来确定，包括《民法通则》《民法总则》《婚姻法》《公司法》《合伙企业法》《民法典》等。另外，有一些委托代理权也必须服从法律的强制性规定，比如诉讼代理权虽由双方意定，但其范围则是由法律明确规定的，不得任意变更。就法定代理的范围，可参照《德国民法典》第1631条的规定。①

除上述有强制性授权范围的代理之外，在所有的委托代理，代理权的范围都是由双方意定的，以不违反法律强制性和禁止性规定为限。如果代理人超越代理权进行代理行为，或者未以双方约定的方式履行法律行为，或者双方约定不明，在双方之间按效力待定的民事法律行为来处理，在对第三人效力方面则应按照表见代理处理。

代理权的授予并不必然排除被代理人从事相关民事法律行为的权利。被代理人行使"介入权"的根据在于民事权利能力和行为能力的不可抛弃性。德国民法上有"排斥性的代理权"（即排除本人主管权的代理权）的概念，但这种代理权被视为不合法。②

我国《合同法》第四百零三条实际上是间接代理的规定，其中所规定的"披露义务"并非上述直接代理中的介入权。而对于直接代理，我国民法上也没有关于介入权的规定。《民法典》第九百二十六条的规定也不是介入权。

三、代理人

代理关系涉及代理人、被代理人和相对人三方主体。其中，被代理人和第三人可为任意人，而代理人则有一些限制性条件和要求。

（一）代理人

代理人一般须有完全民事行为能力。其原因在于，代理人须有表示意思的能力，无民事行为能力人或限制行为能力人不能进行有效的意思表示。但是，德国民法上明确规定了限制行为能力人亦可以充当代理人。对此，前文已经做了评述，即

---

① 具体包括《德国民法典》第1631条（人的照顾的内容和界限）、1631a条（教育和职业）、1631b条（与剥夺自由相关的安置）。
② 参见［德］迪特尔·梅迪库斯《德国民法总论》，邵建东译，法律出版社2001年版，第712页。

限制行为能力人可以从事其能力范围内的委托代理行为。

我国《民法总则》与《民法典》均未正面规定代理人的条件，但在代理终止的情形中规定了代理人若丧失行为能力，代理即终止，因此可以推定代理人必须有完全的民事行为能力。具体规定见《民法总则》与《民法典》第一百七十三条和一百七十五条。

（二）共同代理人

当代理人为多数人时，即为共同代理人，所享有的代理权为共同代理权。共同代理人可以是法定代理人，也可以是委托代理人。在法定代理人，父母对子女的代理权就是共同代理。在委托代理，如果委托人所委托的是数人，即为共同的委托代理人。在德国民法和商法上，多数人代理也适用于公司董事和合作社的机关集体代理权。[①]

多数人进行代理并不影响代理的效力，但在行使代理权时应当注意彼此的权利不应冲突。

我国《民法总则》与《民法典》第一百六十六条规定："数人为同一代理事项的代理人的，应当共同行使代理权，但是当事人另有约定的除外。"《民法典》第九百三十二条规定："两个以上的受托人共同处理委托事务的，对委托人承担连带责任。"

（三）复代理人

代理为一种信赖关系，代理人原则上应亲自为代理事务。但是，如果遇到代理人非出于故意而不得已的情况，应允许代理人另请他人为代理事务，否则有不近情理之嫌。我国《民法总则》（第一百六十九条）与《民法典》（第一百六十九、九百二十三条）就委托代理的转委托（复代理）做了规定。在进行转委托时，应先取得被代理人的同意，或者事后取得追认。只有在紧急情况下才可以直接将转委托推定为有效。

德国民法上也承认复代理（多层次代理）。并且，德国联邦最高法院认为应有两种复代理权，即一种是作为被代理人的代理人，另一种是只能作为代理人的代理人。梅迪库斯认为第一种是没有道理的，应把两种都视为代理人的代理人。[②]

---

① 参见［德］迪特尔·梅迪库斯《德国民法总论》，邵建东译，法律出版社2001年版，第710～711页。

② 参见［德］迪特尔·梅迪库斯《德国民法总论》，邵建东译，法律出版社2001年版，第720～721页。

四、代理的法律效果

不论代理为法定代理抑或是意定代理,也不论代理行为是以本人名义还是以代理人的名义实施的,因该法律行为是为被代理人的利益而进行的,所以,就代理制度的设计目的而言,应使代理行为效力就本人最后发生,效果也应由本人最终承受。学说上以此(代理行为说)为通说。①

但是,在发生意思表示瑕疵、恶意串通或假冒他人名义的情况时,则应另行判断。

(一) 意思表示的瑕疵

当意思表示含有瑕疵时,其效力的判断应根据产生瑕疵的原因是来自本人还是代理人来决定。

判断意思表示瑕疵时代理行为的效力有两种情况。第一种情况是根据代理人来决定的,即如果瑕疵的原因来自代理人,包括因受诈欺、胁迫等做出了意思表示,则意思表示应可撤销,但撤销权人首先应为本人,如经本人判断事实无误,则可以授权代理人行使撤销权。在第二种情况,瑕疵的原因如来自本人,即本人以意思表示授予代理人,而代理人仅依委托人指示而为意思表示,则该意思表示仅由本人撤销。②

(二) 恶意串通

在有代理人与第三人恶意串通损害被代理人的利益时,这样的代理行为将会无效。德国民法对此类行为是适用有关善良风俗的规定而使其无效,称为违反善良风俗的恶意串通行为。

我国民法也有此项制度设计。即《民法通则》第六十六条第三款:"代理人和第三人串通、损害被代理人的利益的,由代理人和第三人负连带责任。"《民法总则》与《民法典》第一百六十四条规定:"代理人不履行或者不完全履行职责,造成被代理人损害的,应当承担民事责任。代理人和相对人恶意串通,损害被代理人合法权益的,代理人和相对人应当承担连带责任。"

---

① 参见王泽鉴《民法总则》,北京大学出版社 2009 年版,第 358 页。
② 我国台湾地区的有关规定:"代理人之意思表示,因其意思欠缺、被诈欺、被胁迫,或明知其事情或可得而知其事情,致其效力受影响时,其事实之有无,应就代理人决定之。但代理人之代理权系以法律行为授予者,其意思表示,如依照本人所指示之意思而为时,其事实之有无,应就本人决之。"

(三) 假冒他人名义

在代理人进行直接代理时，必须以被代理人的名义进行法律行为。但有时，相对人无法判断代理人是否已经获得了本人的授权，特别是在没有公示制度，而且内部授权及口头授权为合法的制度前提下，如果发生假冒行为，代理行为的效力如何，值得分析。

如果是假冒他人名义进行法律行为，其目的是为致对方误解，并以此获取交易机会时，应适用代理制度来判断，即在本人同意的情况下直接由本人来承受，在本人未曾允许的情况下通过追认而承受。当然，也可以不承受而由行为人承担其后果（无权代理）。①

对于内部授权，《民法总则》第一百七十条规定："执行法人或者非法人组织工作任务的人员，就其职权范围内的事项，以法人或者非法人组织的名义实施民事法律行为，对法人或者非法人组织发生效力。法人或者非法人组织对执行其工作任务的人员职权范围的限制，不得对抗善意相对人。"《民法典》第一百七十条有同样的规定。

五、代理权的消灭

就代理权的消灭而言，法定代理与意定代理所共同具备的消灭原因为共同消灭原因；此外，法定代理和意定代理各自有特别的消灭原因。我国《民法通则》第六十九、七十条，《民法总则》与《民法典》第一百七十三、一百七十五条，都分

---

① 参见［德］迪特尔·梅迪库斯《德国民法总论》，邵建东译，法律出版社2001年版，第693～694页；王泽鉴《民法总则》，北京大学出版社2009年版，第357页。

别规定了委托代理、法定代理的终止。①

（一）共同的消灭原因

1. 授权法律关系终了

所谓授权法律关系并非指特定的授权，而是指作为代理权产生基础的法律关系。在法定代理（或指定代理）的情况下，授权法律关系的终了包括：①被代理人和代理人之间的基础关系（如监护关系）消灭；②指定代理的人民法院或者指定单位取消指定。在委托代理的情况下，授权法律关系的终了包括：①被代理人取消委托或者代理人辞去委托；②代理期间届满、代理事务完成或无法完成。

2. 被代理人死亡或终止

在法定代理情况下，被代理人死亡或终止的，代理关系终止。在委托代理的情况下，被代理人的死亡原则上会导致代理的终止［《民法通则》第七十条第（二）项］。但被代理人死亡后有下列情况之一的，委托代理人实施的代理行为有效：①代理人不知道被代理人死亡的；②被代理人的继承人均予承认的；③被代理人与代理人约定到代理事项完成时代理权终止的；④在被代理人死亡前已经进行，而在被代理人死亡后为了被代理人的继承人的利益继续完成的。

---

① 《民法通则》第六十九条　有下列情形之一的，委托代理终止：
（一）代理期间届满或者代理事务完成；
（二）被代理人取消委托或者代理人辞去委托；
（三）代理人死亡；
（四）代理人丧失民事行为能力；
（五）作为被代理人或者代理人的法人终止。
第七十条　有下列情形之一的，法定代理或者指定代理终止：
（一）被代理人取得或者恢复民事行为能力；
（二）被代理人或者代理人死亡；
（三）代理人丧失民事行为能力；
（四）指定代理的人民法院或者指定单位取消指定；
（五）由其他原因引起的被代理人和代理人之间的监护关系消灭。
《民法总则》与《民法典》第一百七十三条　有下列情形之一的，委托代理终止：
（一）代理期限届满或者代理事务完成；
（二）被代理人取消委托或者代理人辞去委托；
（三）代理人丧失民事行为能力；
（四）代理人或者被代理人死亡；
（五）作为代理人或者被代理人的法人、非法人组织终止。
第一百七十五条　有下列情形之一的，法定代理终止：
（一）被代理人取得或者恢复完全民事行为能力；
（二）代理人丧失民事行为能力；
（三）代理人或者被代理人死亡；
（四）法律规定的其他情形。

《民法总则》与《民法典》第一百七十四条　被代理人死亡后，有下列情形之一的，委托代理人实施的代理行为有效：

（一）代理人不知道并且不应当知道被代理人死亡；

（二）被代理人的继承人予以承认；

（三）授权中明确代理权在代理事务完成时终止；

（四）被代理人死亡前已经实施，为了被代理人的继承人的利益继续代理。

作为被代理人的法人、非法人组织终止的，参照适用前款规定。

3. 代理人死亡或终止，或者丧失行为能力

代理人死亡或丧失行为能力时，代理权消灭。尽管代理人的完全行为能力在有些国家的立法例中并无要求，但如果授予代理权时代理人具有完全行为能力，而后来完全丧失行为能力的，应解释为本人不会再希望丧失行为能力的人作为其代理人。当代理人为法人时，则随着法人的终止，代理权归于消灭。

（二）意定代理的特别消灭原因

1. 被代理人取消委托或者代理人辞去委托

在意定代理，被代理人取消委托或者代理人辞去委托的，委托代理终止。

一般认为，代理行为为无因行为，但是，意定代理的产生从来都是有原因的，即代理权的授予产生于一个基础关系。该基础关系可以是委托，也可以是雇佣，代理行为的内容完全是由基础关系决定的。因此，当被代理人取消委托（或代理人辞去委托），则授权关系消灭，代理也自然消灭。《德国民法典》第168条规定："代理权之消灭，依其所由授予之法律关系定之。"

2. 代理权的限制与撤回

根据《德国民法典》第170条的规定，代理权的授予通常应为全权授予。[①] 但是，代理权也可以根据本人的意思表示加以限制，代理人就此代理权受限制部分而为的意思表示，构成无权代理。

代理权的撤回，指被代理人单方面撤回授权的行为。在基础关系存续期间，代

---

① 《德国民法典》第170条　【全权的有效期】

如果全权是以向第三人作出意思表示而授予的，在授权人向第三人通知全权消灭之前，全权对于第三人仍为有效。

第171条　【有效期的通告】

（1）如果以特别通知或者公告通知第三人，已授权某人为其全权代表时，该全权代表根据通告在前一种情况下对接受特别通知的第三人，在后一种情况下对任何第三人，均可行使其代理权。

（2）在以与授予代理权相同的方式通知撤销代理权之前，代理权继续存在。

理权是不可以随意撤回的。但若对方有重大过失，则授权人可以随时撤回授权。撤回有内部撤回和外部撤回。对于内部撤回，第三人为善意第三人，可以信赖代理关系继续存在；对于外部撤回，由于撤回的意思表示直接向第三人做出，因而立即生效。

我国民法没有规定代理权的撤回，但规定了被代理人取消委托导致代理终止。这一规定适用于撤回的情况。

（三）法定代理的特别消灭原因

当被代理人取得或者恢复民事行为能力时，法定代理或指定代理终止。法定代理通常发生于本人无行为能力或限制行为能力的情况下，随着本人年龄的增长直至本人取得完全行为能力，法定代理关系当然消灭。由于年龄以外的因素导致无行为能力或限制行为能力时，随着该种因素的消灭，被代理人恢复行为能力，法定代理关系也可消灭。但此处应当注意的是，我国采取行为能力宣告制度，因此，成年人必须通过宣告而使其成为无民事行为能力人或限制民事行为能力人，也必须通过宣告使其重新获得限制行为能力或完全行为能力。

代理权消灭以后，代理人应将代理授权证明文件归还本人，本人也应当请求代理人返还授权证明文件。如果本人没有实施此返还授权文件的请求，虽然代理权仍归于消灭，但不得以无权代理对抗善意第三人，应发生表见代理的法律效果。

《民法总则》与《民法典》第一百七十二条规定："行为人没有代理权、超越代理权或者代理权终止后，仍然实施代理行为，相对人有理由相信行为人有代理权的，代理行为有效。"

思考题：
讨论法定代理与委托代理的基础关系。

第五节　无　权　代　理

代理关系包括三个方面，即本人与代理人的关系、本人与相对人的关系以及代理人与相对人的关系。其中，本人与代理人的关系叫作代理的基础关系，是代理权赖以产生的基础。如果有人以代理人的身份进行法律行为，但没有基础关系的支持，即为无权代理。

无权代理有广义与狭义之分。广义的无权代理包括表见代理和狭义的无权代理。表见代理，是指代理人虽然没有代理权，但就其行为的外观足以使一般第三人相信其有代理权的代理；狭义的无权代理，则是指表见代理以外的没有代理权的无权代理行为。我国《民法通则》第六十六条第一款和《合同法》第四十八条为狭义无权代理的规定，而《合同法》第四十九条则规定了表见代理。① 《民法总则》与《民法典》第一百七十一、一百七十二条规定了狭义的无权代理和表见代理。②

一、狭义的无权代理

狭义的无权代理，是指行为人没有代理权、超越代理权或者代理权终止后，仍然实施代理行为。该无权代理行为属于效力待定的民事法律行为。如果行为人进行的是合同行为，其行为最终是否有效取决于本人是否予以追认。如果本人予以追认，则相当于代理权的补授，可以使合同对本人有效；如本人不予以追认，则合同仅对代理人和第三人有效。当然，相对人也享有催告的权利，即可以催告本人做出追认。我国民法规定的催告期限为一个月，德国民法上规定为两周。③ 如果相对人

---

① 《民法通则》第六十六条　没有代理权、超越代理权或者代理权终止后的行为，只有经过被代理人的追认，被代理人才承担民事责任。未经追认的行为，由行为人承担民事责任。本人知道他人以本人名义实施民事行为而不作否认表示的，视为同意。

代理人不履行职责而给被代理人造成损害的，应当承担民事责任。

代理人和第三人串通，损害被代理人的利益的，由代理人和第三人负连带责任。

第三人知道行为人没有代理权、超越代理权或者代理权已终止还与行为人实施民事行为给他人造成损害的，由第三人和行为人负连带责任。

《合同法》第四十八条　行为人没有代理权、超越代理权或者代理权终止后以被代理人名义订立的合同，未经被代理人追认，对被代理人不发生效力，由行为人承担责任。

相对人可以催告被代理人在一个月内予以追认。被代理人未作表示的，视为拒绝追认。合同被追认之前，善意相对人有撤销的权利。撤销应当以通知的方式作出。

第四十九条　行为人没有代理权、超越代理权或者代理权终止后以被代理人名义订立合同，相对人有理由相信行为人有代理权的，该代理行为有效。

② 《民法总则》第一百七十一条　行为人没有代理权、超越代理权或者代理权终止后，仍然实施代理行为，未经被代理人追认的，对被代理人不发生效力。

相对人可以催告被代理人自收到通知之日起一个月内予以追认。被代理人未作表示的，视为拒绝追认。行为人实施的行为被追认前，善意相对人有撤销的权利。撤销应当以通知的方式作出。

行为人实施的行为未被追认的，善意相对人有权请求行为人履行债务或者就其受到的损害请求行为人赔偿，但是赔偿的范围不得超过被代理人追认时相对人所能获得的利益。

相对人知道或者应当知道行为人无权代理的，相对人和行为人按照各自的过错承担责任。

第一百七十二条　行为人没有代理权、超越代理权或者代理权终止后，仍然实施代理行为，相对人有理由相信行为人有代理权的，代理行为有效。

③ 《德国民法典》第177条【无代理权的代理人订立合同】

（1）无代理权人以他人名义订立合同的，其为被代理人或者对被代理人订立的合同的效力，取决于被代理人追认与否。

（2）合同另一方当事人要求代理人作出追认的意思表示时，追认的意思表示只能向合同另一方当事人作出；在提出要求之前对代理人所表示的追认或者拒绝追认，均为无效。追认只能在接到要求后二星期内作出；在此期间内不作出追认的意思表示的，视为拒绝追认。

将催告视为负担,则可以行使撤回意思表示的权利。

代理行为多为双方行为,但如果行为的性质为单方法律行为,由于行为要么立即生效,要么立即无效,因此不适用追认。我国民法对此没有规定,德国民法则规定不允许对单方行为实施无权代理。①

二、表见代理

表见代理,是指代理人没有代理权,但在外观上足以使一般的第三人相信其有代理权的代理。表见代理的代理人没有代理权,此点与无权代理相同,但表见代理的代理行为所产生的法律效果直接归属于本人,不必等待被代理人的追认。我国《合同法》第四十九条规定了表见代理:"行为人没有代理权、超越代理权或者代理权终止后以被代理人名义订立合同,相对人有理由相信行为人有代理权的,该代理行为有效。"

《民法总则》与《民法典》第一百七十二条规定,行为人没有代理权、超越代理权或者代理权终止后,仍然实施代理行为,相对人有理由相信行为人有代理权的,代理行为有效。

英美法上也承认表见代理。美国《第二次代理法重述》第27条规定:"除非是从事那些需要盖印的契约行为或必须以法定特别方式进行授权的行为,任何第三人若根据本人的言行可以合理地推测并相信本人已经授权于他人代为法律行为,都构成表见代理。"②

(一) 表见代理的法理念

一般认为,表见代理制度的目的在于保障交易安全。"有社会,斯有法律;有法律,斯有社会",法的存在是为保证社会生活的安全。所谓社会生活的安全,一是指静的安全,如物权法保障所有权的安全;二是指动的安全,即交易安全。表见代理制度的作用就在于保障交易安全,使善意第三人的合同行为不至于因代理人无

---

① 《德国民法典》第180条 【单方法律行为】
对于单方法律行为,不允许无代理权的代理。但如果在采取单方法律行为时,单方法律行为的相对人对代理人所主张的代理权没有提出异议,或者同意代理人采取无代理权的行为的,准用关于合同的规定。经其同意,对无代理权的代理人采取的单方法律行为,亦同。

② 原文如下:Restatement of Agency (Second) §27 Except for the execution of instruments under seal or for the conduct of transactions required by statute to be authorized in a particular way, apparent authority to do an act is created as to a third person by written or spoken words or any other conduct of the principal which, reasonably interpreted, causes the third person to believe that the principal consent to have the act done on his behalf by the person purporting to act for him.

代理权而轻易归于无效。①

在语义上,"表见一词有两个意思:其一,'眼睛所清楚看到的,明摆着的',即'显然的,可见的';其二,'并不是其表面所显示的那样',而是'虚幻的,迷惑人的'"。从法律角度来看,表见的概念也并不清楚。"运用于事实情况时,它表明真实是不加掩饰的,很容易察觉的。与'法律'一词合用时,它表明了假想的法律状况,是经不起深入分析的。这第二种含义就是'表见代理'所采用的含义……"②

换言之,"表见"所代表的法律事实是真实的、是"肉眼"可见的,但从法律实证(算法)的角度讲又是虚假的。然而,在表见制度上,法律让位于事实,从而使事实获得了法律上的效力。

《法国民法典》第1642条规定:"出卖人对于明显的且买受人自己得以辨认的瑕疵,不负担保责任。"就该条法律规定来看,对于瑕疵担保责任的判断就采取了表见制度,即对于肉眼可见的瑕疵,当事人不必借助特殊的工具就可以判断出来,因而即使当事人没有正确地判断,事后也不得主张瑕疵担保责任,因为法律此时已经让位于事实。

民法上还有一些事实让位于法律的制度,比如占有、商业票据等,均是通过事实判断来达到法律判断的。当然,也可以说法律上的权利制度设计在很大程度上是来源于事实,权利是抽象,事实是权利的具象。

在表见代理的制度设计中,表见的情况有两个层次:一个层次是纯粹表面的,即代理人有代理权的表象;而另一个层次是深度精确的,即代理人所谓的代理权并不存在。然而,在事情的发生过程中,往往并不能够判断出第二层次的事实,这时,表见出来的事实要求权利(代理权)的赋予。通常,第三人的信赖是来源于代理人(表见代理人)故意制造的某些假象,如授权书、空白格式合同书等,以及本人的某些过失,如疏忽大意等。在这种情况下,如果根据法律上的真象否认事实上的假象,受害的只能是无过错的第三人。为此,对第三人承认表见代理,让表见代理人自担其责,让被代理人由于本人的某些过失与表见代理人共同承担后果,是法律最终所追求的公平正义得以实现的现实途径。

(二)表见代理的要件

根据表见代理的理念,在表见代理的制度设计中需要有三个要件,即代理权外

---

① 参见郑玉波《法的安全论》,见郑玉波等《现代民法基本问题》,汉林出版社1982年版,第1、5页;[法]雅克·盖斯旦、吉勒·古博《法国民法总论》,陈鹏、张丽娟、石佳友等译,法律出版社2004年版,第784页。

② 参见[法]雅克·盖斯旦、吉勒·古博《法国民法总论》,陈鹏、张丽娟、石佳友等译,法律出版社2004年版,第777页。

观、本人与因，以及相对人的信赖。

首先，应具备代理权的外观。所谓有代理权的外观，是指除被代理人和代理人之外的其他人都无法通过表面事实判断出代理权是否是真实授予的，或者说根据表面事实只能认为是有代理权的。

其次，应有本人与因。所谓"本人与因"，即本人对外观的形成给予一定的原因。被代理人与具有代理权的外观事实往往具有必然的联系，或者可以说代理外观的形成某种程度上是本人与因造成的。比如，作为代理权基础关系的雇佣关系解除后，雇用人（本人）并未对外宣告，从而造成本人与因和表见代理的外观事实。

这里的本人与因通常是指本人的过失，如本人在授权时是通过外部授权，即向第三人授权，但在撤回授权时仅向相对人进行了撤回。在这种情况下，本人就是有过失的，造成了代理权依然存在的虚假事实，因此有以下《法国民法典》的规定：

> 《法国民法典》2005条 仅仅向受委托人（委托代理人）通知撤销委托，对不知道此项撤销事由仍然与受委托人进行业务往来的第三人不具有对抗效力，但委托人对受委托人有求偿权。

最后，应有交易相对人的信赖。所谓信赖，是指相对人对于代理人的"代理权"信其为真实存在，毫不怀疑。对于相对人来说，只要他选择与"代理人"进行法律行为，无论这个判断是对还是错，可以证明的是他对于"代理人"的信赖。对此，民法上称之为"善意相对人"。

所谓善意相对人，是指如果知道行为是不合法的就不会进行的相对人。换言之，善意就是一种不知，而恶意就是明知。民法中的多个制度设计都是以此为依据的，如善意取得、无权处分、取得时效等。如果一个人是理性的，却明知某一行为不法而为之（如表见代理人），应惩罚性地使该恶意之人承担不法的后果；同样的，如果一个人是理性的，不知对方的行为不法而与之为自认为合法的行为（如相对人），则应鼓励性地承认该善意之人的行为。但是，如果相对人的不知是由于自身的过失而造成的，如偏离了理性的判断规律，无视某些明显不合法的事实，如授权证书签字模糊、身份证件与持证人明显不符，则这些表面判断的错误应使其自己承担责任，表见代理就不成立。

(三) 我国目前的表见代理制度

我国目前的表见代理制度规定在《民法通则》第六十六条、《合同法》第四十九条、《民法总则》与《民法典》第一百七十二条。

根据上述规定，我国民法上的表见代理可能发生在无代理权、超越代理权或代理权已经终止的情况下，要求有本人与因（即无授权）及相对人的信赖（即所谓

"相对人有理由相信")。表见代理是由相对人所主张的,本人应负举证责任证明其没有授权;而相对人也要负举证责任,证明自己的信赖是善意的。

总之,表见代理是为保护善意相对人及保障交易安全而设计的一种制度,其所蕴含的原理之丰富是令人惊叹的。拉伦茨将此时的责任称为"权利表见责任",并认为是对法律行为责任的扩充,① 即让被代理人承担了更大的责任。

思考题:
论述表见代理的构成要件。

---

① 参见[德]卡尔·拉伦茨《德国民法通论》(下册),王晓晔、邵建东、程建英等译,法律出版社2003年版,第887页。

第九章 时效制度

我国的时效制度体现为诉讼时效制度,与其他国家和地区的取得时效与消灭时效二分法有所不同。

第一节 时效制度概说

一、取得时效和消灭时效

时效,就是指一定的事实状态持续满法定的期间,从而产生与该事实状态相适应的法律效力的法律制度。[①] 时效分为两种,一种是取得时效,一种是消灭时效。所谓取得时效,是指占有他人的不动产或动产并行使一定的权利达一定期间即取得该权利的法律事实;所谓消灭时效(又称诉讼时效),是指因一定期间内不行使请求权而使该权利归于消灭的法律事实。

(一)取得时效

取得时效起源于罗马法,即《十二铜表法》中关于占有取得的规定。[②] 该规定是罗马市民法中最古老的制度之一,其目的是为了补救人们因规避要式买卖的烦琐形式而造成的权利与实际状况的不一致。罗马法创立的取得时效制度为近代各国民法所继承。

现代民法一般在物权法中规定取得时效,在总则规定消灭时效。德国和日本民法关于取得时效的规定都是单独设置的,其中取得时效设置在物权法部分,消灭时

[①] 参见王泽鉴《民法总则》,北京大学出版社2009年版,第409页。
[②] 《十二铜表法》第六表第三条:凡占有土地(包括房屋)二年,其他物品一年的,即因占有取得所有权。

效设置在总则部分。①

《法国民法典》将取得时效规定在第二十编"时效与占有"中：

> 《法国民法典》第2219条　时效谓依法律特定的条件，经过一定的期间，而取得财产的所有权或免除义务的方法。
> 第2265条　以正当名义善意取得不动产的人，如真正的所有人居住在该不动产所在地的王国法院（上诉法院）管辖区内，经过10年，得因时效完成而取得该不动产的所有权；如真正的所有人居住在该法院管辖区以外，经过20年，善意取得人即可取得该不动产的所有权。

取得时效的制度理念在于将公开占有物的事实与时间相结合，从而产生一项新的物权。世界上所有古老的国家都将取得时效作为一项重要的民法制度。

我国当前民法没有规定取得时效，只是在学者起草的民法典草案中曾提出我国应设立取得时效制度的建议，如我国民法典草案建议稿中关于所有权部分。② 对于一些本来适用取得时效的，我国民法已经采取其他规范加以规定，比如拾得遗失物和善意取得制度，已经分别在民法上形成了事实行为制度。

> 《民法典》第三百一十二条　所有权人或者其他权利人有权追回遗失物。该遗失物通过转让被他人占有的，权利人有权向无处分权人请求损害赔偿，或者自知道或者应当知道受让人之日起二年内向受让人请求返还原物；但是，受让人通过拍卖或者向具有经营资格的经营者购得该遗失物的，权利人请求返还原物时应当支付受让人所付的费用。权利人向受让人支付所付费用后，有权向无处分权人追偿。

---

① 《德国民法典》第937条 【条件】
（1）自主占有动产经过十年的人，取得其所有权（取得时效）。
（2）取得人在取得自主占有时非出于善意或者在以后知悉所有权不属于自己的，因时效而取得的所有权消灭。
《日本民法》第162条　所有权的取得时效
（一）以所有的意思，二十年间平稳而公然占有他人物者，取得该物所有权。
（二）以所有的意思，十年间平稳而公然占有他人不动产者，如果其占有之始系善意且无过失，则取得该不动产的所有权。
第163条　其他财产权的时效取得以为自己的意思，平稳而公然行使所有权以外的财产权者，按前条区别，于二十年或十年后取得该权利。
我国台湾地区的有关规定："以所有之意思，五年间和平公然占有他人之动产者，取得其所有权。""以所有之意思，二十年间和平继续占有他人未登记之不动产者，得请求登记为所有人。""以所有之意思，十年间和平继续占有他人未登记之不动产，而其占有之始为善意并无过失者，得请求登记为所有人。"

② 参见梁慧星《中国民法典草案建议稿（第三版）》，法律出版社2013年版，第60～64页。

第三百一十八条 遗失物自发布招领公告之日起一年内无人认领的,归国家所有。

第三百一十九条 拾得漂流物、发现埋藏物或者隐藏物的,参照适用拾得遗失物的有关规定。法律另有规定的,依照其规定。

依各国民法,取得时效的适用一般应具备以下要件。

1. 须自主占有

自主占有是指占有人以自己所有的意思占有财产,必须同时具备占有的事实和自己所有的意思。因某种原因持有某物但不具备以自己的意思占有,不能适用取得时效。

2. 须公开占有

公开占有是指占有人将自己对财产的占有事实向他人公开。如果对占有物采用隐蔽的方法秘密占有,就不能构成取得时效。

3. 须和平占有

和平占有应包括两层含义:一是占有必须是善意的,如果占有人采用非法的手段占有财产则不能构成取得时效;二是占有人必须以和平的手段取得占有,不能采用暴力强占、欺诈、胁迫等手段取得并保持对他人财产的占有。和平占有决定了取得时效本质上必须以不破坏既存的法律关系为前提。

4. 须持续占有且达到法定期间

即非财产所有人必须持续不断地实际占有他人财产,并且达到法律规定的时效期间。持续占有要求占有人在法定期间连续不断地占有该项财产,没有中断占有的事由,也未曾将该财产处分给他人。

符合上述条件的,即可适用取得时效。

(二) 消灭时效

消灭时效最早来自罗马法,是由狄奥多西二世(Flavius Theodosius Junior Augustus,401—450)于公元451年确立的,目的在于否认债权的永久性。[①] 近代民

---

① 参见王泽鉴《民法总则》,北京大学出版社2009年版,第408页。

法继承罗马法的这一制度，也设立了消灭时效制度，① 其作用是限制请求权的行使期限。其中，《德国民法典》规定消灭时效仅适用于债权请求权，不适用于家庭法上的请求权；《日本民法典》则规定消灭时效适用于债权和所有权以外的其他财产权。

《德国民法典》第194条 【消灭时效的对象】
（1）向他人请求作为或不作为的权利（请求权），受消灭时效的限制。
（2）基于亲属法上的关系而发生的请求权，其旨在向将来设立于该关系相应的状态者，不受消灭时效的限制。

我国民法规定了消灭时效制度，称为诉讼时效。其中，《民法通则》规定在第一百三十五条，②《民法总则》与《民法典》规定在第一百八十八条。

《民法典》第一百八十八条 向人民法院请求保护民事权利的诉讼时效期间为三年。法律另有规定的，依照其规定。

---

① 《德国民法典》第194条 【时效的标的】
（1）要求他人作为或者不作为的权利（请求权），因时效而消灭。
（2）因家庭法而产生的、以将来恢复亲属关系状态为目的的请求权，不因时效而消灭。
第222条 【时效的效力】
（1）在时效届满之后，债务人有权拒绝履行。
（2）不能要求返还针对时效届满的请求权所做的履行，即使该履行发生在不知该请求权时效届满的情况下。上述规定同样适用于债务人以符合合同的方式承认请求权和提供担保。
第813条 【不顾抗辩而履行】
（1）以清偿债务为目的而履行的给付，如果存在有对请求权可以永远排除主张请求权的抗辩事由时，仍可以要求返还。第222条第2款的规定不受影响。
（2）定有期限的债务提前履行的，不得要求返还；不得要求偿还提前清偿期间的利息。
《日本民法典》第166条 消灭时效的进行
（一）消灭时效自权利得以行使时起进行。
（二）前款规定，不妨碍为了占有附始期或附停止条件权利标的物的第三人使取得时效自其占有之时起进行。但是，权利人为中断该时效，可以随时请求占有人承认。
第167条 债权、财产权的消灭时效。
（一）债权，因十年间不行使而消灭
（二）债权或所有权以外的财产权，因二十年间不行使而消灭。
我国台湾地区的有关规定："消灭时效，自请求权可以行使时起算。以不行为为目的之请求权，自为行为时起算。""时效完成后，债务人得拒绝给付。请求权已经时效消灭，债务人仍为履行之给付者，不得以不知时效为理由，请求返还；其以契约承认该债务或提出担保者亦同。"
② 《民法通则》第一百三十五条 向人民法院请求保护民事权利的诉讼时效期间为二年，法律另有规定的除外。
第一百三十八条 超过诉讼时效期间，当事人自愿履行的，不受诉讼时效限制。

诉讼时效期间自权利人知道或者应当知道权利受到损害以及义务人之日起计算。法律另有规定的，依照其规定。但是，自权利受到损害之日起超过二十年的，人民法院不予保护，有特殊情况的，人民法院可以根据权利人的申请决定延长。

另外，我国《民法总则》与《民法典》规定了不适用诉讼时效的若干情形：

《民法总则》与《民法典》第一百九十六条　下列请求权不适用诉讼时效的规定：
（一）请求停止侵害、排除妨碍、消除危险；
（二）不动产物权和登记的动产物权的权利人请求返还财产；
（三）请求支付抚养费、赡养费或者扶养费；
（四）依法不适用诉讼时效的其他请求权。①

根据上述规定，我国诉讼时效制度主要适用于债权请求权。动产物权及非经登记的不动产物权中的部分物上请求权可以适用消灭时效。

消灭时效的意义在于使某些民事权利的行使有时效性，不致落入长期不决的不确定状态。债权请求权应适用诉讼时效，因债权是相对人之间的关系，权利行使取决于两个以上相对人的存在及其意愿，不宜使这种相互约束关系长期存在而妨碍民事主体的自由，应使债权具有时效性。至于物权，其本身是绝对权，由权利人享有并行使排他性的权利，没有必要规定消灭时效。但是，物上请求权中关于动产和非登记不动产的返还原物请求权因涉及相对人对物的控制，可以适用消灭时效。

二、时效制度的意义

取得时效和消灭时效在产生过程和效力上有所不同，其根源在于二者的意义不同。

---

① 《诉讼时效司法解释》第一条中规定了关于债权诉讼时效的抗辩权，由此可以推定，我国民法的现行诉讼时效制度主要适用于债权。但是，并不是所有的债权请求权都适用诉讼时效。
《诉讼时效司法解释》第一条　当事人可以对债权请求权提出诉讼时效抗辩，但对下列债权请求权提出诉讼时效抗辩的，人民法院不予支持：
（一）支付存款本金及利息请求权；
（二）兑付国债、金融债券以及向不特定对象发行的企业债券本息请求权；
（三）基于投资关系产生的缴付出资请求权；
（四）其他依法不适用诉讼时效规定的债权请求权。

（一）取得时效的效力意义

取得时效本来的意义是"因使用而取得"。换言之，取得时效的意义在于为人们取得实体权利而设计。罗马法上的取得时效客体仅限于所有权，至近现代才扩大至物权的各个部分，日本民法则适用于所有财产权，范围最广。[①]

取得时效的效力在于经过一定时间而使民事主体取得所有权或其他物权（财产权），其意义在于为人们取得物权建立时效机制，使民事主体除了通过交易取得物权（传来取得）以外，还可以根据一定时间的占有而"自然"取得所有权或其他物权。这种物权取得方式相当于原始取得，但是，与原始取得相比较，"时效取得"实际上是以新的物权覆盖原有的物权，从而使新的权利吸收了旧有的权利，并产生新的权利人。换言之，在时效取得，原来是有一个物权存在的，但该物权处于休眠状态，因此在新的物权覆盖旧的物权时，就使原有的处于休眠状态的物权借助新的权利复活；而在原始取得，物权是因物的发现和占有的结合而第一次产生的，是纯粹原始的物权。因此，时效取得和原始取得虽然有相似之处，但也有一定的不同。

（二）消灭时效的效力意义

关于消灭时效的效力的观点可以从两个方面来看，一方面是从权利人的角度出发，其效力是引起权利人（胜）诉权[②]或请求权本身[③]的消灭；另一方面是从义务人的角度来看，其效力是引起义务人永久抗辩权的产生或义务的免除。[④]

消灭时效的客体无疑是请求权，但时效的届满并不产生请求权实体的消灭。这里的"请求权实体"即德国学者所主张的"母体权利"[⑤]，是指诉讼请求权赖以产生的实体债权债务关系。德国学者虽然主张请求权的效力是导致义务人永久抗辩权产生的原因，但《德国民法典》（新债法）第214条第2款同时也承认了请求权是不能在实体上被消灭的，即如果债务人已经履行了债务，则不得以已届时效为由要求返还。

同样的，我国《民法通则》《民法总则》与《民法典》都做了相应规定，承

[①] 参见史尚宽《物权法论》，中国政法大学出版社2000年版，第70页。
[②] 参见江平《民法学》，中国政法大学出版社2000年版，第233、241页。
[③] 参见王泽鉴《民法总则》，北京大学出版社2009年版，第410、432页。《德国民法》第194条，《日本民法》第167条。
[④] 参见［德］卡尔·拉伦茨《德国民法通论》（上册），王晓晔、邵建东、程建英等译，法律出版社2003年版，第334、345页；［德］迪特尔·梅迪库斯《德国民法总论》，邵建东译，法律出版社2001年版，第91页。《德国民法典》第214条第1款，《法国民法典》第2219条。
[⑤] 参见［德］迪特尔·梅迪库斯《德国民法总论》，邵建东译，法律出版社2001年版，第90页。

认债权实体在时效经过后继续存在。其中,《民法通则》第一百三十八条规定,超过诉讼时效的债务人自愿履行债务的,法律不予限制。《民法总则》与《民法典》第一百九十二条规定:"诉讼时效期间届满的,义务人可以提出不履行义务的抗辩。诉讼时效期间届满后,义务人同意履行的,不得以诉讼时效期间届满为由抗辩;义务人已自愿履行的,不得请求返还。"

因此,消灭时效引起义务的强制履行的免除(义务人的永久抗辩),但权利人仍能在法律允许的条件下主张一些相关权利,如抵销;或者接受义务人的自愿履行,并且是不必返还的。罗马法上将这种已经超过诉讼时效的债权债务关系称为"自然债务",即若债务人自主履行债务,法律不予干涉。

思考题:
比较取得时效和消灭时效设立的目的。

第二节 消灭时效制度概说

消灭时效是对债权请求权和部分物上请求权的强制实现进行时效限制的一种制度,各国民法对消灭时效都有规定。但由于各自的着眼点有所不同,因而在制度内容上有一定差别。

一、消灭时效的适用特点

(一) 消灭时效的强制性

消灭时效是法律的强制性规定,即强行法,不得由当事人之间的协议排除适用。对此,德国民法上也称其为"法律警察"性质的法律制度。[①]《德国民法典》第225条规定:"【关于时效的协议】法律行为不得排除或者加重时效。允许减轻时效,特别是缩短时效期间。"

我国民法也明确规定当事人不得以约定改变诉讼时效的适用。《民法总则》与《民法典》第一百九十七条规定:"诉讼时效的期间、计算方法以及中止、中断的事由由法律规定,当事人约定无效。当事人对诉讼时效利益的预先放弃无效。"

(二) 消灭时效的抗辩性

消灭时效在具体适用时必须遵照当事人的意愿,不能强制适用,即不能由法院

---

① 参见 [德] 迪特尔·梅迪库斯《德国民法总论》,邵建东译,法律出版社2001年版,第93页。

主动提出适用。《民法总则》与《民法典》第一百九十三条明确规定:"人民法院不得主动适用诉讼时效的规定。"

尽管消灭时效是一项强行法,但其适用的方式却是抗辩性质的,即必须由义务人提出消灭时效的抗辩,① 而不能由法院强行主动适用。在德国民法上,由于消灭时效的效力在于义务人的永久抗辩权的产生,因此,必须由义务人主动选择适用消灭时效。② 我国也是如此。但也有学者提出,在德国法院中,关于是否要由法官主动提出适用消灭时效尚有不同看法。③ 在我国民法上,最长时效往往是通过时效的延长而得出的,是法院裁量权行使的结果。④

时效抗辩权的行使必须符合诚实信用原则,即不得恶意行使权利。关于是否构成权利滥用,判断标准就是看某人的行为是否前后一致。比如,义务人在提出时效抗辩权以前一直给对方以相反的印象,或者一直阻碍对方通过行使请求权或诉权来中断时效,则可以被断定为恶意行使权利。

(三)消灭时效以权利人不行使权利的事实状态的存在为前提条件,并开始计算时效

消灭时效的客体是请求权,因此,请求权发生之时就是消灭时效产生之前奏。但可以开始计算时效的时间应以作为请求权基础的债权已届清偿期为准,即从债权

---

① 《民法总则》与《民法典》第一百九十二条 诉讼时效期间届满的,义务人可以提出不履行义务的抗辩。
诉讼时效期间届满后,义务人同意履行的,不得以诉讼时效期间届满为由抗辩;义务人已经自愿履行的,不得请求返还。
② 参见〔德〕卡尔·拉伦茨《德国民法通论》(下册),王晓晔、邵建东、程建英等译,法律出版社2003年版,第346页。
③ 参见〔德〕迪特尔·梅迪库斯《德国民法总论》,邵建东译,法律出版社2001年版,第102页。
④ 《民法总则》与《民法典》第一百八十八条 向人民法院请求保护民事权利的诉讼时效期间为三年。法律另有规定的,依照其规定。
诉讼时效期间自权利人知道或者应当知道权利受到损害以及义务人之日起计算。法律另有规定的,依照其规定。但是,自权利受到损害之日起超过二十年的,人民法院不予保护,有特殊情况的,人民法院可以根据权利人的申请决定延长。

人可以行使请求权（请求权是现实权利）起开始计算。①

我国民法具体规定了诉讼时效的起算方法：

《民法通则》第一百三十七条　诉讼时效期间从知道或者应当知道权利被侵害时起计算。但是，从权利被侵害之日起超过二十年的，人民法院不予保护。有特殊情况的，人民法院可以延长诉讼时效期间。

《民法总则》与《民法典》第一百八十八条第二款　诉讼时效期间自权利人知道或者应当知道权利受到损害以及义务人之日起计算。法律另有规定的，依照其规定。但是，自权利受到损害之日起超过二十年的，人民法院不予保护，有特殊情况的，人民法院可以根据权利人的申请决定延长。

第一百八十九条　当事人约定同一债务分期履行的，诉讼时效期间自最后一期履行期限届满之日起计算。

第一百九十条　无民事行为能力人或者限制民事行为能力人对其法定代理人的请求权的诉讼时效期间，自该法定代理终止之日起计算。

第一百九十一条　未成年人遭受性侵害的损害赔偿请求权的诉讼时效期间，自受害人年满十八周岁之日起计算。

二、消灭时效与除斥期间

除了消灭时效制度外，民法中还有一个专门对形成权的权利行使进行限制的时效期间，称为除斥期间。与消灭时效相比，两者既相类似，又有区别。

所谓形成权，是指由当事人一方的意思表示就可以使本人与他人之间的法律关

---

① 《德国民法典》第 198 条　【普通时效的开始】
时效自请求权产生之日起开始计算。以不作为为目的的请求权，时效自发生违反行为之时起开始计算。
第 199 条　【预告解约通知作为时效的开始】
如果权利人只有在向义务人发出预告解约通知后，始得要求给付时，时效可以发出预告解约通知之时起开始计算。义务人应在预告解约通知后经过一定时间履行给付时，时效自该期间届满后开始计算。
第 200 条　【撤销权时效的开始】
如果请求权是根据权利人行使他的撤销权而产生的，时效自撤销权得以行使之时起开始计算。但撤销权涉及家庭法的关系时，上述规定不予适用。
《日本民法典》第 166 条　消灭时效的进行
（一）消灭时效自权利得以行使时起进行。
（二）前款规定，不妨碍为了占有附始期或附停止条件权利标的物的第三人使取得时效自其占有之时起进行。但是，权利人为中断该时效，可以随时请求占有人承认。
我国台湾地区的有关规定："消灭时效，自请求权可行使时起算。以不行为为目的之请求权，自为行为时起算。"

系发生变动的权利。与请求权相比较，形成权不需要有另外一个意思表示的配合就可以完成对法律关系的变动，诸如先占、撤销、解除、抵销等均为形成权的表现。①

　　法律之所以要对形成权的行使期间加以限制，是因为这种单方面变更法律关系的权利依赖于特定事实的发生。以解除权为例，如果违约事实发生后经过一段时间权利人不行使权利，外观的表现就是当事人对有关违约事实已经认可，接下来应该继续履行合同。所以，规定一个合理的期间，督促当事人及时行使权利，这是法律维护交易公平和效率的一个正当途径。

　　我国《合同法》与《民法总则》《民法典》分别规定了解除权②及其行使期限。

　　　　《合同法》第九十五条　法律规定或者当事人约定解除权行使期限，期限届满当事人不行使的，该权利消灭。
　　　　法律没有规定或者当事人没有约定解除权行使期限，经对方催告后在合理期限内不行使的，该权利消灭。
　　　　《民法总则》与《民法典》第一百九十九条　法律规定或者当事人约定的撤销权、解除权等权利的存续期间，除法律另有规定外，自权利人知道或者应当知道权利产生之日起计算，不适用有关诉讼时效中止、中断和延长的规定。存续期间届满，撤销权、解除权等权利消灭。

　　比较而言，德国民法上关于撤销权的规定有两种，第一种是立即撤销，第二种是在一段期间内撤销。

　　　　《德国民法典》第 121 条　【撤销期限】

---

　　①　《德国民法典》第 958 条（先占）、第 119 条（因错误而撤销）、第 325 条（应归责于债务人的不能）、第 387 条（抵销）。在德国民法上还有一种特殊的权利，叫作形成诉权。所谓形成诉权，是指权利本身的性质是形成权，可以通过单方面意思表示而做出，但其效力却需要经过法院的确认才能发生。之所以有形成诉权，是因为有些重大的权利事项，如果不对其权利行使加以控制，可能会因其理由不成立而使权利效力发生疑问，最终危害法律的公正。
　　德国民法上的形成诉权主要涉及亲属法和公司法，因为在这些领域，关于形成行为的有效性方面更加容易出现不确定性。但是，法律对这些形成诉权并没有规定一个期间，应推定为立即行使。
　　②　《合同法》第九十四条　有下列情形之一的，当事人可以解除合同：
　　（一）因不可抗力致使不能实现合同目的；
　　（二）在履行期限届满之前，当事人一方明确表示或者以自己的行为表明不履行主要债务；
　　（三）当事人一方迟延履行主要债务，经催告后在合理期限内仍未履行；
　　（四）当事人一方迟延履行债务或者有其他违约行为致使不能实现合同目的；
　　（五）法律规定的其他情形。

（1）在第119条和第120条规定的情况下，撤销权人自知悉撤销理由后，必须立即撤销，而不应有可归责于己的迟延（毫不迟延）。如果毫不迟延地作出撤销的意思表示，对于不在场的人所作的撤销，视为及时撤销。

（2）意思表示作出后，经过三十年，不得撤销。

第124条 【撤销期限】

（1）根据第123条的规定可撤销的意思表示，只能在一年之内撤销。

（2）在被欺诈的情况下，撤销期限自撤销人发现欺诈之时起开始计算，在被胁迫的情况下，撤销期限自胁迫终止之时起开始计算。对于期限的届至，准用第203条第2款以及第206条、第207条关于时效的规定。

我国《民法通则》第五十九条，《合同法》第五十四、七十三、七十四、九十四条等规定了各种撤销权、解除权和代位权。① 如果这三种权利仅仅是通过由权利人向义务人做出通知，实践中往往得不到相对人的认可，也就是不能得到有效的实现，因此，我国民法关于形成权的行使均要求当事人通过法院来进行。这样的规定实际上使这三种权利具有了形成诉权的性质，由此，我国民法对这些权利仅规定了延展性的除斥期间。②

实际上，撤销权、代位权与同为形成权的解除权的行使方式存在重大差异。在后者（解除权），由于对方的违约行为在先，只需要权利人通过单方意思表示即可解除合同；而在前者（撤销权、代位权），由于涉及特定事项的确认，以及后续行为的效力问题，必须借助诉讼才能达到目的。因此，区别这两种不同的权利行使方

---

① 《民法通则》第五十九条 下列民事行为，一方有权请求人民法院或者仲裁机关予以变更或者撤销：
（一）行为人对行为内容有重大误解的；
（二）显失公平的。
被撤销的民事行为从行为开始起无效。
《合同法》第五十四条 下列合同，当事人一方有权请求人民法院或者仲裁机构变更或者撤销：
（一）因重大误解订立的；
（二）在订立合同时显失公平的。
一方以欺诈、胁迫的手段或者乘人之危，使对方在违背真实意思的情况下订立的合同，受损害方有权请求人民法院或者仲裁机构变更或者撤销。
当事人请求变更的，人民法院或者仲裁机构不得撤销。
② 《合同法》第五十五条 有下列情形之一的，撤销权消灭：
（一）具有撤销权的当事人自知道或者应当知道撤销事由之日起一年内没有行使撤销权；
（二）具有撤销权的当事人知道撤销事由后明确表示或者以自己的行为放弃撤销权。
第七十五条 撤销权自债权人知道或者应当知道撤销事由之日起一年内行使。自债务人的行为发生之日起五年内没有行使撤销权的，该撤销权消灭。
第九十五条 法律规定或者当事人约定解除权行使期限，期限届满当事人不行使的，该权利消灭。
法律没有规定或者当事人没有约定解除权行使期限，经对方催告后在合理期限内不行使的，该权利消灭。

式对于除斥期间的适用有重大影响。

依照我国《合同法》第七十三、七十四条的规定，代位权和撤销权为债的保全措施，是可能权。特别是第七十四条所规定的撤销权，虽然在字面上与《民法通则》第五十九条和《合同法》第五十四条所规定的撤销权一致，但二者在实质上有重大差异。前者使他人之间的法律关系发生变化，是可能权；后者则是对意思表示不真实的法律行为所可能产生的损害的救济措施，只在自己和相对人之间发生效力，是形成权。对于形成权可以适用除斥期间；① 而对于可能权，因其本身是基于债权而发生的，应当适用诉讼时效。

当然，即便将上述各种撤销权和代位权统一称为形成诉权，也应为其规定特别时效，而不应给予其过长的诉讼时效期间，以免使法律关系处于长期不确定的状态。结合实际情况来看，给予不长于现有除斥期间的时效期间较为合适，如6个月到1年。

我国《民法总则》与《民法典》规定了撤销权和解除权等形成权的除斥期间，即第一百九十九条：

> 法律规定或者当事人约定的撤销权、解除权等权利的存续期间，除法律另有规定外，自权利人知道或者应当知道权利产生之日起计算，不适用有关诉讼时效中止、中断和延长的规定。存续期间届满，撤销权、解除权等权利消灭。

总之，除斥期间是为形成权设置的期间制度，而消灭时效则是为请求权设置的。二者在法定期间届满之后，都发生使权利归于消灭的效果。但是，究其实质，两者存在重大区别，分述如下：

（1）成立条件不同。诉讼时效的客体是请求权，并在请求权生效时才能成立；而除斥期间的客体是形成权。

（2）法律效果不同。诉讼时效届满后只发生消灭胜诉权的效果，不发生消灭基础权利的效果；除斥期间届满后发生形成权消灭的效果。

（3）期间的性质不同。诉讼时效期间可适用时效中断、中止和延长的规定，属于可变期间；而除斥期间不能适用中断、中止和延长的规定，属于不变期间。②

（4）期间的起算时间不同。诉讼时效从权利人能够行使请求权之时起算，到请求权持续不行使满一定期间后消灭；而除斥期间则一般从形成权成立之时起算，

---

① 《诉讼时效司法解释》第五条　享有撤销权的当事人一方请求撤销合同的，应适用民法典关于除斥期间的规定。对方当事人对撤销合同请求权提出诉讼时效抗辩的，人民法院不予支持。
　合同被撤销，返还财产、赔偿损失请求权的诉讼时效期间从合同被撤销之日起计算。
② 在德国民法上，撤销权人因不可抗力无法行使撤销权的，期间可以中止。参见［德］卡尔·拉伦茨《德国民法通论》（下册），王晓晔、邵建东、程建英等译，法律出版社2003年版，第551页。

到一定期间经过为止。①

《德国民法典》对于除斥期间和消灭时效的区分并没有贯彻到底。如对于旅游者因为旅游瑕疵而享有的请求权就既规定了除斥期间，又规定了消灭时效。

《德国民法典》第651g条【除斥期间，消灭时效】
（1）第651c条至651f条所规定的请求权，必须由旅客在合同所预先规定的旅行结束后一个月内，向旅行举办人主张之。不得适用第174条。期间届满后，仅在旅客无过错而不能遵守期间时，才能主张这些请求权。
（2）第651c条至651f条所规定的旅客请求权，经过2年而完成消灭时效。在旅行按照合同应结束之日，消灭时效开始运行。

三、消灭时效的种类

诉讼时效根据其适用范围和期间的不同，分为四种。

（一）普通时效

这种时效是普遍适用于各种请求权的，法国、德国民法（原规定）的规定是30年，德国民法现代化后的规定是3年，日本民法的规定是20年，② 我国民法上的规定则是2年（《民法通则》）和3年（《民法总则》《民法典》）。

《民法通则》第一百三十五条　向人民法院请求保护民事权利的诉讼时效期间为二年，法律另有规定的除外。
《民法总则》第一百八十八条第一款　向人民法院请求保护民事权利的诉讼时效期间为三年。法律另有规定的，依照其规定。
《德国民法典》第195条　【普通消灭时效期间】
普通消灭时效期间为3年。③

---

① 在德国民法上，除斥期间也可以延长至30年。参见［德］卡尔·拉伦茨《德国民法通论》（下册），王晓晔、邵建东、程建英等译，法律出版社2003年版，第551页。
② 《法国民法典》2262条　一切关于物权或债权的请求权均经过三十年的时效而消灭，主张时效的人无须提出权利证书，并不得对其援用恶意的抗辩。
《日本民法典》第167条　债权、财产权的消灭时效
（一）债权，因十年间不行使而消灭。
（二）债权或所有权以外的财产权，因二十年间不行使而消灭。
③ 德国债法现代化后，在《德国民法典》第197条设30年消灭时效期间为长期时效。

比较各国关于普通时效期间的规定，长的诉讼时效对请求权人的保护较为周全，特别是对于较为复杂、持续性较长的基础关系来说。不过，由于我国现行民法上实行普通时效和最长时效的分别制，因此，最长时效在特殊情况下又可以成为普通时效的补充。

需要指出的是，与《民法通则》中的规定不同，我国《合同法》中对涉外合同纠纷的诉讼时效设定为4年，是为涉外关系获取证据及交易复杂性的考虑而规定的特例。

> 《合同法》第一百二十九条 因国际货物买卖合同和技术进出口合同争议提起诉讼或者申请仲裁的期限为四年，自当事人知道或者应当知道其权利受到侵害之日起计算。因其他合同争议提起诉讼或者申请仲裁的期限，依照有关法律的规定。

（二）短期消灭时效

在长期时效之外，很多国家规定了短期时效，即特别针对那些证据保留期较短的事件，如对拖欠租金的请求权、道路交通事故侵权损害赔偿请求权等。法国为6个月、1年、2年乃至5年不等，德国民法（原第196条）的短期时效为2年，日本民法上的短期时效为 1 年、2 年、3 年乃至 5 年不等,① 我国《民法典》未设置短期时效。

---

① 《法国民法典》第 2271 条 下列请求权,经过六个月不行使而消灭:
(1) 科学及技艺教师每月授课的报酬请求权;
(2) 旅馆及饮食店主人的住宿费及饮食费;
(3) 工人及劳动者的每日工资及供给。
第 2272 条 下列请求权,经过一年不行使而消灭:
(1) 内科、外科医生、药剂师对于其出诊、手术和制药的报酬请求权;
(2) 执达员关于送达证书、执行任务的报酬请求权;
(3) 商人出卖其商品于非商人的请求权;
(4) 供食宿的私塾的教师,对于其学生食宿的费用和其他教师对于传授技艺的酬金请求权;
(5) 以一年为期所雇的佣仆对于其报酬请求权。
第 2273 条 律师对其费用及报酬的请求权,由当事人诉讼裁判宣告之日,或原被告双方和解之日,或撤销其律师委任之日起经过两年不行使而消灭。关于当事人未终结的诉讼,律师就其费用及报酬的请求权,因经过五年不行使而消灭。
第 2276 条 审判员及律师由诉讼裁判宣告之日起,经过五年后,应免除其返还所保管文书的义务。执达员由执行任务或送达其负责的证书之日起,经过两年后,亦免除其义务。
第 2277 条 下列请求权,因经过五年不行使而消灭:
(1) 永久定期金或终身定期金;
(2) 作为赡养的定期给付金额;
(3) 房屋及土地租赁的租金;
(4) 金钱借贷的利息及其他一切每年应付或在更短期间内应按期给付的款项。
《日本民法典》第 169 条 定期给付债权的短期消灭时效
以一年或短于一年的期间所订的,以金钱或其他物的给付为标的的债权,因五年间不行使而消灭。
第 170 条 三年的短期消灭时效
下列债权,因三年间不行使而消灭:
1. 医生、助产妇及药剂师的关于治疗、护理及配制的债权;
2. 工程师、监工人及承揽人的关于工事的债权。但是,此时效自其负担的工事竣工时起算。
第 171 条 同上
律师自事件完结时起、公证人自执行其职务时起经过三年者,就因其职务而受取的文件,免除责任。
第 172 条 二年的短期消灭时效
律师及公证人的关于其职务的债权,自原因事件完结之时起,因二年间不行使而消灭。但是,自事件中个别事项完结之时起,经过五年者,虽在上述期间内,有关该事项的债权亦消灭。
第 173 条 同上
下列债权,因二年间不行使而消灭:
1. 生产人、批发商人及零售商人出卖产品或商品的代价;
2. 居家营业人及制造人关于其工作的债权;
3. 教师、塾长、教师、师傅关于学生及学徒工的教育、衣食、住宿费用的债权。
第 174 条 一年的短期消灭时效
下列债权,因一年间不行使而消灭:
1. 以一月或短于一月的期间而定的受雇人的报酬;
2. 劳务人及艺人的工资及其供给物的价金;
3. 运费;
4. 旅店、饮食店、出租座席、娱乐场的住宿费、饮食费、床位费、入场费、消费物代价及垫款;
5. 动产使用费。

(三) 最长时效（长期时效）

为弥补普通时效的不足，有些国家设置了最长时效或长期时效，如德国①和我国。

德国民法上的长期诉讼时效区别不同的情事分别为 10 年或 30 年，以 30 年为最长。同时，《德国民法典》在第 197 条列出了适用 30 年消灭时效期间的情事，包括基于所有权或其他物权而发生的返还请求权、亲属法和继承法上的请求权等。因此，德国民法上的最长时效无论在何种情事下均为 30 年。②

我国民法上的最长诉讼时效为 20 年，特殊情况下还可以延长。

《民法典》第一百八十八条第二款　（前略）但是，自权利受到损害之日起超过二十年的，人民法院不予保护，有特殊情况的，人民法院可以根据权利人的申请决定延长。

我国最长时效的计算也不以当事人知道或应当知道请求权已经产生为前提，而是与德国的规定一样，将事件发生的具体时间作为起算时间，从而避免了最长时效因起止时间的不确定而沦为虚设。

（四）特殊时效

对于某些特殊情事专门规定诉讼时效为特殊时效，上述最短时效和最长时效在有特殊情事的情况下均为特殊时效。但是，我国最长时效普遍适用于各种情形，因而不是特殊时效。

《德国民法典》第 196 条规定了关于"在土地上权利的情况下的消灭时效期间"，197 条规定了"30 年的消灭时效期间"，此为特殊时效。

---

① 《德国民法典》第 199 条　【普通消灭时效期间的起算和最长期间】
　…………
　（2）因侵害生命、身体、健康或自由而发生的损害赔偿请求权，不论它们在何时发生和债权人是否知道或因重大过失而不知道，自行为实施时、义务违反时或引起损害的其他事件发生时期，经过 30 年而完成消灭时效。
　（3）其他损害赔偿请求权……②不论它们在何时发生和债权人是否知道或因重大过失而不知道，自行为实施时、义务违反时或引起损害的其他事件发生时起，经过 30 年而完成消灭时效。（下略）
② 《德国民法典》第 197 条　【30 年的消灭时效期间】
　（1）除另有规定外，下列请求权经过 30 年而完成消灭时效：①基于所有权或其他物权而发生的返还请求权；②亲属法和继承法上的请求权；③被有既判力地确认的请求权；④基于可执行和解或可执行证书而发生的请求权；⑤因在支付不能程序中所为的确认而变成可执行的请求权；⑥强制执行费用的偿还请求权。
　（2）第 1 款第 2 项的请求权以定期重复的给付或扶养给付为内容，第 1 款第 3 项至第 5 项的请求权以将来到期的定期重复的给付为内容的，30 年的消灭时效期间，由普通消灭时效期间代替。

《德国民法典》第196条 【在土地上权利的情况下的消灭时效期间】

土地所有权的转让请求权以及要求设定、转让或废止土地上权利的请求权，或要求变更此种权利的内容的请求权以及对待给付请求权，经过10年而完成消灭时效。

《法国民法典》第二十编第五章第四节规定了"若干特别时效"，涵盖第2271至2281条的规定，范围包括工资和定期金支付的请求权等，时效期间为6个月、1年、2年、5年不等。

应当说，作为特殊时效的最短时效是用以解决某些明显的请求权纠纷的，因此在现有的规定之外，还应该就某些情况更加明确地加以规定。

我国曾在不同的法律法规中规定了特殊时效，包括《航空货物运输合同实施细则》第二十五条、《公路货物运输合同实施细则》第二十条、《水路货物运输合同实施细则》第三十条和《铁路运输合同实施细则》第二十二条规定的180天诉讼时效期间；我国《民法典》也规定了特殊时效，如第五百九十四条规定："因国际货物买卖合同和技术进出口合同争议提起诉讼或者申请仲裁的时效期间为四年。"

思考题：
讨论消灭时效的种类。

第三节 我国的诉讼时效制度

一、诉讼时效的客体

诉讼时效的客体是请求权，根据《民法总则》与《民法典》的规定，在我国民法上，除下列规定以外的请求权都是诉讼时效的客体：

第一百九十六条 下列请求权不适用诉讼时效的规定：
（一）请求停止侵害、排除妨碍、消除危险；
（二）不动产物权和登记的动产物权的权利人请求返还财产；
（三）请求支付抚养费、赡养费或者扶养费；
（四）依法不适用诉讼时效的其他请求权。

1. 适用诉讼时效的客体

债权请求权。所谓债权请求权，包括原生债权请求权和次生债权请求权，即损害赔偿请求权。原生债权请求权是根据债权的特性而产生的请求权，如基于合同而发生的请求履行债务的请求权、基于无因管理之债而产生的支付费用请求权、基于不当得利之债而产生的返还不当得利的请求权。就这些原生请求权来说，自请求权到期之日起计算诉讼时效。①

次生债权请求权是基于债务的不履行而产生的救济性的请求权，包括不履行合同债务而产生的损害赔偿请求权（以及基于其他救济方式而产生的次生请求权）、基于人身权和财产权受损害而产生的损害赔偿请求权、基于知识产权受损害而引起的损害赔偿请求权，以及基于继承权受损害而引起的损害赔偿或其他请求权。次生的请求权的诉讼时效从当事人知道或应当知道权利被侵害时开始起算。

2. 不适用诉讼时效的客体

根据《民法总则》与《民法典》第一百九十六条的规定，下列请求权不适用诉讼时效：

（1）物上请求权。所谓物上请求权指基于物权而产生的请求权。包括请求停止侵害、排除妨碍、消除危险的请求权，以及不动产物权和登记的动产物权的权利人请求返还财产的请求权，由于这些权利是直接由物权的效力而产生的，因此这类物权请求权通常不应适用诉讼时效。

（2）基于身份权的请求权。包括请求支付抚养费、赡养费或者扶养费的情况。

（3）其他不适用诉讼时效的情况。

根据《诉讼时效司法解释》的规定，不适用或称排除诉讼时效抗辩的情形如下：

> 《诉讼时效司法解释》第一条　当事人可以对债权请求权提出诉讼时效抗辩，但对下列债权请求权提出诉讼时效抗辩的，人民法院不予支持：
> （一）支付存款本金及利息请求权；
> （二）兑付国债、金融债券以及向不特定对象发行的企业债券本息请

---

① 《诉讼时效司法解释》第四条　未约定履行期限的合同，依照民法典第五百一十条、第五百一十一条的规定，可以确定履行期限的，诉讼时效期间从履行期限届满之日起计算；不能确定履行期限的，诉讼时效期间从债权人要求债务人履行义务的宽限期届满之日起计算，但债务人在债权人第一次向其主张权利之时明确表示不履行义务的，诉讼时效期间从债务人明确表示不履行义务之日起计算。
第六条　返还不当得利请求权的诉讼时效期间，从当事人一方知道或者应当知道不当得利事实及对方当事人之日起计算。
第七条　管理人因无因管理行为产生的给付必要管理费用、赔偿损失请求权的诉讼时效期间，从无因管理行为结束并且管理人知道或者应当知道本人之日起计算。（下略）

求权；
　　（三）基于投资关系产生的缴付出资请求权；
　　（四）其他依法不适用诉讼时效规定的债权请求权。

二、诉讼时效的效力

我国民法采用的是抗辩权发生主义的立法例，即在诉讼时效完成后，假如对方行使时效抗辩权，则法院将会驳回请求权人的起诉。在诉讼时效期间完成后，债权债务关系并未消灭，原生权利沦为自然债务，债权人对债务人的给付有接收权，当事人之间的债权可以相互抵销。

抵销也称"充抵"，是双方互负债务且种类相同时，各以其到期债权充当债务之清偿，而使其债务与对方的债务在对等额内相互消灭。对于超过诉讼时效期间的债权之间如何进行抵销，根据《德国民法典》第390条的规定，超过时效的债权以其未失效时能与另一项债权相互抵销时为准。这一规定既符合消灭时效的意义，也符合抵销的目的。

《德国民法典》第390条 【附有抗辩权的债权不得抵销】
　　对向其提出抗辩的债权，不得抵销。因超过时效而失效的债权，在其未因失效因而能与另一项债权相互抵销时，也可以进行抵销。

三、诉讼时效的种类

（一）普通诉讼时效

普通诉讼时效在我国也称一般诉讼时效，《民法总则》与《民法典》第一百八十八条第一款规定："向人民法院请求保护民事权利的诉讼时效期间为三年。法律另有规定的，依照其规定。"该条即属我国民法上的普通诉讼时效。据此，我国普通诉讼时效为3年。

（二）短期诉讼时效

短期诉讼时效是指像《民法通则》第一百三十六条规定的那样，根据该条的规定，下列民事法律关系的诉讼时效期间为1年：
（1）身体受到伤害要求赔偿的。
（2）出售质量不合格的商品未声明的。

（3）延付或者拒付租金的。
（4）寄存财物被丢失或者损毁的。

（三）特别诉讼时效

我国的一些民事特别法、单行法还规定了短于或者长于一般诉讼时效期间的时效期间，如我国《铁路货物运输合同实施细则》规定的承运人同托运人、收货人相互之间要求赔偿或者退补费用的时效期间为180日，而要求铁路支付运到期限违约金的时效期间为60日，等等。这些特别法的规定有效地补充了我国短期时效种类的不足。

（四）长期诉讼时效

《民法通则》第一百三十七条规定："诉讼时效期间从知道或者应当知道权利被侵害时起计算。但是，从权利被侵害之日起超过二十年的，人民法院不予保护。有特殊情况的，人民法院可以延长诉讼时效期间。"此条即为我国民法上长期诉讼时效的规定，我国《民法总则》与《民法典》第一百八十八条第二款也做此规定。

长期诉讼时效是我国民法上的一个特殊规定。在法国、德国和日本等国，普通时效和长期时效是同一个概念。而在我国，普通时效单独作为一种时效期间，另设最长时效，其起算时间是从权利被侵害时起算，而不是从一般的知道自己权利被侵害时起算，这样，最长时效制度在司法实践中具有很大的裁量余地。而且，最长时效还可以延长。

四、诉讼时效的起算

（一）普通时效、最短时效和特别时效的起算

《民法通则》第一百三十七条规定："诉讼时效期间从知道或应当知道权利被侵害时起计算……"《民法总则》与《民法典》第一百八十八条第二款规定，"诉讼时效期间自权利人知道或者应当知道权利受到损害以及义务人之日起计算"。

时效期间的起算应当具备三个条件：其一，发生了权利到期或权利被侵害的事实。如债务不履行、身体受到他人伤害等。其二，权利人知道或应当知道权利被侵害。知道是指事实上知道，应当知道是指按一般的认识能力应当知道权利被侵害的情况。其三，权利人明确知道义务人。

在德国民法上，消灭时效的起算是在请求权到期之时开始的，就合同之债来说应是在请求权已届清偿期才可以开始起算。

由于请求权的内容和性质的不同，对诉讼时效期间的计算不能一概而论，应该

区分具体情况,分别确定诉讼时效期间的起算时间:

(1) 定有履行期限的债务,从债务履行期限届至时起计算。

(2) 未约定履行期限的合同,依照《民法典》第五百一十、五百一十一条的规定,可以确定履行期限的,诉讼时效期间从履行期限届满之日起计算;不能确定履行期限的,诉讼时效期间从债权人要求债务人履行义务的宽限期届满之日起计算,但债务人在债权人第一次向其主张权利时明确表示不履行义务的,诉讼时效期间从债务人明确表示不履行义务之日起计算。(《诉讼时效司法解释》第四条)

(3) 当事人约定同一债务分期履行的,诉讼时效期间自最后一期履行期限届满之日起计算。(《民法总则》与《民法典》第一百八十九条)

(4) 身体被伤害要求赔偿的,根据伤害的程度不同为两种情况,伤害明显的,应从伤害发生之日起计算;伤害不明显、当时没有发现的,后经检查确诊并能证明是由伤害引起的,从伤势确诊之日起计算。

(5) 附条件或附期限的债,从条件成就或期限届至时起计算。具体说,附停止条件的债,从条件成就且债权已届清偿期时起算;附始期的债,从始期届至且债权已至清偿期时起算。

(6) 返还不当得利请求权的诉讼时效期间,从当事人一方知道或应当知道不当得利事实及对方当事人之日起计算。(《诉讼时效司法解释》第六条)

(7) 管理人因无因管理行为产生的给付必要管理费用、赔偿损失请求权的诉讼时效期间,从无因管理行为结束并且管理人知道或者应当知道本人之日起计算。本人因不当无因管理行为产生的赔偿损失请求权的诉讼时效期间,从其知道或者应当知道管理人及损害事实之日起计算。(《诉讼时效司法解释》第七条)

(8) 无民事行为能力人或者限制民事行为能力人对其法定代理人的请求权的诉讼时效期间,自该法定代理终止之日起计算。(《民法总则》与《民法典》第一百九十条)

(9) 未成年人遭受性侵害的损害赔偿请求权的诉讼时效期间,自受害人年满18周岁之日起计算。(《民法总则》与《民法典》第一百九十一条)

(二) 长期诉讼时效的起算

关于长期诉讼时效的起算,同样也应当具备权利被侵害的事实,但不论受害人是否知道或应当知道其权利受到侵害,均从权利被侵害之日开始计算。

长期诉讼时效并不一定就是最长时效,即20年为时效的终止。《民法总则》与《民法典》第一百八十八条第二款规定,"自权利受到损害之日起超过二十年的,人民法院不予保护,有特殊情况的,人民法院可以根据权利人的申请决定延长"。换言之,20年届满后,如果有特殊情况的,人民法院依照职权还可以继续延长。

五、诉讼时效的中止、中断和延长

(一) 诉讼时效的中止

诉讼时效的中止,是指在诉讼时效进行到最后 6 个月时,因发生一定的法定事由,致使权利人不能行使请求权而暂时停止计算诉讼时效期间,待阻碍时效进行的法定事由消除之后继续计算诉讼时效期间的制度。

《民法通则》第一百三十九条 在诉讼时效期间的最后六个月内,因不可抗力或者其他障碍不能行使请求权的,诉讼时效中止。从中止时效的原因消除之日起,诉讼时效期间继续计算。

《民法总则》与《民法典》第一百九十四条 在诉讼时效期间的最后六个月内,因下列障碍,不能行使请求权的,诉讼时效中止:
(一) 不可抗力;
(二) 无民事行为能力人或者限制民事行为能力人没有法定代理人,或者法定代理人死亡、丧失民事行为能力、丧失代理权;
(三) 继承开始后未确定继承人或者遗产管理人;
(四) 权利人被义务人或者其他人控制;
(五) 其他导致权利人不能行使请求权的障碍。
自中止时效的原因消除之日起满六个月,诉讼时效期间届满。

德国民法上也规定了诉讼时效的中止,具体规定在:

《德国民法典》第 203 条 【时效因事实上的原因而中止】
(1) 在时效期间的最后六个月内,因停止审判而妨害权利人的权利追诉时,时效中止。
(2) 对于因不可抗力而以其他方式造成的妨害,亦同。

德国民法上的中止还包括其他几种情况,如给付迟延(《德国民法典》第 202 条)、停止审判等,而且不必要发生在最后 6 个月。

此外,德国民法上还有针对无民事行为能力人或限制民事行为能力人的"消灭时效不完成"的制度,① 其意义在于时效可以继续进行,但始终不能完成,即不

---

① 参见 [德] 迪特尔·梅迪库斯《德国民法总论》,邵建东译,法律出版社 2001 年版,第 101 页。

能届满，除非导致请求权不能行使的障碍排除。

《德国民法典》第206条 【对非完全行为能力人的时效中止】
（1）如果无行为能力人或者限制行为能力人没有法定代理人，自其成为完全行为能力人或者没有法定代理人的情况终止后六个月内，时效视为未完成。时效期间少于六个月的，确定时效的时期延长为六个月。
（2）如果限制行为能力人具备诉讼能力的，上述规定不予适用。

我国民法中诉讼时效的中止并不是在诉讼时效进行中的任何期间内都能发生，只是在诉讼时效期间的最后6个月内出现不可抗力事由或其他阻碍事由时，才能发生。同时，在借鉴《德国民法典》第206条的基础上，导致中止的原因消失后，继续计算的诉讼时效最长不得超过6个月。

（二）诉讼时效的中断

诉讼时效的中断，是指诉讼时效开始以后、完成之前，因法定事由的出现使已经进行的时效期间归于无效，时效期间重新开始计算。

《民法通则》第一百四十条 诉讼时效因提起诉讼、当事人一方提出要求或者同意履行义务而中断。从中断时起，诉讼时效期间重新计算。
《民法总则》与《民法典》第一百九十五条 有下列情形之一的，诉讼时效中断，从中断、有关程序终结时起，诉讼时效期间重新计算：
（一）权利人向义务人提出履行请求；
（二）义务人同意履行义务；
（三）权利人提起诉讼或者申请仲裁；
（四）与提起诉讼或者申请仲裁具有同等效力的其他情形。
《德国民法典》第217条 【时效中断的效力】
时效中断后，在中断前已经过的时间不予计算；新的时效自中断终止后重新开始计算。

按照我国民法的规定，引起诉讼时效中断的法定事由主要有：
（1）提起诉讼。向法院提起诉讼是行使权利的最强有力的方式，各国民法均确认起诉是中断诉讼时效的原因。但是，如果起诉被驳回或撤回，则不发生中断时效的效力。依督促程序送达支付令，申报破产债权，申请强制执行，等等，与起诉有同等效力。①

（2）权利人主张权利。对于已届清偿期的债务，债权人当然可以直接向对方行使请求权，提出要求债务人履行债务，但这并不当然导致时效的中断。特别是在德国民法上，债权人以挂号信的方式向债务人发出履行催告并不能中断消灭时效。② 我国立法、理论和实践中已经广泛接受将请求权人向义务人行使请求权作为中断时效的事由。如果债权人能够提供债务人承认债务的证据，如要求给予宽限期、答应提供担保等，均可以构成中断事由，于法律上并没有什么疑问。但是，如果单凭请求权的行使（意思通知）中断时效，其效力如何呢？

王泽鉴先生就该问题做出的阐述是，请求权人向对方行使请求权，"无须何种方式，指债权人对债务人发表请求履行债务之意思为已足。债权人为实现债权，对债务人声请调解之声请状，如已送达于债务人，即属发表请求之意思"③。

王泽鉴先生补充指出："请求系指于诉讼外行使其权利之意思表示，不包括提起民事诉讼以行使权利之行为。"因此，所谓"请求"，是于诉讼外以申请调解或仲裁的方式来进行的特定方式的请求权行使，当然可以引起时效中断。

我国《诉讼时效司法解释》第八条专门就"权利人向义务人提出履行请求"的意义做出了解释，列举了若干具体情况，包括送交主张权利的文书、信件或数据

---

① 《诉讼时效司法解释》第十一条　下列事项之一，人民法院应当认定与提起诉讼具有同等诉讼时效中断的效力：
（一）申请支付令；
（二）申请破产、申报破产债权；
（三）为主张权利而申请宣告义务人失踪或死亡；
（四）申请诉前财产保全、诉前临时禁令等诉前措施；
（五）申请强制执行；
（六）申请追加当事人或者被通知参加诉讼；
（七）在诉讼中主张抵销；
（八）其他与提起诉讼具有同等诉讼时效中断效力的事项。
② 参见［德］迪特尔·梅迪库斯《德国民法总论》，邵建东译，法律出版社2001年版，第100页。
③ 王泽鉴《民法总则》，北京大学出版社2009年版，第423页。

电文，以及刊登公告等。①

（3）义务人同意履行义务。义务人向权利人承认自己负有义务并表示愿意履行义务的行为，可以中断诉讼时效。但是，承认者需具有民事行为能力和管理权限。因此，无行为能力人的同意无效。限制行为能力人对超出其行为能力范围的承认，非经法定代理人同意，不发生法律效力。委托代理人超越代理权限的承认非经被代理人追认无效。

> 《诉讼时效司法解释》第十四条 义务人作出分期履行、部分履行、提供担保、请求延期履行、指定清偿债务计划等承诺或者行为的，应当认定为民法典第一百九十五条规定的"义务人同意履行义务"。

（三）诉讼时效的延长

诉讼时效的延长，是指人民法院基于特殊情况，对于诉讼时效已经完成的期间予以适当延长，从而对诉讼时效期间已经届满的民事权利仍然给予保护的制度。

> 《民法通则》第一百三十七条 诉讼时效期间从知道或者应当知道权利被侵害时起计算。但是，从权利被侵害之日起超过二十年的，人民法院不予保护。有特殊情况的，人民法院可以延长诉讼时效期间。
> 《民法总则》与《民法典》第一百八十八条第二款 （前略）自权利受到损害之日起超过二十年的，人民法院不予保护，有特殊情况的，人民法院可以根据权利人的申请决定延长。

关于诉讼时效延长的规定，首先应适用最长时效（长期时效），最长时效不足

---

① 《诉讼时效司法解释》第八条 具有下列情形之一的，应当认定为民法典第一百九十五条规定的"权利人向义务人提出履行请求"，产生诉讼时效中断的效力：
（一）当事人一方直接向对方当事人送交主张权利文书，对方当事人在文书上签名、盖章、按指印或者虽未签名、盖章、按指印但能够以其他方式证明该文书到达对方当事人的；
（二）当事人一方以发送信件或者数据电文方式主张权利，信件或者数据电文到达或者应当到达对方当事人的；
（三）当事人一方为金融机构，依照法律规定或者当事人约定从对方当事人账户中扣收欠款本息的；
（四）当事人一方下落不明，对方当事人在国家级或者下落不明的当事人一方住所地的省级有影响的媒体上刊登具有主张权利内容的公告的，但法律和司法解释另有特别规定的，适用其规定。
前款第（一）项情形中，对方当事人为法人或者其他组织的，签收人可以是其法定代表人、主要负责人、负责收发信件的部门或者被授权主体；对方当事人为自然人的，签收人可以是自然人本人、同住的具有完全行为能力的亲属或被授权主体。

以行使权利的,再继续延长。《民法通则》第一百三十七条以及《民法总则》与《民法典》第一百八十八条的规定为权利人提供了一个新的机会,使人民法院可以根据自己的裁量权,在认为确实有特殊事由的情况下,在最长时效的基础上继续延长诉讼时效,使权利人得到更有效的救济。然而,究竟哪些属于特殊情况,可以适用诉讼时效的延长,具体应根据民法的基本原则,通过判例的方式确定其适用范围。

六、期间与期日

民法上所涉及的时间计算必须根据统一标准进行。我国《民法总则》与《民法典》规定了期间和期日的计算方法。

《民法总则》与《民法典》第二百条　民法所称的期间按照公历年、月、日、小时计算。

第二百零一条　按照年、月、日计算期间的,开始的当日不计入,自下一日开始计算。

按照小时计算期间的,自法律规定或者当事人约定的时间开始计算。

第二百零二条　按照年、月计算期间的,到期月的对应日为期间的最后一日;没有对应日的,月末日为期间的最后一日。

第二百零三条　期间的最后一日是法定休假日的,以法定休假日结束的次日为期间的最后一日。

期间的最后一日的截止时间为二十四时;有业务时间的,停止业务活动的时间为截止时间。

第二百零四条　期间的计算方法依照本法的规定,但是法律另有规定或者当事人另有约定的除外。

《民法总则》第二百零五条(《民法典》第一千二百五十九条)　民法所称的"以上""以下""以内""届满",包括本数;所称的"不满""超过""以外",不包括本数。

依照上述规定,我国民法上关于期间和期日的计算方法是以公历年、月、日来计算的。开始的当日不计入,自下一日开始计算;到期日为期间的最后一日,法定休假日不计入;一日为24小时,截止时间为24时。有营业时间和当事人约定的,依照营业时间或当事人约定计算。

民法上所说的"以上""以下""以内""届满"均包括本数,"不满""超过""以外",不包括本数。

思考题：

讨论时效的中止、中断和延长。

参 考 文 献

一、中文著作类

[1] 江平. 民法学[M]. 北京：中国政法大学，1999.
[2] 王家福. 民法债权[M]. 北京：法律出版社，1991.
[3] 魏振瀛. 民法[M]. 北京：北京大学出版社，高等教育出版社，2000.
[4] 梁慧星. 民法总论[M]. 4版. 北京：法律出版社，2011.
[5] 梁慧星. 民法总论[M]. 5版. 北京：法律出版社，2017.
[6] 梁慧星. 民法解释学[M]. 3版. 北京：法律出版社，2009.
[7] 王利明. 民法[M]. 北京：中国人民大学出版社，2000.
[8] 孙宪忠. 民法总论[M]. 2版. 北京：社会科学文献出版社，2010.
[9] 杨立新. 人格权法专论[M]. 北京：高等教育出版社，2005.
[10] 王泽鉴. 民法总则[M]. 北京：中国政法大学出版社，2001.
[11] 王泽鉴. 民法总则[M]. 北京：北京大学出版社，2009.
[12] 王泽鉴. 民法学说与判例研究[M]. 北京：中国政法大学出版社，1998.
[13] 史尚宽. 民法总论[M]. 北京：中国政法大学出版社，2000.
[14] 郑玉波. 民法总则[M]. 台北：三民书局，1979.
[15] 郑玉波，等. 现代民法基本问题[M]. 台北：汉林出版社，1982.
[16] 梅仲协. 民法要义[M]. 北京：中国政法大学出版社，2004.

二、译著与外文类

[1] 查士丁尼. 法学总论：法学阶梯[M]. 张企泰，译. 北京：商务印书馆，1993.
[2] 梅因. 古代法[M]. 沈景一，译. 北京：商务印书馆，1984.
[3] 萨维尼. 当代罗马法体系：第一卷[M]. 朱虎，译. 北京：中国法制出版社，2010.
[4] 卡尔·拉伦茨. 德国民法通论[M]. 王晓晔，邵建东，程建英，等译. 北京：法律出版社，2003.

[6] 迪特尔·梅迪库斯. 德国民法总论［M］. 邵建东,译. 北京:法律出版社,2001.

[7] 哈里·韦斯特曼. 德国民法基本概念［M］. 张定军,葛平亮,唐晓琳,译. 北京:中国人民大学出版社,2014.

[8] 雅克·盖斯旦,吉勒·古博. 法国民法总论［M］. 陈鹏,张丽娟,石佳友,等译. 北京:法律出版社,2004.

[9] 北川善太郎. 日本民法体系［M］. 李毅多,仇京春,译. 北京:科学出版社,1995.

[10] 五十岚清. 民法与比较法［M］. 半田:一粒社,1979.

[11] BLACKSTONE W. Commentaries on the laws of England［M］. Chicago:University of Chicago Press,1979.

[12] CARBONNIER J. Droit civil:les biens et les obligations［M］. Paris:Presses Universitaires de France,1957.